カクレキリシタン

現代に生きる民俗信仰

宮崎賢太郎

角川文庫
20815

はじめに

一六世紀における日本とキリスト教の出会いは、わが国における最初の民族宗教と普遍宗教、そして多神教と一神教の出会いであった。ほんらい普遍宗教であった仏教は、大乗仏教にしろ小乗仏教にしろ、土着の民族宗教との習合という形態をとり、穏やかな形で新しい文化のなかに受容され、融合し、定着していった。ことに中国仏教、朝鮮仏教、日本仏教にはその傾向が著しい。

これに対し、キリスト教はヘレニズム時代に異教と徹底的に戦い、力によって異教的世界観を排除してゆく形で西ヨーロッパ世界に浸透していった。一六世紀のスペイン、ポルトガルによる大航海時代には、中南米、東南アジア、アフリカ諸国が植民地化されるなかで、土着の宗教が排除され、キリスト教が強制された。中国、日本といった東アジア世界では、フランシスコ・ザビエル、アレッサンドロ・ヴァリニャーノ、マテオ・リッチらの偉大な宗教家、思想家によってその文化は高く評価され、武力によるキリスト教の強制はおこなわれなかった。

多神教の普遍的性格は寛容性にある。しかし、その寛容さも互いに認め合う協調的な姿勢が存在することが大前提であって、自己を否定されてまでも他者を受け容《い》れるということではない。外来宗教としての仏教も儒教も道教も、日本の固有信仰たる神道と習合する形で土着化していった。

ヴァリニャーノは日本文化への順応方針を打ちだしたが、これはあくまでも文化の表層のレベルにおける適応の問題であり、ヨーロッパ文化・キリスト教文化が最高のもので、真の救いにいたる道はキリストの教えをおいて他には存在しないという大前提を崩すことはなかった。ここにキリスト教が日本において広く受け入れられることなく、大きな弾圧を蒙《こうむ》った原因があるのではあるまいか。

カクレキリシタンという、もはや長崎県下にしか存在しない、ひとつのマイナーでローカルな宗教がこれほどまでに内外を問わず、また研究者、マスコミ関係者、一般の人々を問わず、広く興味と関心を抱かれているのはなぜであろうか。

それは、キリスト教という世界最大の信徒数を擁するメジャーでグローバルな普遍宗教が徹底的な迫害を蒙り、仏教や神道や日本の民俗信仰と深く融合しながらも、二百数十年間厳しい弾圧に耐えて信仰を守り続けた驚異的な信仰の強さに人々が心動かされるからであろう。さらに深く私たちの好奇心をかきたてるのは、「信仰の自由が認められているにもかかわらず、なぜ今日にいたるまでカトリックに戻ることなくその信仰を守り続けているのだろうか」という、素朴にして根源的な疑問によるものであろう。

その疑問はカクレキリシタンはいまだに「隠れてキリスト教を守り続けている」という、幻想的にしてロマンチックなイメージによって生みだされている。私の一五年あまりに及ぶ調査の結果によれば、「現在のカクレキリシタンはもはや隠れてもいなければキリシタンでもない。日本の伝統的な宗教風土のなかで年月をかけて熟成され、土着の人々の生きた信仰生活のなかに完全に溶け込んだ、典型的な日本の民俗宗教のひとつである」ということになる。

この結論は、悲しくも美しいキリシタンの歴史イメージをぶち壊しにしてしまうと思われるかもしれないが、決してそうではない。カクレキリシタンの人々の信仰をおとしめるものではなく、むしろ外部から作り上げられた虚構のイメージよりももっと強靭《きょうじん》で、しなやかな信仰の姿を示そうとするものである。私たちはもうそろそろカクレキリシタンの人々に仮面を被《かぶ》せ続けることはやめて、素顔の彼らの美しい表情をめでてもよい頃ではないかと思う。

本書は長崎県下全般にわたるカクレキリシタン信仰の現在の姿を、日本人がいかにキリスト教を受容し、変容させていったのかという視点のもとに紹介したものである。さらにカクレキリシタンについて詳しく知りたい方は、生月島《いきつきしま》に関しては拙著『カクレキリシタンの信仰世界』（東京大学出版会）を、長崎県下全般に関しては、長崎県教育委員会編『長崎県のカクレキリシタン―長崎県カクレキリシタン習俗調査事業報告書―』を参照されたい。後者には、本書において紙数の都合上掲載しえなかった、主要な長崎県下各地のカクレキリシタンの代表的なオラショを資料として紹介しているので、おおいに参考になることと思う。また、その後拙著『カクレキリシタンの実像』(吉川弘文館)、ならびに本改訂増補版と同時刊行される『潜伏キリシタンは何を信じていたのか』(KADOKAWA)もごらんいただきたい。長崎県、いや日本の宗教思想史上きわめて重要なカクレキリシタン信仰の姿が、いくばくかでも、あるがままに正しく評価されるようになるよすがとなれば幸いである。

改訂増補にさいして

本書が長崎新聞社から「長崎新聞新書」という新書版のシリーズの一書として刊行されたのは、二〇〇一年(平成一三)一〇月のことであった。それからはや一六年の歳月が流れた。この間、長崎県下各地のカクレキリシタンの変遷は実にめまぐるしいものであった。ひと言でいえば解散と消滅の大嵐にほんろうされた激動の年月であった。

このたび角川ソフィア文庫より文庫本としてあらたに刊行されるにあたり、その一六年間の、主として組織、行事のめまぐるしい変化について加筆することとし、本文中では「追補」と表記し、上部に罫線を引いて区別した。その分量は約五万字におよび、一般の読者には少々煩雑にすぎるかもしれないがお許しいただきたい。なぜなら、このような三十年あまりにおよぶ継続的な現地調査に基づく実証的な報告が世にでる機会はまたとないと思うからである。

元の記述に関しては基本的に二〇〇一年に刊行したときのままであるが、「現在」や「今」など、誤解を生じる可能性があるところについては、適宜(二〇〇〇年当時)などと補っている。
本書の記述は、文献によるものはきわめてわずかであり、その大部分は筆者の調査記録ノートをもとに構成されたものである。本書が夢とロマンにみちた虚構のキリシタンの歴史ではなく、生きたカクレキリシタンの人々の忍耐強い、そして美しいありのままの信仰の軌跡をたどるよき水先案内人となることを願いつつ。

二〇一八年一月一九日

カクレキリシタン　目次

第四章　平戸島のカクレキリシタン　211

第一章　カクレキリシタンとは何か

1　カクレキリシタン研究の足跡

これまでカクレキリシタン信仰を直接のテーマとして正面から扱った日本人研究者の研究成果としては、昭和初期から二十年代にかけての現地調査による田北耕也《たきたこうや》の労作『昭和時代の潜伏キリシタン』（一九五四年）、戦後から昭和三十年代の調査をもとにした古野清人《ふるのきよと》の『隠れキリシタン』（一九六六年）および片岡弥吉《かたおかやきち》の『かくれキリシタン』（一九六七年）がある。最近のものとしては皆川達夫《みながわたつお》、紙谷威広《かみやたけひろ》、野村暢清《のむらのぶきよ》らの研究があるが、前三著書と異なり、カクレキリシタンそのものが主たる研究テーマというわけではない。

田北は昭和初期から戦前にかけて、古野と片岡は戦後から昭和三十年代にかけて調査をおこなった。昭和四十年代の日本の高度成長期における大きな社会構造の変動は、カクレキリシタンの社会を根底から揺るがした。ひとつは離島の過疎化現象により、組織の維持が困難になったことである。いまひとつは物質的に豊かになりすぎて人々は神様のことを忘れかけたということだ。後を継ぐべき若者の多くは職を求めて地元を離れ、地元に残ったとしても仕事や家庭優先で、神事にかかわる心のゆとりを持つ者はとても少なくなり、組織はほとんど解散状態に追い込まれてしまった。

近年、カクレに対する関心は国内外において大きな高まりをみせている。国内よりもいっそう国外から注目されつつあるといってよい。新聞やテレビによる取材も多く、イギリス、アメリカ、オーストラリア、カナダ、フランスなどからしばしば問い合わせがくる。実際に日本においてカクレの調査研究をおこなった者としてイタリアのアンジェラ・ヴォルペ（Angela Volpe）、イギリスのスティーブン・ターンブル（Stephen Turnbull）、オーストラリアのウェーラン・クリスタル（Whelan Christal）、スウェーデンのクリスチャン・ペラ（Kristian Pella）らがいる。

私は一九八五年（昭和六〇）から継続して長崎県下各地のカクレ調査をおこない、一九九六年（平成八）生月島《いきつきしま》を中心とした『カクレキリシタンの信仰世界』を著した。長崎県下においてカクレの組織が存在したのは、長崎市内、外海《そとめ》、五島《ごとう》、平戸《ひらど》、生月地方であったが、前四者は組織はすでに解散してしまったか、あるいは消滅寸前であった。諸行事も極端に簡素化され、秘匿性の強さとも相まって、行事に参加することはかなり困難であり、ついに見せてもらえないグループもあった。これに対し、生月島だけは組織も比較的健全で、行事もいまだに（二〇〇〇年当時）多数のこっており、外部者に対して最もオープンであった。

田北、古野、片岡に続き、私が日本の高度成長期以後の大きく様変わりした昭和末期から平成の終わりまで、カクレキリシタン信仰の姿を記録にとどめることができたのは幸いであった。長崎、五島、外海、平戸、天草《あまくさ》に関してはその時点で実質的に手遅れであったことは返す返すも心残りであるが、それでも多くのものを拾い上げることができた。これから調査をはじめようとする人は、ほとんど昔はこうであったという聞き取りしかできないことになろう。私が深くかかわりをもつことのできた生月島のカクレキリシタンに関しては、できうるかぎり最後までそばに寄り添っていたいと思う。

2 「潜伏キリシタン」と「カクレキリシタン」

カクレキリシタンという言葉は少なからず混乱を生じている。人によっていろいろな使い方がなされている。一六〇〇年代中期の迫害が厳しかった潜伏初期も隠れキリシタンと呼び、一八〇〇年代中頃の幕末から明治初期にかけて禁教令が撤廃され、キリシタンが復活した頃も隠れキリシタン、二一世紀の生月島や五島に現存する信徒も隠れキリシタンと呼んで何の違和感も感じない、いや、感じたがらない人が多いようだ。そのような人はおそらくカクレキリシタンは昔も今もすこしも変わることなく、三五〇年間隠れてひそかにキリスト教の信仰を守り続けているのだと信じ、あるいは、そうあってほしいと願っているにちがいない。

江戸時代初期と現代のカクレキリシタンの間にどれほどちがいがあるかはいわずもがな

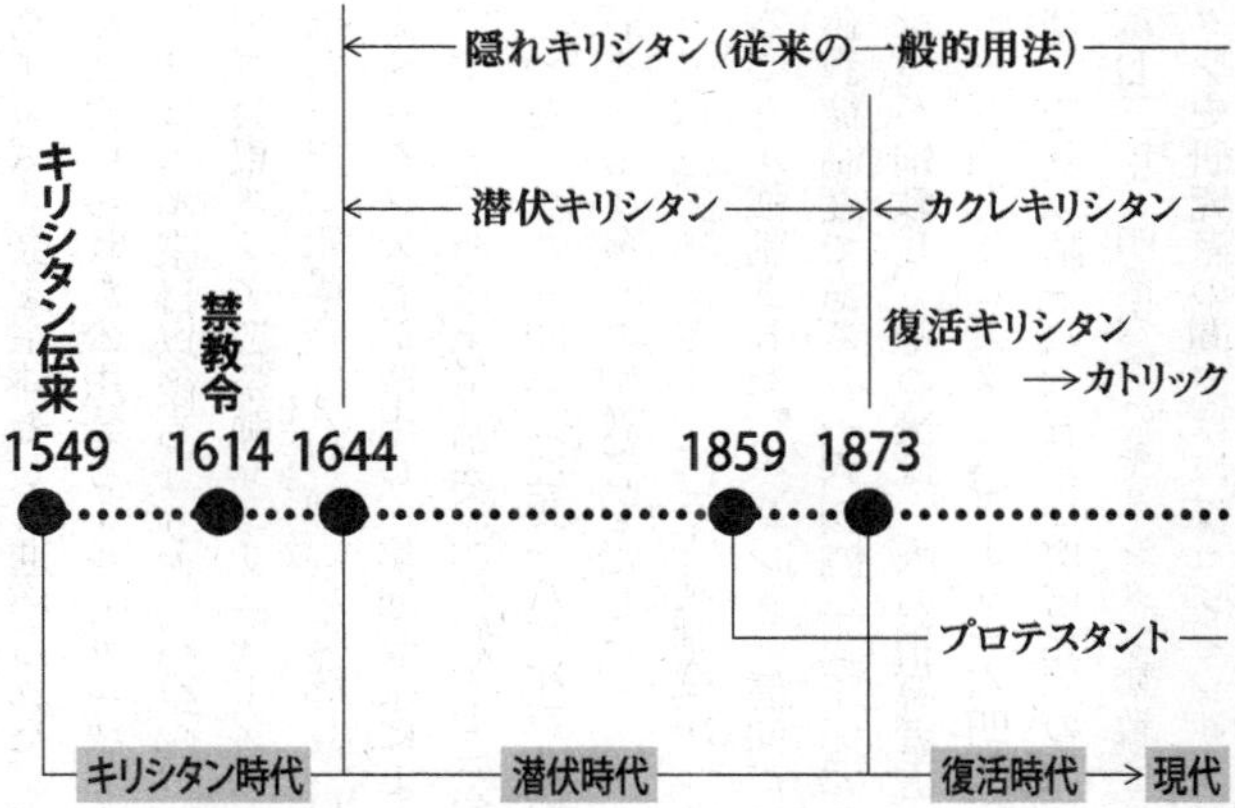

図1　日本キリスト教略史年表

のことであり、十把ひとからげに隠れキリシタンと呼ぶことなど到底できないはずである。はじめにカクレキリシタンという言葉を使うさいの注意すべき点を指摘したい。［図1］は、一六世紀のキリシタン伝来以来、日本におけるキリスト教（カトリック）の歴史の流れを簡略に示したものである。

ポルトガル語のキリシタン（Christão）という言葉は、一五四九年（天文一八）ザビエルの鹿児島上陸以来、一八七三年（明治六）にキリシタン禁教令が撤廃されるまでの、日本におけるカトリックおよびその信徒を指す歴史的用語である。したがって明治以後はキリシタンではなくカトリックといわねばならない。日本におけるキリシタン布教はポルトガル国王の庇護《ひご》下にあったイエズス会を主体として進められた。当然会員の多くはポルトガル人であり、布教のために用いられた公用語もポルトガル語であり、それに若干のラテン語が併用された。

ザビエル来日以後ちょうど三〇年経った一五七九年（天正七）、口之津《くちのつ》に上陸したイエズス会東アジア巡察師ヴァリニャーノによって、日本の布教体制の基盤が確立された。一五六三年（永禄六）大村純忠《おおむらすみただ》が受洗し、最初のキリシタン大名となった。その後、多くのキリシタン大名が輩出し、集団改宗によって急速に信徒数は増加していった。一五八七年（天正一五）豊臣秀吉《とよとみひでよし》が突如宣教師追放令をだしたが、その後も信徒数は増加の一途をたどった。一六一四年（慶長一八）江戸幕府による徹底した禁教令が全国に発布され、棄教者とともに多くの殉教者をだした。

一六三五年（寛永一二）寺請《てらうけ》制度がしかれ、日本人はすべて必ずどこかの寺の檀家《だんか》となることが強制された。キリシタン信仰だけを信じて生きることは不可能となった。国民総仏教徒制度である。一六四四年（正保元）最後まで日本に生き残っていた宣教師小西《こにし》マンショが殉教し、その後は一人の指導者もいなくなり、信徒だけが残された。

一五四九年（天文一八）より一六四四年までの約一〇〇年間を「キリシタン時代」と呼び、それ以降一八六五年（慶応元）の大浦《おおうら》天主堂におけるキリシタンの発見、もしくは一八七三年（明治六）のキリシタン禁教令の撤廃までを「潜伏時代」と呼ぶことは、キリシタン史研究者の間ではほぼコンセンサスが得られている。

私は一六四四年より一八七三年のあいだの、キリシタンであることを隠し、仏教徒であることを強いられた潜伏時代の信徒を「潜伏キリシタン」と呼び、一八七三年以降信仰の自由が基本的に認められたのち、幕末に再渡来したカトリック教会に戻った人々を「復活キリシタン」、その後も潜伏時代と何らかかわることなく寺や神社との関係を保ち続け、現在にいたっている人々を「カクレキリシタン」と呼んで明確に区別することを提唱したい。なぜならば、生きるために仏教徒であることを受け入れざるをえなかった江戸時代の信徒と、その必要がなくなったにもかかわらず、仏教や神道との関係を維持し続けている、明治以降、現在にいたる信徒とは、質的にも時代的にも異なっており、別の名称によって区別することが適切であると思うからだ。

これまでカクレキリシタンという言葉の定義を試みたものはひとつもないので、少し長めだが、私なりに次のように定義しておきたい。

「カクレキリシタンとは、キリシタン時代にキリスト教に改宗した者の子孫である。一八七三年禁教令が解かれ、信仰の自由が認められた後もカトリックとは一線を画し、潜伏時代より伝承されてきた信仰形態を組織下にあって維持し続けている人々を指す。オラショや儀礼などに多分にキリシタン的要素を留《とど》めているが、長年月にわたる指導者不在のもと、日本の民俗信仰と深く結びつき、重層信仰、祖先崇拝、現世利益、儀礼主義的傾向を強く示すものである」

3 「隠れキリシタン」か「カクレキリシタン」か

次にカクレキリシタンの名称であるが、長崎県下各地において彼ら自身はみずからカクレキリシタンとは称してこなかった。生月《いきつき》では「古《ふる》ギリシタン」「旧キリシタン」、平戸では「辻《つじ》の神様」、外海《そとめ》では「昔キリシタン」「古ギリシタン」「しのび宗」、五島では「元帳《もとちょう》」「古帳《ふるちょう》」というように地域において異なっていた。実際には仲間内ではこのような名称を口にすることはほとんどない。以心伝心である。

これに対して外部の研究者たちが「潜伏キリシタン」、「はなれ（離れ）キリシタン」、「隠れキリシタン」、「納戸神《なんどがみ》」などという呼び方をしてきた。離れキリシタンという言葉は正統なカトリックから離れてしまった宗教という認識であり、カクレキリシタンを異端とみる差別的なものであり、用いるべきではない。

近年カクレはマスコミの寵児《ちょうじ》となり、生月島を中心として、年平均一〇回程度はテレビ局の取材が入っているであろう。かくいう私も一九九八年（平成一〇）にはNHK長崎放送局を通じて毎月一回一年間ローカルニュースの中で、生月島のカクレ行事を紹介した。

学術研究者、学生、著述家、写真家、巡礼団などいったいどれほど多くの人々が各地のカクレキリシタンを訪問したことであろう。

そのなかで外部者が繰り返し用いた名称が隠れキリシタン、あるいは納戸神である。現在では新聞や雑誌、テレビなどで慣れ親しんでいる隠れキリシタンという言い方がカクレの人々の間においてもすっかり定着しているといってよい。少なくとも外部者との会話のなかでは、長崎県下すべてのカクレキリシタン集団で公用語となっている。無論、なかには「自分たちは何も悪いことはしておらず、隠れているわけではないので、そんな呼び方はしないでくれ」という人もいる。

納戸神とは全国各地にみられる納戸に祀《まつ》られた神様の総称で、通常は納戸の棚に恵比須《えびす》様や大黒《だいこく》様などを祀っていることが多いが、生月島や平戸島で納戸神といえば隠れキリシタンのことを指している。おそらく田北氏が長年調査をおこなっているうちに定着していったものであろう。

各地のカクレの集団はそれぞれ独自の名称を持ち、集団間の交流は全くなかったので、共通する呼び名など必要とはしなかった。しかし、研究者の立場としてはどうしても総称的な呼び名が必要だったのである。そこで広く用いられ、定着していったのが隠れキリシタンである。そう呼ばれることに抵抗がある人もいる以上、最良の呼び名とはいえない。しかし、みずから隠れキリシタンと称している人が多数いることもまた事実であり、最適とはいえないまでも、いまのところそれにかわる妙案もなく、外部においても内部においてもすでに一定の市民権を得ている今日、新たな名称を用いるのは、いたずらに混乱を引き起こすことになりかねない。

次の問題はどのように書き記すべきかということである。音だけを示せば、Kakure-Kirishitan であるが、その表記法には幾通りか考えられる。「隠れキリシタン」、「かくれキリシタン」、「かくれ切支丹」、「隠れ切支丹」などがある。本書ではここまでなんの断りもなく「カクレキリシタン」の表記を用いてきたが、その理由を説明しよう。

最善ではないにしても、Kakure-Kirishitan の名称を統一的に用いるのは致し方ないこととして、現在いろいろな表記法が混用されている状況は問題である。名は体を表すというが、Kakure-Kirishitan 信仰の本質に即した最もふさわしい表記法が定められるべきである。Kirishitan に対して外来語の表記に用いられるカタカナのキリシタンを使用することには異論がないであろう。

問題は Kakure である。「隠れ」という漢字は表意文字であり、「隠れキリシタン」と書かれたものを目にした者は、今でも彼らは信仰を隠して守り続けているという誤ったイメージを持ち続けることになる。大局的にみて、明治以降はもはや「仏教や神道を隠れ蓑《みの》として、ひそかに隠れてキリシタン信仰を守り」というようなものではない。表意文字である漢字の「隠れ」がふさわしくないとするならば、残された選択肢は表音文字である平仮名の「かくれ」か、片仮名の「カクレ」ということになる。日本語として、「かくれキリシタン」という平仮名と片仮名を合体させる造語法は不自然であり、平仮名を用いる根拠がみあたらない。

私のカクレキリシタン研究の結論である、「彼らは隠れてもいなければ、キリシタンでもない」という見方からすれば、すっきりと片仮名で「カクレキリシタン」と表記するのが最善であると思う。残念ながら百科事典や新聞記事を依頼してくる編集者はいまだに隠れキリシタンに拘泥している人が多い。私の説明には十分納得しても、辞典の項目名は是が非でも「隠れキリシタン」でなければ困るらしい。項目名さえ「隠れキリシタン」で掲げるのを認めてくれたら、説明文はカクレキリシタンを使用していただいて結構ですという。困ったものである。

二〇〇一年ヤフー（Yahoo!）検索で調べてみたときは、隠れキリシタンがダントツの二九一〇（四三万三〇〇〇）件、隠れ切支丹が二七九（一万三九〇〇）件、かくれキリシタンが二六四（一万九七〇〇）件ヒットした。私が提唱するカクレキリシタンは一一八（一万一四〇〇）件であった。（　）内の数字は二〇一七年に同じくヤフー検索をかけてみた結果である。「隠れキリシタン」はこの一六年間に検索ヒット数がなんと約一五〇倍、「カクレキリシタン」は約一〇〇倍に増加している。

小説家はほぼ一〇〇％「隠れキリシタン」だ。芥川賞《あくたがわ》を受賞した青来有一《せいらいゆういち》氏の『聖水』

にも私の本を参考文献としてあげていただいているが、やはり「隠れキリシタン」だ。理屈はともあれ、みんな隠れることが好きなのかもしれない。隠された秘密を垣間《かいま》みるのが好きなのではないか。カクレキリシタンには隠れていて欲しいという、ひそかな願望がその表記法にも投影されているように思われてならない。宗教とは本来ミステリアスな存在であって、神秘的であればあるほど強く心ひかれるものである。

どうしても「隠」という文字を使いたければ、「隠れキリシタン」ではなく「隠しキリシタン」と呼んではいかがであろうか。「隠れる」は自動詞なので、隠れキリシタンではキリシタンが隠れているということになる。実際は彼らが隠れているのではなく、何かを隠しているのだ。だとすれば、他動詞を用いて「隠しキリシタン」と呼ぶのが正しいということになる。

では何を隠しているのか、何のために隠しているのか。それは彼らもよくはわからない。御先祖様から隠せ隠せといわれ続けてきただけなのであるから。「見せたら罰《ばち》かぶる」、「人に見られたら効き目がなくなる」からともいう。何を隠しているのかということは問題ではない。何かを隠しているという秘密性そのこと自体に意味があるのだ。お経の文句もみんなわかったのではありがた味がない。見てはならぬ、触れてはならぬというタブーがいっそう私たちをひきつける。隠されたものは覗《のぞ》きたくなるのが人間の心理である。

4　カクレキリシタンに対するイメージの転換

隠れキリシタンという言葉に対するこれまでのイメージはおおよそ次のようなものであろう。

「戦国末期から江戸初期にかけて、キリストの教えにひかれて受洗したが、迫害によって多くの殉教者をだした。毎年絵踏などがおこなわれたが、信徒たちは教えを捨てることなく、表向きは仏教徒を装いながら隠れてその信仰を守り通した。幕末になって宣教師が再びやってきたが、教会に戻り宣教師の指導下に入ることなく、先祖から受け継いできた信仰を今日まで隠して伝えている人々である」

カクレが現存することを知った人が異口同音に発する問いは、「自由なこの日本で、なぜ今もキリシタンの信仰を隠して守り続け、カトリックに戻らないのですか」というものである。質問者がカクレに対して抱いているイメージはおそらく次の二点であろう。

①　キリスト教の教えに接して共感し、従来の神仏信仰を捨ててキリシタンに改宗した

② 禁教時代になっても、仏教を隠れ蓑として、解禁まで二三〇年間キリシタン信仰を命がけで守り通してきた人々の子孫

田北耕也は『昭和時代の潜伏キリシタン』の冒頭で「本書は、キリシタンの子孫が、解禁後もなお、表面他宗教を装いながら、潜伏状態を続けて、昭和時代に及んでいる事実を、世に紹介し、後世に伝えるため、その現状を記録したものである」といっている。「表面他宗教を装いながら」とは、実際はキリシタンの信仰を維持しながらという認識である。

片岡弥吉は『かくれキリシタン』のなかで、「この人びと（かくれキリシタン）はキリシタン時代の、れっきとしたキリシタンの子孫たちである。こんにち仏教、神道、土俗信仰との混成的宗教形態になっているとはいっても、宗教意識はキリシタンなのである」（傍点引用者、（ ）内は引用者補注）といっている。他宗教の要素が混入しているとはいえ、キリスト教徒であるとの意識を持っているという。

①のイメージに対して確認しなければならないのは、短期間にキリシタンに改宗した多くの人々が、どの程度キリシタンの教育を受け、どこまでキリシタンの教えを理解して受洗したのかということである。「キリシタンに改宗した」という記録に接するとき、改宗者はそれまで親しんできた神仏を捨て、唯一絶対なるキリシタンの神を信じて敬虔《けいけん》な信仰

生活を送ったというようなイメージを、私たちは勝手に頭の中で作り上げてはいないだろうか。

記録に残されている一部の著名な武士の場合を除き、多くの民衆の場合は、数回説教を聴いた程度で洗礼を受けるのが普通で、信仰の中身にはさほど変化はなかったのではなかろうか。従来のさまざまな神仏を合わせ拝む多神教的な信心に、新たに天竺《てんじく》渡りのもっとパワフルな、なんでも願い事を叶《かな》えてくれそうな神がプラスされたというのが実態に近いのではなかろうか。

しかし、「もし潜伏キリシタンたちが伝統的な多神教徒であったならば、なぜ多くのキリシタン殉教者が出たのか」という問いに答えるのは容易ではない。潜伏キリシタンたちは少なくとも形式的には遠藤周作《えんどうしゅうさく》がいうように背教者であった。毎年踏絵を踏み、どこかの寺の檀家となり、キリシタンであることを否定することで生き長らえてきたのである。しかし、二百数十年間ひとりの指導者もなく、このような信仰生活を強いられたにもかかわらず、幕末に宣教師と再会したとき、あのように短期間に再びカトリックに立ち返った人々がいたという事実をいかに説明したらよいであろうか。だからといって、彼らがキリスト教の唯一絶対神観をただしく理解して神仏信仰を否定し、仏教や神道がキリスト教の隠れ蓑であるとの自覚を保ちつつ、二百数十年間キリシタンの信仰を守り通したという②のイメージを証明することはもっと困難な作業である。

5　潜伏時代とキリシタン崩れ

　江戸幕府は鎖国体制強化のために、キリシタン禁教政策を組織的・制度的に実施した。「五人組」による相互連帯責任制、「絵踏」による心理的信者発見制度、「嘱託銀《そくたくぎん》」による訴人奨励制、「転び書物」による棄教の誓文提出制、「寺請《てらうけ》制度」による国民総仏教徒制、「類族改《るいぞくあらため》」による殉教者一族監視制などがある。一六四〇年（寛永一七）には宗門改役が設けられ、遠藤周作の小説『沈黙』で有名な大目付・井上筑後守政重《いのうえちくごのかみまさしげ》が初代宗門奉行に任じられ、キリシタン取締りに辣腕《らつわん》をふるった。

　これに対してキリシタン側もコンフラリア（Confraria　信心講・組）を利用して組織の維持を図った。コンフラリアは迫害が始まる以前から信徒によって運営されていた信心高揚、相互扶助、慈善救済活動などを目的とする組織である。宣教師不在の潜伏時代に入ると、コンフラリアが信仰維持のための組織に早変わりした。組頭を中心に教義、儀礼の維持を図り、取締り役人の目を逃れるためのさまざまな工夫を凝らした。それでもときおり「崩れ」と呼ばれる、一網打尽式の大規模な摘発事件が勃発《ぼっぱつ》した。

一六五七年（明暦三）には「郡崩《こおりくず》れ」が発生し、大村領内郡村の潜伏キリシタン六〇八名が検挙された。斬罪《ざんざい》四一一名、牢《ろう》内病死七八名、永牢二〇名、赦免九九名。一六六〇年(万治三)から一六八二年(天和二)にかけての「豊後《ぶんご》崩れ」では、豊後国大分郡、玖珠《くす》郡で二二〇名が捕えられ、五七名が死罪、牢死者五九名、在牢三六名、赦免六五名、江戸送り三名であった。また一六六一年(寛文元)には「尾濃崩れ」が起こり、美濃国可児《みのかに》郡で二四名が検挙され、一六六五年(寛文五)には二〇七名、一六六七年(寛文七)には七五六名、一六六九年(寛文九)には三三名が斬首されている。幕末一八〇五年(文化二)、肥後《ひご》国天草《あまくさ》に「天草崩れ」が発生し、潜伏キリシタン五二〇二名が摘発されたが、その数の多さもあり、もはやキリシタンとして処罰することはできず、怪しげな宗教にだまされた心得違いの異宗徒として処理され、厳罰は免れた。

潜伏時代のキリシタン信仰の様子をうかがうことのできる資料は極端に少ない。宣教師が一人もいなくなったことで、海外に向けて発信されたものはない。仏教を強制された信徒も発見されれば命に関わるような文書は徹底的に処分したであろう。祈禱《きとう》文や教義の伝達は文書ではなく、口移しによって伝えられた。一人の指導者もなく、二三〇年の長きにわたった潜伏時代のキリシタン信仰は時代とともに少しずつ変容し、日本の土着信仰と融合していった。

6 キリシタンの復活とカクレキリシタンの出現

一八五八年(安政五)江戸幕府は英・米・露・仏・蘭の五か国との間に通商条約を結んで鎖国を解き、翌年箱館《はこだて》、横浜《よこはま》、長崎の港を開いた。琉球《りゆうきゆう》国で日本への再布教を願い、開国を窺《うかが》っていたパリ外国宣教会のジラール神父は、ただちに横浜に上陸し横浜天主堂を建てた。長崎には一八六三年(文久三)にフューレ神父が来て大浦天主堂の建築に着手し、翌年プチジャン神父が完成させた。

長崎は日本におけるキリシタンの中心地であり、キリシタンが数多く潜伏していた長崎の浦上《うらかみ》では一七九〇年(寛政二)に浦上一番崩れ、一八四二年(天保一三)には浦上二番崩れ、一八五六年(安政三)には浦上三番崩れが発生していた。一八六五年(慶応元)完成したばかりの大浦天主堂において、宣教師の渡来を待っていた浦上の潜伏キリシタンと、まだ生き残っているかもしれない日本のキリシタンの発見を願っていたプチジャン神父との劇的な再会が二二一年ぶりに果たされた。「信徒発見」とか「キリシタンの復活」と呼ばれている。

司祭と再会した潜伏キリシタンたちは、それまでのように踏絵を踏みつづけ、キリシタンの信仰を毎年否定することはできなくなった。彼らは改心戻し(再びキリシタンとなること）を役人に願い出て、一八六七年（慶応三）最後の大弾圧、浦上四番崩れが勃発した。翌年、浦上のおもだった信徒一一四名が津和野《つわの》、萩《はぎ》、福山《ふくやま》の三藩に流罪となり、さらに翌年には残り約三三〇〇名が西日本の二一藩に分かれて流罪となった。一八七三年（明治六）キリシタン禁制の高札が取り除かれ帰郷したが、その間の殉教者は六六四名にのぼっている。

一八六八年（明治元）には浦上のみならず、長崎県五島列島全域にわたって迫害がおこった。ことに久賀島《ひさかじま》では男女あわせて一九〇名ほどが一軒の牢屋に閉じこめられ、多くの殉教者をだした。「五島崩れ」という。また同年一八六八年、筑後国御原《みはら》郡今村《いまむら》でも潜伏キリシタンの摘発があった。このように、幕府の二六〇年あまりにわたるキリシタン弾圧にもかかわらず、幕末、明治初期まで潜伏キリシタンは存続していた。

一八七三年、禁教令が撤廃され、カトリックに復帰した者も多いが、その後も長崎県下の五島列島、西彼杵《にしそのぎ》半島外海地方、平戸島、生月島のように、今でも潜伏時代からの信仰形態を継続しているカクレキリシタンと呼ばれる人たちがいる。現在の彼らの信仰の中身はキリスト教からはほど遠いものに変容してしまっている。しかし、近年、外海地方のようにカトリック的宗教土壌に囲まれた地域では、組織崩壊が目前に迫るなかで、逆に急速にカトリックに接近しつつある人々もいる。

第二章　カクレキリシタンの分布

1　潜伏キリシタンの分布

キリシタン時代の布教活動

一五七九年（天正七）口之津《くちのつ》に上陸したヴァリニャーノは、日本を三つのブロックに分けて布教を推進した。キリシタン大名大友宗麟《おおともそうりん》の所領を中心とする豊後《ぶんご》、豊前《ぶぜん》、日向《ひゅうが》の三カ国を「豊後」、その他の九州を「下」、京都・大坂《おおさか》・堺《さかい》を中心とする京阪《けいはん》地方を「上」と呼んだ。当初は豊後（大分）が日本における布教の中心地と考えられていたが、大友氏の没落によって大村《おおむら》領の長崎に移った。大友家が順調にその勢力を伸ばしていたならば、キリスト教布教の中心地は大分となっていたはずだ。

一五九三年（文禄二）に新たにフランシスコ会が、一六〇二年（慶長七）にはドミニコ会とアウグスチノ会のスペイン系修道会が来日した。フランシスコ会は長崎、畿内《きない》（京阪地方）、江戸を中心に活動し、一六一〇年（慶長一五）からは伊達政宗《だてまさむね》と親交のあったルイス・ソテロが米沢《よねざわ》、仙台《せんだい》に布教を開始して東北地方にも教勢が拡大した。ドミニコ会は薩摩《さつま》の甑島《こしきじま》に上陸し、一時薩摩で布教したが、迫害が厳しくなると長崎に集まった。アウグスチノ会は豊後の臼杵《うすき》、佐伯《さいき》、津久見《つくみ》に布教の拠点を置き、長崎にも進出した。

キリシタン研究の創始者として著名な姉崎正治《あねさきまさはる》によれば、島原《しまばら》の乱以降、潜伏時代の初期にかけてキリシタン殉教者、逮捕者を多数出した地域として、盛岡《もりおか》、延沢《のべさわ》、山形、仙台、二本松《にほんまつ》、猪苗代《いなわしろ》、会津《あいづ》、白川《しらかわ》、足尾《あしお》、沼田《ぬまた》、江戸《えど》、金沢《かなざわ》、小松《こまつ》、京都、伏見《ふしみ》、下音羽《しもおとわ》、大坂、堺、和歌山《わかやま》、津山《つやま》、広島《ひろしま》、高松《たかまつ》、日出《ひじ》、臼杵、熊本、大村があげられている。東北から九州まで全国的に広がっていることがわかる。

しかし、深く民衆にキリシタン信仰が浸透したのは、熱心なキリシタン大名が存在した地域である。バルトロメオ大村純忠《すみただ》の長崎を含む大村領内、プロタジオ有馬《ありま》晴信《はるのぶ》の島原半島、フランシスコ大友宗麟の豊後国、アゴスチーノ小《こ》西行長《にしゆきなが》の天草《あさくさ》領内、ジュスト高山右《たかやまう》近《こん》の摂津《せっつ》高槻《たかつき》領内、伊達政宗の家臣で慶長遣欧使節としてローマに赴いたフィリペ・フランシスコ支倉常長《はせくらつねなが》の仙台藩などである。

幕末のキリシタン復活当時まで潜伏キリシタンの組織が存続していたのはほぼ九州に限られるといってよい。おもな場所は長崎県の浦上《うらかみ》、外海《そとめ》、平戸《ひらど》島《しま》、生月島《いきつきしま》、五島《ごとう》列島、熊本県天草下島《しもしま》の崎津《さきつ》・大江《おおえ》・今富《いまとみ》・高浜《たかはま》、福岡県の今村《いまむら》であるが、大部分は長崎県に集中していた。その理由は、もっとも長期間にわたり、かつ継続的に宣教師の指導を受けることができた地域であったということができよう。

文化年間の天草崩れと天草カクレキリシタン

天草崩れは一八〇五年（文化二）、天草下島西南端の大江、崎津、今富、高浜の四つの村の潜伏キリシタン組織が発覚した事件である。事の発端は一八〇三年（享和三）今富村で牛を殺して仏前に供え、それを食べたことが外部に漏れたことによる。当事牛馬を食肉解体しその肉を食することは一般に固く禁止されていたが、キリシタンは牛肉を食べる習慣があるとされていた。取調べが進むうちにその数は五〇〇〇名あまりに達した。その数の多さからも厳しい処分は行われず、秘蔵していた鏡仏、銭仏、土焼きのマリア像、金仏、クルスなどの信仰対象を差しださせ、以後キリシタンを信仰しないことを誓わせた。

幕府は第二の島原の乱に発展することを恐れ、キリシタンとしてではなく、「心得違い」の者として寛大に扱い、全員に絵踏を課した。しかし、処分が寛大であったため、その後もキリシタン信仰は残存し、各地区には水方《みずかた》（善人様とも呼ばれた）がいて行事を司《つかさど》った。聞き取りによれば、絵踏のときには新しい草鞋《わらじ》をはいてゆき、家に帰るとその草鞋を炊き、その汁を飲んでいたという。

一八七三年（明治六）キリシタン禁制の高札が撤廃され、長崎港外の神の島から西政吉《にしせいきち》が大江にやってきて、長崎とのつながりを持つようになった。翌年には説教所がおかれ、一八八〇年（明治一三）には初代主任司祭としてボンヌ神父が着任した。一八九二年（明治二五）にはガルニエ神父が大江・崎津教会の主任司祭として赴任した。こうして天草では高浜を除き、大江、崎津、今富の潜伏キリシタンたちの多くは次第にカトリックに転宗した。なかには潜伏状態を継続した人たちもいたが、その組織も自然消滅していき、仏教徒となっていった者も多い。

二〇〇〇年（平成一二）に筆者がおこなった聞き取りによれば、今富村は明治の復活期に神道となり、カクレとしては一九三八年（昭和一三）頃まで二つの組織に分かれて続いており、二人の水方と、五人の宿老《しゅくろう》（行事の手伝いをする人）がいたという。今富の中山にあった「十五社宮」が今富カクレキリシタンの神社であった。中山では一九三六年（昭和一一）の解散時にはまだ九〇％がカクレで、「コンパンヤ」という講が十数組あったという。その後、ほとんどが仏教となった。講の当番にあたったときには、「オッツァン」と呼ばれた水方が来てオラショ（儀礼のときに唱える祈りの言葉）をあげ、御神体であった鏡を拝んでいたそうである。

葬式の時には僧侶《そうりょ》がお経を唱えはじめると同時に水方が特別な「経消しのオラショ」を繰り返し唱えた。現在大江のロザリオ館に展示されている「経消しの壺《つぼ》」に聖水を入れ、一回唱え終わるごとに、その中に息を吹き込んでいたという。また十字石というのがあり、死者の額に十字石を三回付けていたという。このような二重の葬式も一九三八年頃までおこなわれていた。

また「悪魔祓《ばら》いの儀式」というのがあり、新築のときには大黒柱の基礎石の下に夜中に木の十字架を埋めたという。憑《つ》き物にあったときなども、水方に悪魔祓いのオラショを唱えてもらって憑き物落しをしていたそうである。

明治以降の天草潜伏キリシタンの足取りをつまびらかにすることは困難であるが、

① 一八七三年（明治六）の禁教令撤廃を期に次第にカトリック教会に戻ったグループ

② それまでかかわりをもってきた神道や仏教に吸収されていったグループ

③ 潜伏時代の信仰形態を継続しつづけたグループ

に分かれる。③のグループは比較的早く、おそらく明治二十年代頃までに②のグループに移行していったものと、今富村のように一九三六年頃まで続いたものがある。総括的に言えば、天草のカクレキリシタンは戦前までには完全に組織としては消滅していたということができるであろう。

明治初期、福岡県今村の復活キリシタン

筑後《ちくご》国御原《みはら》郡今村（現在の福岡県三井郡《みいぐん》大刀洗町《たちあらいまち》大字今村）を中心とする潜伏キリシタンが一八六八年（明治元）に発見され、弾圧を受ける事件がおきた。一八六八年に今村には五〇〇名、上高橋《かみたかはし》村、小島《おじま》村、両本郷村四カ村あわせて八二五名の多数の信徒が存在した。当地の潜伏キリシタンたちは寛永年間（一六二四～四四）末に殉教した「ゼーアン様」（リアン平田又右衛門か）を尊崇していた。

一八六五年（慶応元）の浦上キリシタン復活後、藍《あい》買付のために今村を訪れた某《なにがし》は、今村がキリシタン集落であることを知った。一八六七年（慶応三）今村の平田弥吉が大浦天主堂で受洗し、帰村してカトリックの教理を伝えた。一八七九年（明治一二）コール神父が今村で布教を開始し、翌年にかけて今村の住民の大部分にあたる一〇六三名が集団でカトリックに戻った。一八八〇年代には今村および周辺の村々はすべてカトリックに戻り、カクレとして潜伏時代の信仰を継続した者がいなかったのは例外的なケースである。

潜伏時代の彼らの信仰の具体的なあり方は明らかではないが、神仏は拝まず、若干の教会暦を伝え、鳥獣の肉を食べてはならない日のタブーを伝承してはいたが、その理由は知らなかった。オラショとしては「ゼゾウスマリア」という唱え言葉しか伝えられておらず、その言葉を唱えることによってパライソ（天国）へいくことができると信じていた。毎月二〇日はゼーアン様の命日としてゼゾウスマリアを唱え、花と線香を絶やさなかったという。

この他にも奥州《おうしゅう》にキリシタン信仰を続けている家があったとか、高槻の三島《みしま》郡清渓《きよたに》村にオラショを知った女性の老人が大正末まで生きていたというようなことが報告されているが、組織が存在したわけではない。しかし、地域的に潜伏キリシタンの残影が幕末から明治初期まで存在したことはありうることである。

2 現在のカクレキリシタンの分布

どこまでをカクレキリシタンと認めるか

現在のカクレキリシタンの分布とその信徒数を取りまとめることは容易な作業ではない。年々組織が消滅しており、きわめて流動的であるからだ。また信徒数をカウントするさいの難しい問題は、どの範囲までをカクレと認めるかということである。

解散後きれいさっぱりカクレの信仰を捨て去り、それまでもごくあたりまえの信者として関わってきた仏教や神道一本でいく者もいる。新たに新宗教に入る者もいる。しかし、今でも個人的なレベルで、あるいは親類一統、または近所の親しい仲間数軒で、年に一、二回、先祖の命日のような機会に寄りあってお供えをし、オラショを唱えているからといってその人たちをカクレと呼ぶことができるであろうか。それらの日以外は完全な仏教徒、神道の氏子としての生活を営んでいるのである。

大切なのは外部の者があなたをカクレと認めます、認めませんというのではなく、当の本人がどのような意識をもっているのかということである。しかし、そのような調査はまず不可能であり、当人自身はっきりとした自覚を持っている人はほとんどいないといってよいであろう。

本書では、第一章の2において試みたカクレキリシタンの定義に従って、いまだに組織が存在し、その組織の下で信仰生活を営んでいる人たちをカクレキリシタンとするという立場をとりたい。本書では筆者が調査をおこなった昭和六十年代から平成の現在にかけての実態を取り扱うことにする。

従来の研究におけるカクレキリシタンの分布と信徒数

昭和初期にカクレの組織が存続していたのは、長崎県下の長崎市内家野《いえの》町《まち》、外海の出《しっ》津《つ》・黒崎《くろさき》・樫山《かしやま》、平戸島、生月島、宇久島《うくじま》を除く五島列島、天草の今富であった。

これまでのカクレキリシタンの主要な研究者である浦川《うらかわ》和三郎《わさぶろう》、田北《たぎた》耕也《こうや》、古野《ふるの》清人《きよと》、片岡《かたおか》弥吉《やきち》らは信徒数をどれほどに見積もっていたであろうか。四氏が調査・研究をおこなった時期は、浦川が大正～昭和初期にかけて、田北が昭和初期～昭和二十年代、古野が昭和二十年代後半～昭和三十年代前半、片岡が昭和三十年代であった。

浦川は二万四〇〇〇人、田北は三万人弱、古野は二万七〇〇〇人、片岡は二万人と推定している。いちばん多く見積もった田北が三万人弱、もっとも少ないのが、年代がもっとも新しい片岡の二万人である。大正から昭和三十年代まで、四人の研究者はカクレの総人口を二万から三万人弱と推定している。

しかし、誰も信徒数の算定の基準を示していない。どこまでをカクレキリシタンとみなすのかという線引きを明らかにしていない。おそらく四氏は組織がまだ存続している地区も、崩壊してしまった地区も含めて、カクレの残影がみられる人はすべて信徒とみなしているように思われる。組織がまだ存続し、その下で信仰生活を送っている人という私の算定基準に従えば、おそらくその数はもっと絞られることになる。

一九八五年（昭和六〇）に組織が現存した地区

私が最初にカクレの調査をおこなったのは一九七六年（昭和五一）、外海の西出津《にししつ》であった。本格的な調査を開始したのは一九八五年からであった。以来生月島を中心に、長崎市内および周辺部、外海、平戸島、五島列島、天草島の調査を重ねてきた。

一九八五年当時、組織が存在した場所をあげてみよう。

① 生月島
(1) 壱部《いちぶ》六か所（岳《たけ》の下《しも》、種子《しゅうじ》、射場《いば》、琵琶《びわ》の首《くび》、ぜんじゃ、大久保）
(2) 堺目《さかいめ》三か所（上宿《うわやど》、中宿《なかやど》、下宿《したやど》）
(3) 元触《もとふれ》三か所（辻、小場《こば》、上川《かみがわ》）
(4) 山田九か所（山田触四か所、正和《しょうで》三か所、日草《ひくさ》二か所）

② 平戸島

(1) 根獅子《ねしこ》

③ 外海地方

(1) 西出津《にししつ》

(2) 下黒崎《しもくろさき》

④ 五島列島

(1) 福江島《ふくえじま》（宮原、大泊、観音平《かんのんびら》、南河原《なんごうら》）

(2) 椛島《かばしま》（芦ノ浦）

(3) 奈留島《なるしま》（樫木山、前島、南越《なんごし》）

(4) 若松島《わかまつじま》（築地《ちじ》、横瀬、有福《ありふく》）

最近一五年間に解散した地区

一九八五年（昭和六〇）から二〇〇〇年にいたる一五年の間にもかなりの変化があった。生月島の壱部のカクレは六つの集団に分かれていたが、一九六〇年（昭和三五）大久保が種子に合併され、射場、琵琶の首も最高責任者の後継者がみつからず、なかば解散状態にある。元触地区には辻、上川、小場の三つのカクレの組織があったが、そのうち一九八六年（昭和六一）には上川二〇軒が解散し、二〇〇二年（平成一四）には辻三三軒の解散が予定されている。山田は正和にあった二集団のうちのひとつが一九九七年（平成九）に解散した。

五島列島の福江島では大泊が一九八七年（昭和六二）に解散した。その当時大泊は浜泊《はまどまり》と合併し、五軒あったが、帳方《ちょうかた》と末端の信徒との連絡係である取次役が不在となっていた。浜泊は一九六五年（昭和四〇）ごろ最高の責任者である帳方・川口善之助氏が親族をつれてカトリックに転宗したが、残された人たちはカトリックにはならなかったという。浜泊はその頃実質的に解散したとみてよい。南河原はもとは最小の信徒集団であるクルワが七つ、二〇戸程あったが、一九八七年頃には一クルワ八戸だけとなっていた。最後まで残っていた一クルワも観音平とともに一九九四年（平成六）に解散した。浦頭《うらがしら》は一九八九年（平成元）前後頃に組織が崩壊したらしい。しかし、まだ五戸のクルワが残っているという。三軒しか残っていなかった半泊《はんどまり》が一九九一年（平成三）に解散した。

福江島の東方に浮かぶ椛島には五クルワあったが、一九七一年（昭和四六）に合併し、檀家《だんか》数六〇となった。帳方と水方はいたが、下役が不在であった。一九八一年（昭和五六）隠崎、平山、永田の三クルワが解散した。一九八七年、最後まで六軒残っていた芦ノ浦のクルワが解散し、もうひとつ残っていた竹ノ浦のクルワも解散した。こうして福江島に現存するカクレキリシタンは宮原だけとなってしまった。

奈留島では一九八九年（平成元）に樫木山にあった二つのクルワのうちのひとつ二本松が、一九九五年に前島が解散した。若松島の有福には小田、馬込、宮田、餅の木の四集団があったが、小田は戦前に、馬込は十数年前、宮田は一九九二年（平成四）ごろ解散した。最後まで残っていた餅の木も一九九七年（平成九）に解散した。

外海の東樫山は一九七七年（昭和五二）ごろ洗礼を授ける看坊役がいなくなり、カクレをやめて仏教一本となった。西出津は最高の役職者が一九九七年病を得て以来中断状態にある。平戸島で最後まで残っていた根獅子が一九九二年に解散し、平戸島のカクレキリシタンは完全に終焉《しゅうえん》を迎えた。

組織が完全に解散するところまではゆかなくとも、一軒また一軒と信徒数は減少しており、増える可能性はまったくない。解散の危機をはらんでいない組織は皆無といってよいであろう。どのグループも後継者探しに四苦八苦している。存続のための合併を模索しているところも多いが、実際にうまくいった例はほとんどない。

一九九八〜二〇〇〇年現在、不完全であったとしても組織が残っているのは生月島二六九戸（壱部八八戸、堺目二四戸、元触九〇戸、山田六七戸）、外海五七戸（西出津二二戸、下黒崎三五戸程度）、五島五九戸（築地一三戸、横瀬一七戸、樫木山一二戸、宮原一七戸）で、長崎県下のカクレキリシタンの総戸数は三八五戸程度、人数にしてせいぜい一〇〇〇人から一五〇〇人程度というのが実態であろう。組織は崩壊しても、まだ個人的にカクレの信仰との関わりを持っている人々を含めても三〇〇〇人程度といってよいと思われる。

次の章からは、各地域の信仰の様子をひとつひとつ見ていくことにしたい。

第三章　生月島のカクレキリシタン

1　生月キリシタンの歴史

捕鯨とカクレキリシタンの島、生月

生月島《いきつきしま》は辰ノ瀬戸《たつのせと》をはさんで平戸島《ひらどじま》と向き合っている。一九七七年（昭和五二）平戸大橋が完成し、長崎県の本土と平戸島が結ばれた。一九九一年（平成三）には平戸島と生月島を結ぶ生月大橋が開通し、生月島も完全に車で行けるようになった。生月が歴史の舞台に登場するのは、中世になって中国や朝鮮との交通の要所となり、倭寇《わこう》の活躍の舞台となってからである。

生月はザビエルが布教した平戸藩に属する島であった。生月はカクレキリシタンの島として有名であるが、過去に捕鯨の基地として栄えたことでも知られている。日本でも有数の大型旋網《まきあみ》船団の基地として栄え、また県内有数の港湾土木業者が数社あり、経済的には昔から非常に恵まれたところである。一九九五年（平成七）、生月町立博物館・島の館《しまのやかた》が開館した。カクレと捕鯨を中心としたユニークなもので、ぜひ一度訪ねてみることをお勧めする。

一六世紀のキリシタン時代における生月の人口は約二五〇〇人。一九八五年度（昭和六〇）の国勢調査によれば、世帯数二四五三戸、人口九五六〇人である。一九六〇年（昭和三五）の二一一三戸、一万一七一二人をピークに、世帯数は増加しているにもかかわらず、人口は減り続け、一九九五年度は人口は九〇〇〇人を割り、一九九八年（平成一〇）には八六二五人と急減している。この四〇年間に二六％の人口減となっており、豊かな島生月島も人口減少の問題に直面している。

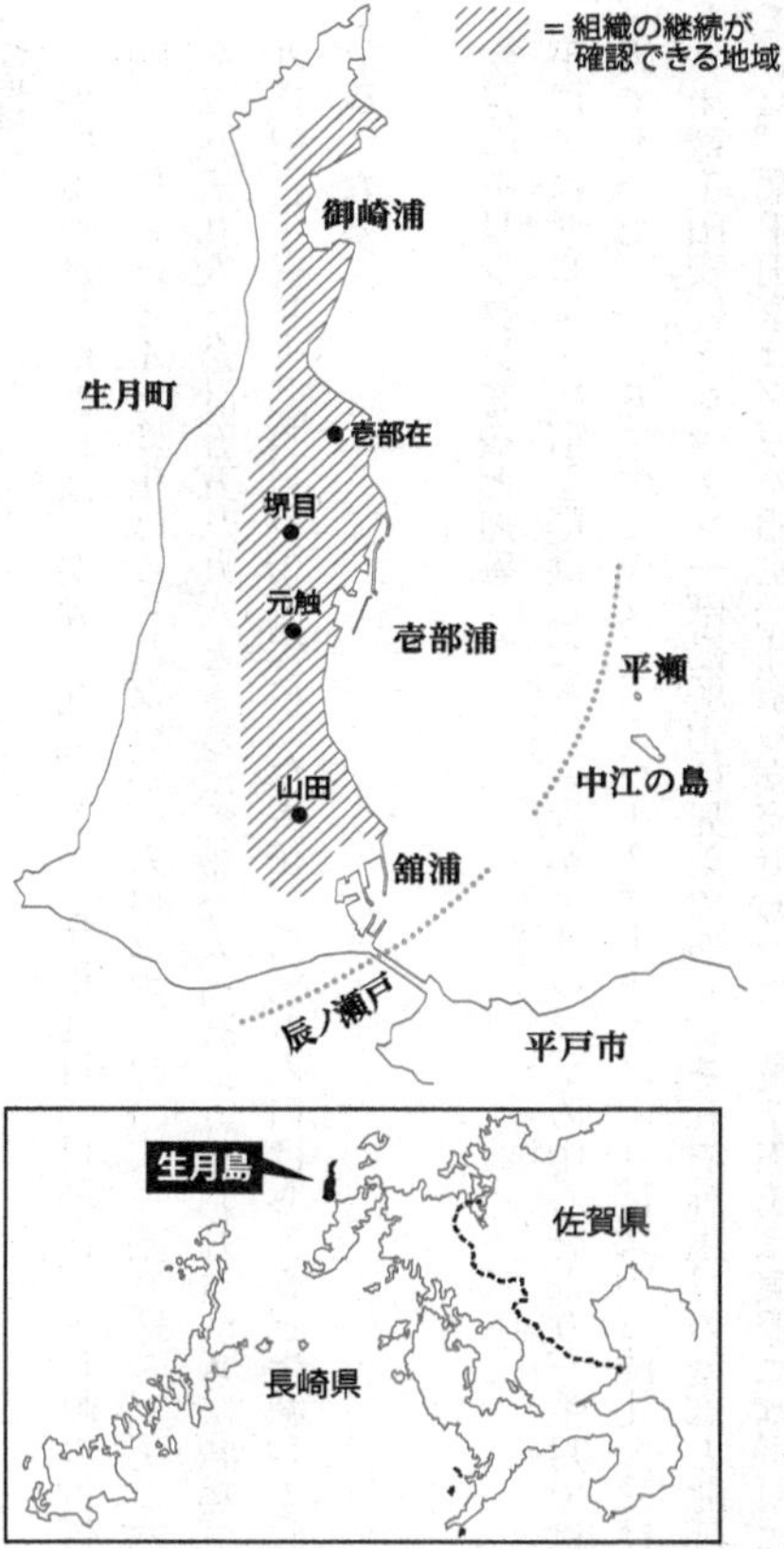

図２　生月島のカクレキリシタン（『長崎県のカクレキリシタン』長崎県教育委員会、1999より）

（追補）

平戸市のHPによれば、平成二九（二〇一七）年九月一日現在、生月町の世帯数は二四一七戸とほとんど変化はみられないが、人口は六〇〇〇人を割り込み、男二六五〇人、女二九三九人、合計五五八九人とさらに急激な人口減にみまわれている。昭和三五（一九六〇）年のピーク時から半世紀たった現在、島民の人口はちょうど半減してしまった計算になる。

生月のキリシタン布教と迫害

平戸ではザビエルに宿を提供した木村《きむら》一族がキリシタンの中心となり、生月では篭手田《こてだ》一族であった。一五五三年（天文二二）バルタザール・ガーゴ神父から洗礼を受けたアントニオ篭手田安経《やすつね》とジョアン一部《いちぶ》勘解由《かげゆ》は兄弟であり、それぞれ生月の南部と北部を領していた。篭手田家は平戸の領主松浦《まつら》家の支流であった。篭手田氏は実際には平戸に住み、生月には管理者を置いた。これが生月の西家であった。生月の布教は前年に来日したガスパル・ヴィレラ神父が平戸島の春日《かすが》、獅子《しし》、飯良《いいら》、度島《たくしま》、生月島を廻《まわ》って約一五〇〇人に洗礼を授けた一五五八年（永禄元）に始まる。このとき、生月南部の篭手田領の舘浦《たちうら》はほとんどキリシタンとなり、奉行であった西家もキリシタンとなった。

一五六一年（永禄四）夏、ルイス・デ・アルメイダ修道士が度島のキリシタンを訪問し、その後、生月を訪れた際、舟の上から島の高いところに建てられた大きな十字架が目に入った。この地は現在「黒瀬《くろせ》の辻《つじ》」と呼ばれているが、「クロスの辻」が訛《なま》ったという説もある。アルメイダが訪れた教会は六〇〇人を収容できるほどの立派なものであった。その後、壱部にも別の教会が建てられたが、壱部浦の「お屋敷山」か堺目《さかいめ》の「焼山《やきやま》」にあったと思われる。アルメイダの手紙によれば生月島の人口は二五〇〇人、そのうち八〇〇人がキリシタンであったという。

一五八七年（天正一五）豊臣秀吉《とよとみひでよし》によって突如伴天連《バテレン》追放令がだされ、同年山口にあったコレジオが山田に、安土《あづち》のセミナリヨが壱部に一時期移動してきた。一五九九年（慶長四）平戸の領主松浦隆信《たかのぶ》（道可《どうか》）が死去し、息子鎮信《しげのぶ》（法印《ほういん》）は厳しいキリシタン弾圧を開始した。生月の領主ジェロニモ篭手田、バルタザール一部は所領を捨て、信仰を守るために家族および家臣六〇〇人を連れて、同年ひそかに船で長崎に逃れた。これによって生月の所領は没収され、鎮信法印の隠居地となった。ジョアン一部勘解由とその子バルタザールの屋敷跡には、「お屋敷様」と呼ばれるカクレキリシタンの御堂が建てられており、壱部全体六か所の神様をお祀《まつ》りしている。これから生月島内の主なカクレキリシタン関連史跡をみていくことにしよう。

写真１　黒瀬の辻の生月殉教者慰霊碑

黒瀬の殉教者ガスパル様

生月のカクレが祀る祠《ほこら》のひとつに「ガスパル様」がある。殉教者ガスパル西玄可《にしげんか》は一五五六年（弘治二）頃に生まれ、生月の篭手田領の総奉行を勤めた。ガスパルはまた生月キリシタンの総責任者であり、教会暦を所持し、宗教上の行事を司り、幼児に洗礼を授けたりしていた。一六〇九年（慶長一四）ガスパル西夫妻と息子ジュワンが以前に十字架が立っていた黒瀬の辻で斬首《ざんしゅ》された。その地には今でも「ガスパル様の墓」があり、カクレの関係者が祀っていたが、一九九二年（平成四）カトリックの関係者が中心となって、六メートルの十字架がついた生月殉教者慰霊碑が建てられ（写真1）、毎年カトリックの巡礼もおこなわれている。

平戸のキリシタンの中心が木村家であるとするならば、生月のそれは西家である。西家は三名のキリシタン聖職者をだし、その一人は聖人の列に加えられている。そして七名の殉教者を数えている。現在、自然石が積んである墓がガスパル様の墓といわれ、大きな松が生えていたが、松食虫《まつくいむし》にやられて倒壊した。その松の木からカトリック信者たちが作った十字架が、生月殉教者慰霊碑下の小資料館と長崎の二十六聖人記念館に納められている。

聖地中江の島の殉教者サンジュワン様

生月のカクレにとって、中江の島は聖地として心のよりどころとなっている。平戸島と生月島のちょうど中間に浮かぶ、周囲を切り立った岩に囲まれた無人の島である。島民は「お中江様」とか、生月島の向かいにあるので「お向いサンジュワン様」などと親しみをこめて呼んでいる。生月では人家があるのは島の東斜面だけであり、島のどこからでも中江の島を望むことができる。中江の島は多くの祖先が殉教し、この島から採られる聖水はいくつかの奇跡譚《たん》に包まれ、「サンジュワン様の御水」と呼ばれ、それ自身ケガレを清める霊力を有する御神体として丁重に取り扱われている。

一六二二年（元和八）五月二七日、同年田平《たびら》で殉教したカミロ・コスタンツォ神父の宿主であったジュワン坂本左衛門と、カミロ神父に小舟を提供したダミアン出口が中江の島で斬首された。彼らの遺骸《いがい》は袋に詰められ、海中に投棄された。六月八日には棄教の印にお札を飲むことを拒否した生月出身のジュワン次郎右衛門が中江の島で殉教した。舟に乗って処刑地中江の島に近づいたとき、「ここから天国は、もうそう遠くない」と言ったそ

写真2　堺目の末永家に祀られている、中江の島で殉教した御三体サンジワン様。これと同じものが中江の島の祠にも祀られている

うである。七月二二日には生月で、船頭のジュワン雪ノ浦次郎左衛門二五歳と、パウロ塚本三五歳が斬首された。記録には殉教した場所は生月とだけしかないが、「彼らの遺骸は海中に投棄された」とあるので、中江の島であったと考えてよいであろう。

一六二四年（寛永元年）三月五日、ジュワン坂本左衛門とダミアン出口の家族全員が一緒に中江の島で殉教した。生月出身のダミアンの母イザベラ、生月の舘浦の出身であった妻ベアトリスと四人の子供たちが、中江の島の地獄といわれるところで殺された。もう一組はジュワン坂本の妻マリアと四人の子供たちであった。同年三月八日、元和八年のもう一人の殉教者、ジュワン雪ノ浦の妻カタリナが殺されている。

元和八年と寛永元年に中江の島であわせて一六名が処刑されたと、レオン・パジェスは『日本切支丹宗門史』に書いている。その中には四名のジュワンという洗礼名を持った者がいる。元和八年に殺された、ジュワン坂本左衛門、ジュワン次郎右衛門、ジュワン雪ノ浦次郎左衛門、寛永元年のダミアン出口の息子ジュワンである。中江の島はサンジワン様とも呼ばれるが、「お向い御三体サンジワン様」という呼び方があり、現在中江の島の祠に祀られているのも三体の像である（写真2）。それよりみれば、御三体サンジワン様とは、元和八年の三名のジュワンという洗礼名を有する殉教者を指していると考えることができるであろう。

サンジュワン様のお歌

元触《もとふれ》を除く壱部、堺目、山田の三地区には、中世のカトリックのグレゴリオ聖歌に由来する、「ラオダテ（Laudate）」「ナジョウ（Nunc dimittis）」「グルリヨーザ（O Gloriosa）」の三曲のラテン語の歌オラショが残っていることはよく知られている。このほかに、潜伏キリシタンによって創作された、日本語による歌オラショが山田地区にだけ残されている。「サンジュワン様のお歌」と「ダンジク様のお歌（地獄様）」である。

《サンジュワン様のお歌》

　んー前わな前わ泉水やなーあ
後わな高き岩なるやあーなあーあ

前もな後も潮であかするやなーあ
んー此《こ》の春わな此の春わなあー
桜な花かや散るじるやなあーあー
また来る春わなつぼむ開くる
花であるぞやなあーあ

《ダンジク様のお歌（地獄様）》
んー参ろうやな参ろうやな
パライゾの寺にぞ参ろうやなあーあ
パライゾの寺とわ申するやなあーあ
広いな寺とわ申するやなあーあ
広いなせばいは我が胸にあるぞやなあーあ
んー柴田山 柴田山 今わな涙の先なるやなあー
先わな助かる道であるぞやなあーあ

メロディーもいいが、歌詞がすばらしい。一七世紀中期頃のものと思われるが、あの時期にいったい誰がこのような美しい歌を創りえたのであろうか。サンジュワン様のお歌は中江の島で殉教した三人のジュワン様を歌ったものである。最初の三行は中江の島の情景を詠んでいる。切り立った断崖《だんがい》のところで斬首され、遺骸は袋に詰められ、早い潮の通る海峡に投げ込まれた。殉教者の首が赤い血しぶきをあげて落ちる様は信徒たちにとって、美しく散る桜の花に思えたことであろう。

「今はキリシタンは桜の花のように散ってゆくが、また来る春には、きっと殉教者の血によって、信仰のつぼみは美しく開くことができるであろう」という希望を詠《うた》ったものである。サンジュワン様のお歌は現在祝い歌としてめでたい時に歌われている。この歌はサンジュワン様と呼ばれる中江の島から採った聖水を取り扱うオジ様が同席しなければ歌うことはできないとされている。

舘浦の殉教者ダンジク様

ダンジク様のお歌は殉教者たちを称《たた》え、自分たちもそのような強い信仰を持って「パライゾの寺」へ行きたいという願いを詠んだものである。パライゾとは天国の意味である。そこには神とともに、殉教したご先祖様たちが待っている。「パライゾは広い寺といわれているが、パライゾに通ずる門が広いか狭いかは、自分の胸、すなわち信仰の強さにかかっている。今は迫害が厳しく、涙が先に立つ悲しい世であるが、サンジュワン様たちのように強い信仰を持てば、未来は助かる道が開けている」と詠っている。殉教者たちを称え、

写真3　ダンジク様のお掛絵。中央がジゴクの弥市兵衛、右がマリヤ、左がその子のジュアンといわれている

また一方において、残された者たちの信仰を奮いたたせようとしたものである。

　ダンジク様を祀る祠は生月島の南端にある。ジゴクの弥市兵衛と妻マリヤ、その子ジュアンの三人を祀るものである（写真3）。五島に逃げ延びるために、三人が暖竹《だんちく》のやぶの中に隠れていたときに、子供のジュアンが泣いたので、舟で岸から探索にきていた役人にみつかり処刑されたと伝える。

　今でもダンジク様に参詣《さんけい》するには必ず陸地伝いにいき、決して舟で海岸からいってはならないとされている。地元の人たちは、ダンジク様の海岸の近くに舟を寄せると凪《なぎ》の日でもさざ波が立ってくるという。毎年一月一六日にはダンジク様への参詣が、日草《ひくさ》と山田触の関係者でおこなわれ、舘浦には「ダンジク様講」もある。

堺目の殉教者サン・パブロー様（幸四郎様）

堺目には幸四郎《こうしろう》山あるいは御山《おやま》と呼ばれる小さな森があり、サン・パブロー様を祀る祠がある（写真4）。この森には下足で入ることはタブーで、この森の中の木も伐《き》ってはいけないといわれていた。元触の故オヤジ様（カクレキリシタンの最高役職者）・大畑博氏は

写真4　堺目のサン・パブロー様（幸四郎様）の祠。右の鳥居には「古城神社」と刻まれている

「パブロー様はもともと平戸藩の武士であった。藩主の命を受け、生月の信者を禁圧するために着任した。堺目の信者を捕えるため、この森に来た時、急に目がみえなくなってしまった。信者たちは失明した彼を手厚く介抱した。その時の感激が動機で彼もキリシタンに入信し、信仰を重ねていくうちに、彼の目は次第に快癒した。その後、堺目地区の有力な指導者となったが、平戸藩に知られ、遂《つい》に殉教したのである」と語った。

殉教者パブロー（パウロ）様が平戸藩の武士であると特定できる歴史的史料はみつからない。ただ一六二二年（元和八）生月で斬首された殉教者の中に三五歳のパウロ塚本がおり、サン・

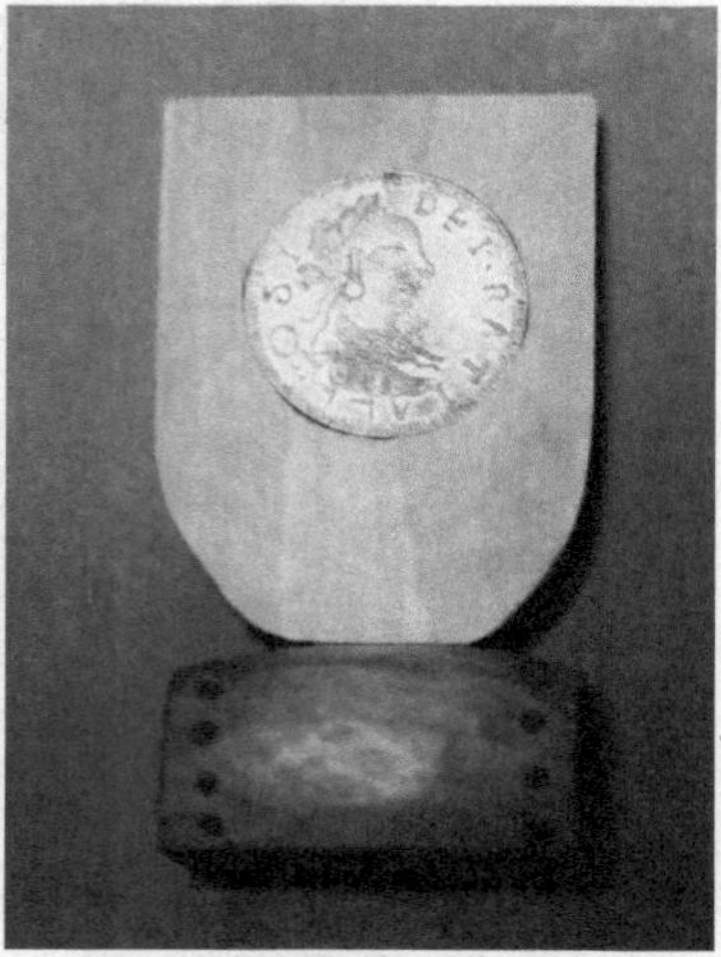

写真5　堺目の殉教者ジョーチン様　メキシコの硬貨を板にはめている

パブロー様として祀られたということは考えられる。パブロー様を掛軸に描いたものが御前様として今も堺目のO家に祀られている。正月とサン・パブロー様の立ち日（命日、旧八月二三日）には近所の五〜六軒が集まって祀っている。

堺目の殉教者アントー様

山田の人で洗礼名をアントニオ、名を庄平という。畑で仕事をしているところを捕えられ、松崎で処刑された。平戸の獅子・根獅子《ねしこ》、生月の山田・堺目・壱部の信者が遺体を納めようと押しかけ、堺目の信者が俵に入れて埋葬した。指が一本切れており、探しにゆくと、現在の種畜場の下の小道に灯が点《とも》っており、近づいてみると切れた指であった。

アントー様の命日は旧暦九月五日で、以前はツモト行事であったが、現在は堺目の故オジ様・藤村秀雄氏宅の庭に祠が個人的に祀られている。アントー様の分霊が辻の門崎宇市家に祀られ、八軒からなる講仲間が形成されている。

堺目の殉教者ジョーチン様

ジョーチン様はオジ役をしており、堺目の幸四郎様の森の近くの、丸い形をした田である野田の田を耕していた時、追っ手がきて捕縛され、そこで殺され殉教したと伝えられる。野田にはジョーチン様の指を埋めたといわれるところがあり、墓石がある。女性は入ってはならないとされている。旧暦四月二四日が命日で、一八世紀末頃のメキシコ銀貨をモデルにしたと思われる貨幣が御神体として大川九十二《こと じ》氏宅に祀られており、正月、御誕生、旧暦四月二四日の年に三回祀られている（写真5）。

山田のメンチョロー様（梶村様《かじむら》）

舘浦山田在の小田之平の住宅の隣にある。メンチョロー様はキリシタン征伐をした人であるという。キリシタン征伐に来た人が刀を洗っていたところをキリシタンたちに殺されたという。畑に邪魔な石があり、取り除くと不思議なことにまたもとの場所に戻っていた。その不思議な石は現在長福明王院の御堂の中央に祀られている。普段は石に兜《かぶと》と袴《はかま》を着せているが、旧暦五月一一日の祥月命日にはその石にお湯をつかわせる。このメンチョロー様の石の下には四個の一〇センチ大の石が祀られており、ご家来様と呼ばれている。

神の川の殉教者初田様

神《こ》の川尻にある石祠。言い伝えによれば、お初さんという庄屋で働いていた女性が、山田の金比羅神社の裏のカタクデンと呼ばれる田で田植えをしていたとき、突然大雨が降りだし、神の川尻まで流されて死んだ。その後、五穀豊穣の神様として祀られるようになった。またお初さんが死んで何年かしてから稲の被害が続き、ホーニンさん(祈禱《きとう》師)にみてもらったところ、お初さんのタタリであるといわれ、それからお祀りするようになったという伝承がある。

比賣《ひめ》神社の神主と山田の正和《しょうで》、日草、山田の三触のカクレの全役職者が毎年四月一二日に集まって祀る。この行事の日には必ず朝か夕方に雨が降るといわれている。比賣神社神主・金子証氏によれば、初田《はった》様は作神《さくがみ》様で、罔象女大神《みずはのめのおおかみ》を祀っているという。

舘浜の殉教地千人塚(千人松)

山田児童館近くにある。終戦前まで立派な老松が生えていたが、松食虫によって枯れた。島原の乱後、平戸藩は生月のキリシタン弾圧を厳しく命じられ、一六四五年(正保二)熊沢作衛門を隊長とする一行を派遣し、疑わしきものは家族全員虐殺したという。舘浦の浜は血で染まり、その時、子どもの死骸を埋葬したところが千人松であるという。比賣神社の祇園《ぎおん》祭の御旅所ともなっている。

舘浜の安産の神様八体様（八大龍王）

舘浦の浜が埋め立てられる前、白浜と呼ばれていた海岸側にその祠はあった。今は舘浦のふれあい広場近くの戸田勇一郎家の裏に石祠が祀られている（写真6）。母と六人の子ども合わせて七人のキリシタンが処刑されることになったが、母にはお腹に子どもがおり、胎児はキリシタンではないので、生まれるまで待って欲しいと嘆願したが聞き入れられず、一緒に殺されてしまった。

写真6　安産の神様　八体様祠

その後、安産の神様として祀られるようになり、妊婦はまずお宮にゆき、それから八体様《はったい》に参る。初参りにも、七五三の時にも八体様に参詣にゆく。八体様は疱瘡《ほうそう》の神様ともいわれている。ほんらい八大龍王《はちだい》は海の神様であるが、舘浦の漁業関係者から祀られることはない。命日は旧暦三月一二日である。地元の人もしばしば発音が似かよっている初田様と混同している。

迫害時代の生月キリシタン取締り

さて次に、迫害時代から潜伏時代にかけて、生月においてどのようなキリシタン取締りがなされたかを見ておきたい。つまびらかにする資料は少ないが、ここに二つほどあげておく。平戸松浦家においてキリシタン禁制が開始されたのは、一五九七年（慶長二）鎮信法印公のときからであった。鎮信が平戸領内にだした触書のうち、数カ条を読み下し抜粋して紹介する。

平戸領内宗門改條文
慶長二年生月島宗門方御定

一 諸人相果て候節、着物などにも棺内に十の字の模様にこしらえ、縫い入れ、切支丹の方おこなう事ゆえ、かようの所よくよく心付け、日夜相改め申すべき事。
一 柱をくり、内に切支丹仏、金佛入れ置き、人の心付け之なき様にふさぎ、兼て念じ、かようのところ、よくよく心付け相改め申すべき事。
一 野山海共よくよく心付け、夜昼相改め申すべき事。

一（前略）内の様子見難く候えば、納戸の窓より如何の様子之あるかよくよく心付け、其の他、家内外によらず男女、三人五人居り申し候節は、何事にて集り候かと内の様子よくよく心付け相尋ね申すべき事。

一（前略）五人組親類兄弟親子共申す通りの病気にて相果て候えば、見届の上死骸《しがい》洗わせて、頭陀袋《ずだ》書物まで改め、外に紛らわしき切支丹の心ざし之なきやなお改め、入棺の為棺致す前後致さざる様に印を付ける為に、出家衆こうそり成され勤めの上出家衆同道にて墓所まで見届け申し置き申すべき事。

この触れをみれば、家の内外とも、野山海にいたるまで、キリシタンの怪しい者がいないか気を配り、窓の外からも様子をうかがい、死者が出れば棺の中や、死者の着物にも十字が記されていないか、確認せよといった徹底した取締りであった。

次に、一六八九（元禄二）一二月二九日付平戸藩宗門方による、「肥前国平戸領古切支丹類族存命帳」の、生月島に関する一部を紹介する。

一　新兵衛（切支丹本人）斬罪《ざんざい》

右の者、肥前国松浦郡生属（生月）島の内、舘浜鍛冶《かじ》にて切支丹宗門に候所、当巳より九三年以前慶長二丁酉年転び、浄土宗に罷《まか》り在り、四五年以前正保二乙酉年右同島の者切支丹の志し失せ申さず候。訴人これ有り、長崎で相渡し候節、此《こ》の者牢舎申し付け置き候様にて馬場三郎兵衛、山積権八郎より申し来り、其の通り申し付け置き候。其の後両奉行指図に付き同郡平戸にて斬罪致し、死骸海に沈め申し候。

一　新右衛門（新兵衛嫡男本人同断）病死
此の者父斬罪の節搦《から》め置き候所、右長崎両奉行検議の上指免候云々《うんぬん》。延宝五巳年七月二二日六三歳にて病死浄土宗法音寺にて火葬。

一　次郎右衛門（切支丹本人）沈殺
六六年以前寛永元年生属島の内里村百姓の事とて、同村に数日晒《さら》し置き海に沈む

一　なつ（右妻切支丹本人）沈殺
もと禅宗同断

一　十左衛門（右嫡男）病死
伯父三郎兵衛を長崎へ渡し候節、搦め置き其の後指免され、花房権右衛門召抱え当巳より二十年以前寛文十庚戌年十二月十日五五歳にて病死。生属島里村禅宗永光寺にて火葬。

資料にみられるごとく、ときおり殉教事件も発生し、ことに類族については長期間投獄され、牢内において病死した者もいた。

寺請制度、類族改制度、五人組制度、絵踏制度などによって潜伏キリシタンたちは厳しい監視下に置かれていたとはいえ、生月は捕鯨の基地として平戸藩の財政を支えていた。それゆえ藩としては、彼らがキリシタンであるということはわかっていても、徹底した取締りはできなかったのであろう。このことは寺や神社側も同様であった。なに変わることのない普通の檀徒、氏子として振舞うかぎり、ことを明らかにし、彼らを処分することにはなんらメリットがなく、見て見ぬ振りをしていたようである。

明治初期、生月潜伏キリシタンの復活

幕末一八六五年（慶応元）の大浦天主堂におけるキリシタンの復活、および浦上崩れ、五島崩れのニュースは生月にはしばらくの間は届かなかった。一八七二～七三年（明治五～六）頃になって佐世保《させぼ》港外黒島の出口大吉、その弟大八が生月にやってきてカトリックの伝道を試みたが、島民はふたたび迫害をこうむることを恐れて容易に戻ろうとはしなかった。

ようやく一八七九年（明治一二）になってカトリック布教の成果が現れはじめ、一二二名が平戸警察署に転宗願を提出したが、神官僧侶《そうりょ》側からかなりの圧力がかけられた。生月の住民は寺に集められ、戻ろうとする者に対して村八分にするように求められた。飲料水の差し止め、親族出入り差し止め、結婚の禁止、舟の乗り合い禁止、屋根葺替《ふきか》え禁止、出稼

奉公の禁止、月雇い稼ぎの禁止、造酒職・紺屋職の禁止など、さまざまな規制が加えられた。

生月の全戸数二〇〇〇に対してカトリックに戻ったのは四〇～五〇戸にすぎなかった。明治初期にはおそらく生月の全住民のほとんどがまだ潜伏キリシタンであったと思われる。一九一二年（明治四五）山田カトリック教会が建立されたが、その当時カトリックは一六軒しかなかった。戦前まではカトリックに対する差別意識は残っていたが、現在ではまったくみられず、友好的に共存している。

舘浦でカクレを離れた三軒の家は、カトリック司祭を呼んで家に祀っているカクレの神様に祈りを唱えてもらっている。その後もカトリックに戻すための努力が続けられたが、成果は上がらなかった。一九六四年（昭和三九）壱部にも山田小教区の巡回教会が建てられた。一九八九年（平成元）現在、生月のカトリックの教勢は、山田教会が四六世帯、二五〇人、壱部教会が一八世帯、五〇人となっている。

2　生月のカクレキリシタン組織

生月のカクレキリシタン組織概観

生月島は南北約一〇キロメートルの細長い島で、島の西半分は西目と呼ばれ、断崖《だんがい》を交えて急な崖《がけ》が続いている。冬には朝鮮半島から吹いてくる北東の季節風をまともに受け、農業にもほとんど利用されておらず、人家はまったくない。東半分は比較的なだらかな斜面が海岸線まで落ちており、御崎浦《みさきうら》、壱部浦、舘浦にそれぞれ港が作られている。

生月島は人家の並ぶ島の東側の北半分の壱部と南半分の舘浦に大きく二分される。山側に位置する農業を主体とした地区を「在（田舎）」と呼び、海側に位置する漁業・商業を主体とした地区を「浦」という。壱部の在に相当するのは壱部在、堺目、元触で、これにこの三か所から明治以前より移住を開始し、開拓をおこなって牧畜を営んだ御崎が加わる。生月では大字《おおあざ》に相当する地区を「免」といい、小字を「触」という。舘浦は農業主体の山田免と漁業主体の舘浦免に分かれる。山田免は山田触、日草触、正和触の三地区にさらに分かれている。現在カクレの人々が住んでいるのは農業を中心とした御崎、壱部在、堺目、元触と山田免の三触にほとんど集中している。

壱部浦と舘浦免は昭和初期頃にカクレの組織解散が進み、現在はほとんど仏教一本でやっている。むろん神社との関わりももっている。しかし、解散したとはいえ、「お札様《ふださま》講」や「ダンジク様講」など、カクレであった頃からの講組織が残っているものもある。また個人の家では昔から祀ってきたキリシタンの神様を、正月や神様の命日に現役のカクレの人を呼んでオラショをあげてもらったり、節分に相当する「家祓《やばら》い」を頼む人もいる。

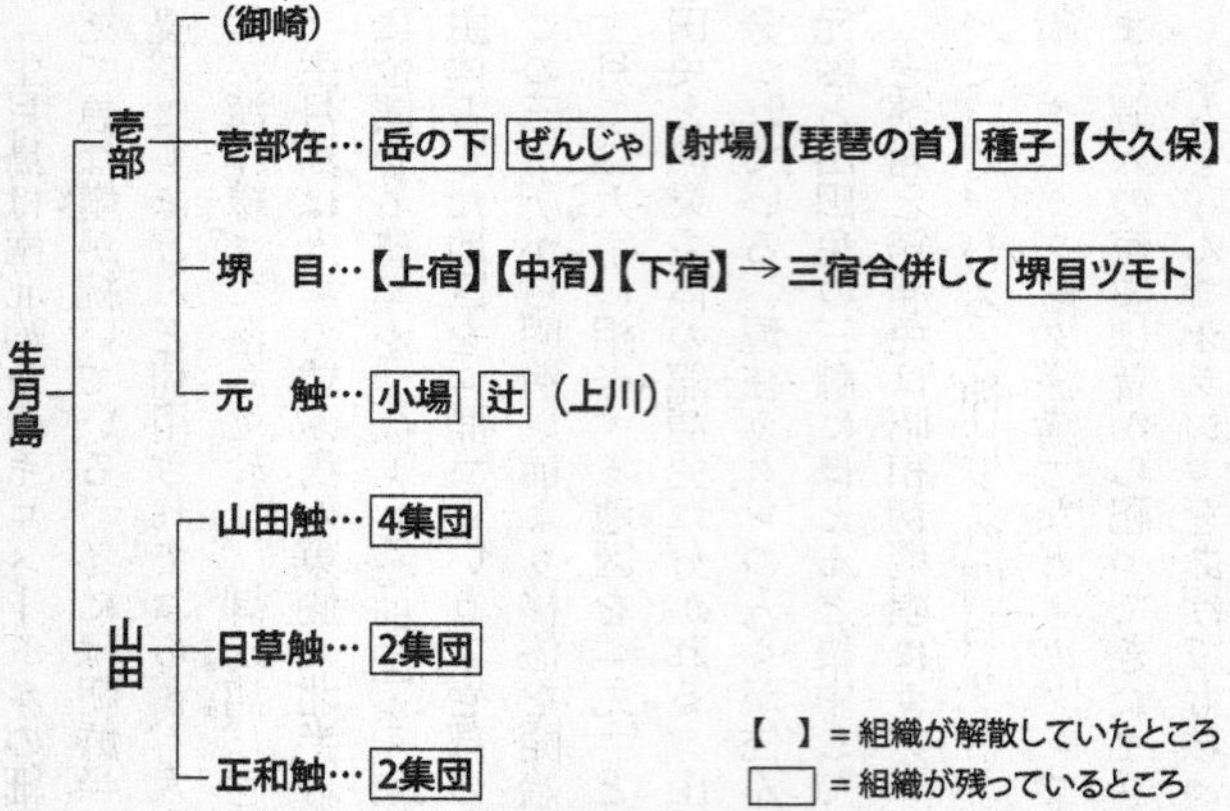

図３　生月カクレキリシタン組織概略図（2000年）

しかし、彼らをもはやカクレキリシタンと呼ぶことはできない。日常生活の信仰基盤は仏教にある。

二〇〇〇年（平成一二）現在、カクレの組織が存続しているのは［図3］の通りである。壱部在には岳《たけ》の下《しも》から大久保まで六か所のツモトがあったが、【　】でくったツモトでは現職のオヤジ役が死亡した後、後継者が得られず、半ば解散状態にある。堺目は三宿のツモトに分かれていたが、信徒の戸数が減り、一九九五年（平成七）に三宿が合併してひとつになった。元触にも三つの集団があったが、上川《かみがわ》が一九八六年（昭和六一）に解散した。山田の各集団には呼び名がない。

御崎地区はもともと壱部在、堺目、元触から移住していった人たちで、御崎で独立した集団を形成することはなかった。御崎で役職を持っているのは元触の辻に属する内山寅雄氏だけで、御崎オジ様と呼ばれている。内山一統七軒は現在も本集団である辻で行事があるときには御崎から参加する。この他の御崎のグループは現在では本集団との関わりを失っている。わずかに正月の家祓いの時にお祓いに来てもらっているが、それも最近では少なくなってきている。

（追補）

生月島のカクレキリシタン組織は、二〇〇〇年から二〇一七年の一七年間に、壱部在の岳の下・ぜんじゃ、元触の辻・小場《こば》、山田の山田触・日草触・正和触の組織が解散した。二〇一七年一月現在、生月島全島で伝統的なカクレの組織が不完全ながらも存続しているのは、わずかに壱部在の種子《しゅうじ》ツモトと堺目ツモトの二ツモトのみとなってしまった。元触地区の小場のツモト組織は解散し、オヤジ様もオジ様もいなくなったが、末端の信徒組織である小組《こぐみ》だけは解散せずに残り、年に数回集まって御前様を祀っている。これは解散にいたる過渡的な延命形態である。

生月のカクレキリシタン役職者組織は、「オヤジ役―オジ役―役中《やくちゅう》」の三役よりなっている。これは外海《そとめ》・五島地方の「帳方《ちょうかた》―水方《みずかた》―触役」という三役組織とほぼ同様である。しかし、現在この三役がそろっている組織は長崎県下全域において皆無である。

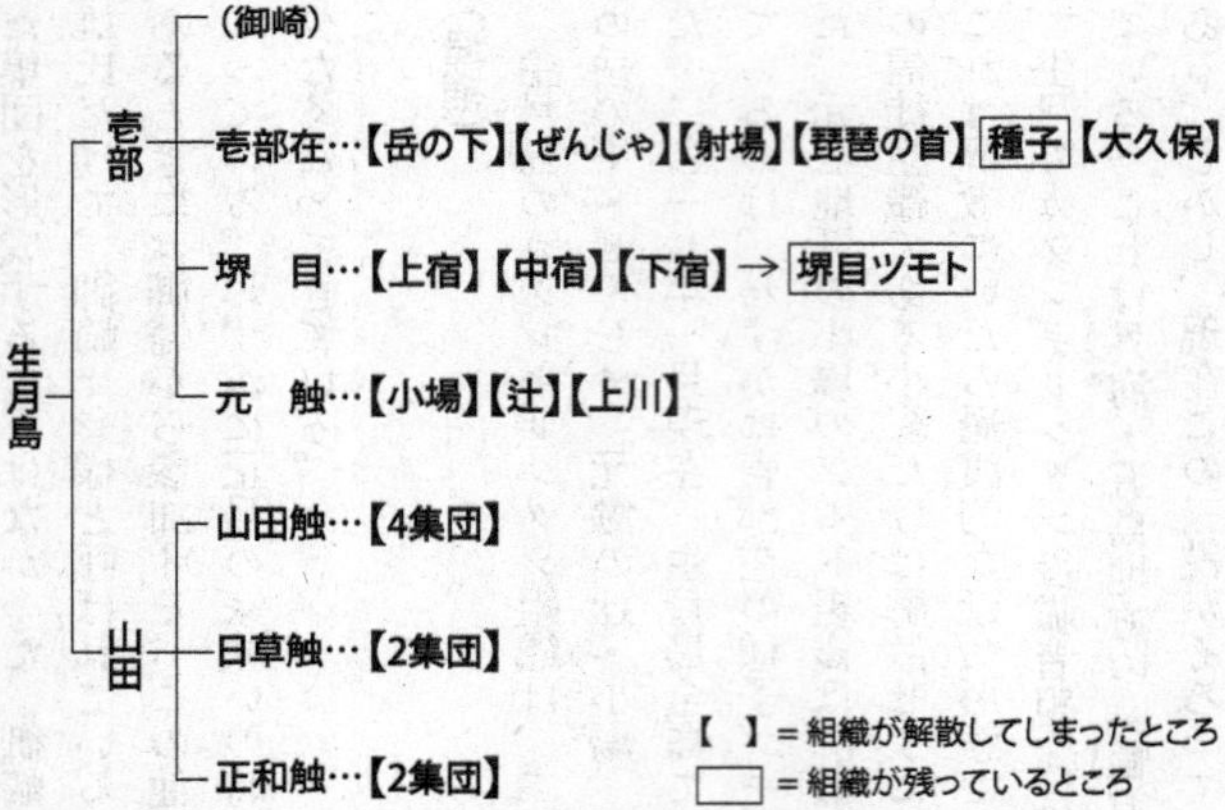

図4　生月カクレキリシタン組織概略図（2017年現在）

すべての組織で実質的にはオヤジ役または帳方が一人で三役を兼任しており、本来の三役が揃った健全なカクレの組織はもうどこにもみいだすことはできない。後任者がみつからず、いつまでも一人で社長も重役も支店長も兼務しているようなものである。組織を離れずに残っているのは、親せき筋といった、強い血縁関係にあるような人たちがほとんどである。カクレキリシタン組織がいかに末期的な状態にあり、信仰を守っていくのが困難な段階にあるか、想像にかたくない。

［図3］に掲げた二〇〇〇年の生月カクレキリシタン組織概略図が、現在どのように変化したかを示したのが［図4］である。

ツモトと小組

生月のカクレキリシタン組織を理解するにはツモト制度、小組制度、役職者制度を説明しなければならない。「ツモト」とは、自宅に御神体を預かって祀り、行事の際に宿を提供する家のことである。ツモトの語源は明らかではない。しばしば「津元」という字が宛てられているが、神様の宿元という意味であろう。カクレは表立って教会を持つことはできなかったので、オヤジ様と呼ばれる役職者の家（ツモト）にひそかに祀られてきたのである。もっとも目立たない部屋である納戸に祀られてきたので、外部の者からは納戸神《なんどがみ》と呼ばれてきた。

カクレの組織はキリシタン時代以来の信徒組織コンフラリアが今日まで続いてきたものとみることができるが、実際の形態は日本の民俗信仰にしばしばみられる宮座《みやざ》制度に酷似している。宮座とは専任の神職ではなく、村人自身が当番を決めて世話役となり、氏神の祭りや講組織における神事をおこなうものである。その世話役は頭屋《とうや》と呼ばれ、神霊を迎える宿を提供する。ツモトはまさにこの頭屋に相当する。

生月のカクレの組織は本部組織と支部組織の二部構造になっている。本部は神様を祀っているツモトで、いわば教会の役割を果たしている。主要な行事のほとんどすべてがツモトでおこなわれ、本部役員である「オジ役」、「オヤジ役」と、支部役員である「役中《やくちゅう》」数名が参加しておこなわれる。役中には定まった一定の序列がある。

支部組織は「小組」または「コンパンヤ」と称する。コンパンヤとはポルトガル語で組を意味するCompanhiaに由来する。英語のカンパニーである。ツモトの下にはいくつかの小組が従属し、それぞれ数戸ないし数十戸の末端信徒よりなっている。各小組から一人ずつ「小組の頭」、「組親」などと呼ばれる小組の代表者が輪番で選出される。以前は「み弟子」とも呼ばれていたようだが、現在ではほとんど死語になっている。

小組の頭は自宅に「お札様」を預かり、自宅でおこなわれる小組行事（支部行事）を取り仕切る。ツモト行事（本部行事）に出たときには小組の頭は「役中」と呼ばれ、会計係や行事の準備から進行にかかわる万端の補佐役を務める。末端の一般信徒を総称して「垣《かき》内《うち》」とか「カケ」、「ゴシャ（ゴッシャ）」などと呼ぶが、役職者も含め、ひとつのカクレキリシタン集団全体をひっくるめて指す場合もある。

オジ役（爺役）と見立て（選出）

「オジ役（オジ様）」は「オジさん」とも親称される。以前はオジ役ではなく「お爺役《じいやく》」、「爺役《じいやく》」と呼ばれていた。今でも時折「ジサン（＝爺さん）役」という言い方を耳にするが、現在ではオジ役（オジ様）と言い慣わされている。生月のカクレ組織における最高の役職であり、お授け（洗礼）をおこなう役である。お授けは最重要行事であったので、オジ役が最高の役職とされてきたのであろう。現在ではお授けはほとんどなく、その地位は急速に低下し、長老・顧問格として位置づけられている。壱部、堺目、山田では現在でもオジ役が形式的に最上位に置かれているが、元触では公然とオヤジ役の方が上位にあるという。ほとんどすべての行事を主宰するオヤジ役が実質的に上位にあることはまちがいない。

オジ役は輪番制で、爺役という名称が示すように、この役はグループの長老格の人望の厚い人物が推薦される。夫婦そろった者でなければならず、また在職中はさまざまな驚くべきタブーを守らなければならないので後継者探しは容易ではない。任期はどの地区もほぼ一期三〜四年であるが、後継者がいなければ交代もできず、壱部在の大岡留一氏のようにオヤジ役も兼務しながら一九七七年（昭和五二）から一九九二年（平成四）まで五期一五年間務めた例もある。

山田には二名のオジ役が立てられているが、ここは協議によって比較的すんなりと後継者がみつかっている。元触の辻と小場は年齢的に該当する者の中で籤《くじ》を引き、当たった者はカクレとは関係のない祈禱師《きとう》に適任者かどうかを占ってもらう「占参《うらさん》」と呼ばれる行事を経て指名される。占参とは祈禱師にカクレの神様である「御前様」の霊を乗り移らせ、祈禱師の口を通じて直接に「神様のお下がり（神意）」を受けて後継者を決める方法である。御前様の意志に逆らい、役を断ったりすれば「神様に咎《とが》められる」と信じている。堺目は現役職者間で協議をして適任者を選んでいたが、最近ではなかなか承諾が得られないので、直接占参によって神様に指名してもらうという形式を取っている。

壱部在の大岡氏の後継者探しは大変であった。現オジ役の土肥栄氏が一九九〇年(平成二)に後継者相談を受け、占参を経て最終的に引き受けるまでに一年三か月を要し、都合一六回の話し合いが持たれた。その土肥氏も平成七年に一期を終え、さらにもう一期三年勤め、現在(二〇〇〇年当時)辞任を申し出ているが、後継者はいまだに決まっていない。

壱部在にはもう一人オジ役がいた。オヤジ役兼オジ役であった川崎森一氏が一九八八年(昭和六三)に現職のまま死亡したあと、話し合いでは後継者は決まらず、一九八九年(平成元)に平戸からホーニンさん(祈禱師)を呼び、水天宮様(宝倉様)のお便り(神のお告げ)を聞くことになった。紆余《うよ》曲折の末、波戸光雄氏が正式にオジ様を受け継いだ。波戸氏は一九九五年(平成七)、任期を一年半過ぎて辞任したが、その後、後継者はみつからず、壱部在はオジ役は一人体制になってしまった。

オジ役のタブー――徹底したケガレの排除

オジ役はオヤジ役以上にさまざまなタブーが課せられている。そのタブーはケガレを避け、心身を神聖に保つためのものである。オジ役の最大の任務はお授けなので、潜伏時代からお授けは神聖な行事として重視されていたのであろう。

昔はオジ役は在任期間中、夫婦の交わりは許されなかったという。赤不浄（月経や出産の血の不浄）のためにケガレがあるとされる女性と接することによって、オジ役の清浄さが失われるからである。現在はそこまでは要求されていないが、お授けの前後一週間は控えねばならないという。

日常生活へのさまざまな規制が、オジ役の後継者獲得をいっそう困難なものにしている。風呂《ふろ》には必ず一番に入らねばならず、タオル、石けん、洗面器、タライ等はオジ様専用のものを用意する。洗濯も家族のものと一緒にしてはならず、家族の洗濯機とオジ様専用の洗濯機の二台備えている人もいる。物干しも専用のものを使い、オジ様の干し物の下をくぐってはいけないといわれている。小便をかけられぬよう、孫、子供を抱いて寝てはならないといわれ、どうしても抱く場合には向き合って抱かず、向こう向きに抱くようにという心得まで伝えられている。鳥獣の肉、卵、ネブカ（葱《ねぎ》）は食べてはならない。すべてケガレを避けるための工夫である。

行事のときにオジ様だけが持つことを許される御用杖《ごようつえ》がある。道いく人々はこの杖を突いて歩いている姿をみたら頭を下げたものであったという。行事が終わり、最初に退出するのはオジ様からと決まっており、オヤジ様も玄関までオジ様を見送る。そのとき、役中のスソ役（役中の中の最新参者）はオジ様の草履《ぞうり》（草履も行事専用のものがある）を揃え、伏して杖を手渡すことになっている。

生月の中でももっとも厳格なしきたりが残っている元触地区では、行事の初めにかならず儀礼の一部としてお茶がふるまわれるが、オジ様とオヤジ様だけには背の高い湯呑《ゆのみ》が茶托《ちゃたく》つきでだされる。また元触ではオジ様、オヤジ様が行事のときに座る畳には、御用茣蓙《ござ》と呼ばれる行事のときにだけ用いられる茣蓙が敷かれ、その上に座布団を敷いて座る。壱部でもオジ様だけには専用の御用茣蓙がだされる。茶托がつけられるのはオジ様、オヤジ様が飲む湯呑が直接畳に触れてはケガレが移ると考えたのであろう。御用茣蓙も直接畳に座ることによってケガレが移るのを避けるためである。

実質的最高役職者オヤジ役（御番主）

オヤジ役はふるくは「御番主《ごばんぬし》」と呼ばれていたようであるが、この呼び方はいまでは（二〇〇〇年当時）堺目だけにしか残っていない。通常は「オヤジ様」と呼び、「オヤジさん」、「トッツァマ」ともいう。オヤジ様は神様を自宅に祀り、ほとんどの行事を自宅でおこなうので、実質的には最高の役職者である。オヤジ役はもともと任期はなく、長男あるいはそれに準ずる者に譲る世襲職であったと思われる。壱部、堺目など比較的改革を拒み、伝統を重視してきた地区では、現在まで世襲制が保たれている。元触、山田はオヤジ役も輪番制で、三年から四年の任期である。

岳の下の現オヤジ役・大岡留一氏は一九三五年（昭和一〇）に一七歳でオヤジ役を叔父《おじ》

から受け継ぎ、現在にいたるまで、六五年もの長きにわたってオヤジ役を務めている。元触では一生のうち一人がオジ役とオヤジ役を兼務することはもちろん、ひとつの家からオジ役とオヤジ役をだすこともできないとされてきた。山田触ではオジ役あるいはオヤジ役を一人が二度持つことはできないが、オヤジ役とオジ役を一回ずつ持つことはできるとされている。日草では一人がオジ役とオヤジ役を持つことはできないが、オヤジ役は何回でも持つことができるという。

後継者難のオヤジ役

壱部在六か所のツモトには一九六〇年（昭和三五）まで六名のオヤジ様がいたが、同年大久保のオヤジ様が生月を転出し、大久保の御前様は種子のオヤジ役・川崎森一氏に合祀《ごうし》してもらうことになった。一九八八年（昭和六三）川崎氏が死亡したが、種子、大久保のツモトは正式なオヤジ役の後継者を得ることができず、波戸光雄氏が当分の間、代理としてオヤジ役を務めることになった。

一九九二年（平成四）の時点では、壱部在には五名のオヤジ様がいたが（内一名は代理）、一九九三年（平成五）に琵琶《びわ》の首《くび》、翌年には射場《いば》のオヤジ様が相次いで死亡し、その後、後継を得ることができないまま不在となっている。現在（二〇〇〇年当時）六か所のうちオヤジ様がいるのは岳の下とぜんじゃの二ツモトだけである。

写真７　上宿・中宿・下宿の三か所の御前様を合祀する堺目御堂。堺目の全行事がここでおこなわれる

堺目には上宿《うわやど》、中宿《なかやど》、下宿《したやど》の三つのツモトがあった。各宿にはそれぞれ一人のオヤジ役がおり、明治期には上宿と下宿にはオジ役もいたという。堺目は原則としてオヤジ役は世襲制である。堺目の特色は御堂《おどう》という神様を常時お祀りする教会堂のような施設が建てられていることである。生月に限らず、カクレの神様は個人の家に祀られている。堺目の御堂システムは古いものではなく、一九四三年（昭和一八）に新たにオヤジ役を引き継いだ上宿の末永武男氏が自宅の裏の焼山に藁葺《わらぶ》きの御堂を建てたことに始まる。堺目の三宿は信徒数が減少し、組織維持のために合併案が出た。一九八三年（昭和五八）に反対意見を押えて三宿の神様をすべて焼山の御堂に合祀し、諸行事も三宿の役職者が一堂に御堂に集まっておこなうようにした（写真７）。これをきっかけに中宿のオヤジ様が辞任し、中宿の後継者は不在となってしまった。

一九八九年（平成元）上宿のオヤジ様であった末永武男氏が死亡し、上宿も後継者をだすことができず、堺目のオヤジ役は下宿の鳥山泰隆氏ひとりとなった。毎年のように一軒二軒と組を離れてゆき、一九五六年（昭和三一）には一一二軒もあった堺目の信徒数も二四軒にまで減じ、三宿の組織維持が困難となり、一九九五年（平成七）には上、下二組（各一二軒）に改組された。それまでお札引きなど小組単位でおこなっていた行事もすべて御堂で合同でおこなうように改革された。こうして堺目は現在、鳥山泰隆氏が一人でオヤジ役（御番主）もオジ役も兼任している。

小組（コンパンヤ）と役中

小組（コンパンヤ）では「役中」が小組単位でおこなわれる「オシカエ（御札受け）」、「上がり様」、「お花」などの小組行事を執りおこなう。ツモト行事（本部行事）には各小組から一人ずつ役中が参加する。例えば岳の下のツモトには六つの小組があるので、各組一名、計六名の役中がいる。その中の最も新参の役中を「スソ役」といい、一年ごとに二番役、三番役と上がってゆく。六年目の最古参の役中は「先役《せんやく》」とよばれ、オヤジ役の片腕として行事がとどこおりなく執りおこなわれるように万端にわたり心配りをする。先役を一年間務めると、ツモトにおける役中としての職を務めあげたことになる。

堺目には上宿に三小組、中宿に三小組、下宿に二小組があった。御堂でツモト行事がおこなわれるときにはこれらの八つの小組から一人ずつ小組の頭が役中として参加していた。一九九五年（平成七）の組織大改革によって上組と下組の二組に編成しなおされたので、各組から二名の役中が選ばれ、御堂での行事には計四名の役中が出ることになった。役中は男性が務めるのが本来の姿であったが、最近では男性は出稼ぎや、漁で船に乗っていたりするので出席できないことが多く、妻や祖母が代理で出たりすることが多い。ツモト行事に参加するということは、御前様に接触することであるから、とくに赤不浄が嫌われ、以前は代理であっても閉経した女性に限られていたという。現在は閉経前の女性も参加しているが、すくなくとも月経中は、ツモト行事に参加することは控えねばならないとされている。ツモト行事の継続のためには女性の参加が不可欠であるが、あくまで男性の代理であって、女性とは便宜上考えないことにして、その参加を認めているのではなかろうか。

世襲制と輪番制

オジ役は生月すべてのカクレ組織において輪番制となっている。壱部が三年から九年、堺目五年、元触三年、山田六年である。オヤジ役は壱部、堺目が世襲制、元触、山田は輪番制である。おそらく昔は元触も山田も世襲制であったと思われる。

実質的な最高責任者であるオヤジ役が世襲制か、輪番制かということは、組織維持に大きな違いをもたらす。世襲である壱部在、堺目のオヤジ役は、代々自分の家が御前様をお守りしているという強い責任感と、ツモトを統括し運営しているという自負心を抱いている。オヤジ役はほとんどカトリック教会の司祭職のようなもので、多くの年間行事をこなしていけるのは時間が比較的自由になる農業従事者が多い。現在（二〇〇〇年当時）、浦部と呼ばれる海岸に面した漁業主体の地区ではカクレの組織は完全に崩壊し、在部と呼ばれる農業を主とした地区に残っている。

口伝的な要素が強く、複雑な慣習に満ちたカクレの習俗は世襲制をとる地区のオヤジ役によって維持されている。しかし、オジ役も役中も万端に精通しているオヤジ役に頼りきってしまうという安易な風潮を招きやすい。オヤジ様も自分の後継者の育成を怠り、オヤジ様が健在の間はよいが、いったん何事かあると組織は一気に崩壊の危機にさらされる。元触や山田のようにオヤジ役が三年、四年で交代していくところは、後継者も確保されており、安心して受け持つことができる。三年間頑張れば、自分の役目を果たせるという安堵《あんど》感もある。しかし、三、四年という期間はあまりに短く、やっと慣れてきたころには、もう交代を迎えるということになる。自分たちの信仰がどのようなものかという理解も浅いまま、ただ伝承されてきた諸行事を無事に務めるというだけに終始しがちである。

このように世襲制と輪番制には一長一短があるが、組織の維持という面からみれば、輪番制をとっている地区の方が継続性があるといえよう。信仰内容の保持という観点からは世襲制の方が優れているが、常に組織崩壊の危険性をはらんでいる。

組織の維持と改革

オヤジ役を引き受けにくくしている最大のネックは過重な家族の負担にある。カクレの行事はツモトの家族の協力、ことに妻や嫁の献身的な支えがなければ、維持することは不可能である。ツモトでおこなわれる行事のたびごとに定められた御前様へのお供えと、参加者に振舞う料理を準備しなければならない。もちろん役中の方々の奥さんたちの協力があるとはいえ大変なことである。

旧来のしきたりを守り続けたい高齢のオヤジ様と、時代の変化に応じて合理化、簡素化したい若者とのあいだには大きなギャップがあり、両者の妥協点をみいだすのは困難である。どの地区でも時代の変化にともなって必要性が低下した行事の廃止、日取りが隣接している行事を一日にまとめる、旧暦で日取りを決めていたために平日にあたる行事をできるだけ日曜日におこなう、漁業関係者のために白月《しらつき》という毎月一週間の休漁期間に集中的に行事をおこなう、料理の簡素化などといった改革を試みている。

もっと根本的な改革は、役職者の負担軽減のために、合併して御堂と呼ばれる教会のような施設を建て、神様を合祀し、行事もそこでおこなうというものである。オヤジ様の自宅に神様を祀り、そこに他の役職者たちが集まって行事をおこなうという伝統的なカクレの基本スタイルの転換である。このことはカクレキリシタンが白日の下に姿を現したということを意味し、完全にカクレキリシタンが隠れることをやめたという象徴的なできごとといえる。

長崎県下全体で最初にこの大改革をおこなったのは堺目である。堺目御堂を建築し、三ツモトの御前様を御堂に一堂に合祀し、個人の家でおこなう行事を全廃し、小組行事も含めてすべて御堂でおこなうようにした。結果はむしろ信仰は薄れ、仲間を離れていく人たちも出てきた。なかなか組織衰退に歯止めをかける妙案はない。

古老の多くが長く続いて欲しいとは願いつつも、おそらくカクレも自分たちの代まででおろうと、心のなかでは半ばあきらめている。息子や孫たちの若い世代に自分たちの信仰を押しつけることはできないし、またしようとしても無駄であることを知っている。少なくとも自分たちの代までは、なんとか先祖が苦労してここまで継承してきたものを、守り通したいという考えである。

(追補)

◆壱部カクレキリシタンのその後と現状

壱部の組織について

一九九〇(平成二)年頃までは、壱部にあった六か所のツモトには、二人のオジ役(お授け役)と五人のオヤジ役(種子が大久保を合併して六名が五名となる)、一九名の役中がそろっていた。しかし、その頃からオジ役やオヤジ役が死亡すると、その後継者を新たに選任するのが極めて困難になり、例外的なケースを除けば、欠員を補充できずに空席となってゆき、現在ではオヤジ役がひとりで三役を兼任するというような異常な事態となっている。

壱部では洗礼を授ける役であるオジ役はいまでは一人もいない。これは現在お授けがおこなわれていないのであるから当然の結果でもある。オヤジ役は垣内(グループ)の神様を拝み、諸行事を執り行う組織の牽引者であるが、壱部六か所には本来六人いるべきところ、今ではオヤジ役が残っているのは、種子(大久保は種子に合併吸収)のツモト一か所だけになってしまった。

壱部では無論のこと、生月全体のカクレキリシタン組織の解散に大きな影響を与えたのは、岳の下の故オヤジ役大岡留一氏であった。氏は一九三五年(昭和一〇)に一九歳でオヤジ役を叔父から受け継ぎ、二〇一〇年（平成二二）五月一九日、九二歳で他界するまで、実に七五年間にわたって岳の下のオヤジ役を務めてきたのである。この生月島全体の大長老である大岡氏の死亡は、ほとんど生月カクレキリシタンの死亡宣告と同じようなものであったと筆者は感じた。

生月島内のカクレの各組織の間には、横のつながりはほとんどないのであるが、最大の人数を有していた岳の下のツモトが、オヤジ役大岡留一氏の死去後、後継者を得ることができず解散してしまったのは、同じ島内でのできごとであり、もうこれで生月のカクレも長くないという雰囲気を醸し出したのは否定できないところである。

以下、生月島壱部のカクレキリシタンの組織、行事の変遷について述べる。

一九八八年（昭和六三）の壱部には、壱部組織変遷表（一〇〇～一〇一頁）の［表1］にもあるように、岳の下ツモト（大岡オヤジ様）、射場ツモト（増山オヤジ様）、琵琶の首ツモト（平田オヤジ様）、種子・大久保ツモト（川崎オヤジ様）、ぜんじゃツモト（小川オヤジ様）の五つのツモトに五人のオヤジ様がいた。また洗礼を授ける役を中心任務とするオジ役として、大岡留一氏と川崎森一氏の両名がいた。

一九九〇年（平成二）以降、二〇〇三年（平成一五）までの間の組織としての大きな変化は、射場のオヤジ様増山氏、琵琶の首のオヤジ様平田氏が死去し、その後、後継者が得られず、二か所のツモトが解散してしまったことである。また壱部に二人いたオジ様出口左吉氏、川崎森一氏両名が死去し、一九八九年（平成元）に波戸光雄氏が、一九九二年（平成四）土肥栄氏がオジ様に就任した。その後、波戸光雄氏は一九九五年（平成七）にオジ様を辞任したが、後任を得られず、その後は壱部はオジ様一人体制となった。またこの一三年間に、小組の数も一八から一三に減少し、信徒世帯数も一〇二軒から半数に近い五七軒に急減してしまっている。

二〇〇三年（平成一五）は壱部のカクレキリシタン組織にとって大きな変化の年であった。同年三月三日におこなわれた「上がり様」の行事の際に、壱部にただ一人しかいなかった土肥オジ様が辞任を申し出たが、後任がみつからないので、みつかるまでという条件で辞任は保留された。

その年の一一月、ぜんじゃのオヤジ様小川政治氏が死去したが、後任のオヤジ様が得られず、ぜんじゃのツモトも解散となった。こうして壱部六か所（実際は五か所）のうち三か所が解散したことになり、残るツモトは二か所となった。

二〇〇九年（平成二一）、壱部において残った岳の下の大岡ツモトと、種子の川崎ツモトが合併する話も出たがまとまらなかった。大岡留一オヤジ様も高齢で老人ホームに入所するようになり、岳の下のツモトでは行事がおこなえなくなった。

同年（平成二一年）四月大岡ツモトは垣内総会を開き、二七、八軒のゴシヤ（ご支配の意で、信徒仲間のこと）が集まって協議し、岳の下のツモトの解散を決定した。ツモトである大岡家に祀られていた岳の下のゴシャの神様は、今後は大岡家が個人的に祀っていくこととなった。解散後、神様はどこへやりようもないので、これまでどおり大岡家で祀っていくという提案に反対はなかった。その後は、土肥隠居オジ様が、年に二回、正月二日と旧暦八月二六日の御前様の命日の日に大岡家に御誦《ごしょう》（オラショ）をあげにいっている。

岳の下大岡留一ツモトの解散前の最後の行事は、二〇〇九年（平成二一）三月二〇日の「上がり様」の行事であった。その上がり様の時に土肥栄氏は正式にオジ様を辞任した。ただし、その後も隠居オジ様として、同じように戻し方（葬式）などをおこなっている。オジ様本来の任務であるお授けの行事は、受ける人がいないのでおこなわれていない。そのほか岳の下ではもう一切のカクレ行事はおこなわれていない。

ツモトという本部組織は解散しても、小組という支部組織はツモトとはまた別で、小組も解散するか、小組だけは存続させるか別途協議される。壱部の中でも、壱部以外の他の地区でも、ツモトは解散しても、その後も小組だけは存続しているところは意外に多い。小組は極めて近隣の数軒から組織されているので、カクレキリシタン行事というよりも、親しい近所のお付き合いという感じで負担感が少ないのかもしれない。

小組には小組だけでおこなわれる行事がある。もっともポピュラーなのは「オシカエ」とよばれる、お札引きの行事で、運勢を占う行事として、生月島全島でおこなわれてきた。初めにロッカンという短いオラショを唱え、お札をひいて運勢を占う。そのあと飲食を伴う親睦《しんぼく》の時間を持つ。毎月第一日曜日に行うところもあれば、正月、五、九、一二月の年四回程度行うところもある。

壱部で現在唯一組織が残っている種子のツモト

壱部の中で最後まで残っていた二つのツモトのうち、岳の下のツモトが解散し、現在壱部でカクレの組織が残っているのは、種子（大久保）のツモトただ一つである。種子のツモトは代々川崎家が守ってきた。大久保のツモトはオヤジ様であった田元氏が島外に出たために川崎氏の種子のツモトに合流した。現オヤジ様川崎雅市氏の父川崎森一氏は、一九七四年（昭和四九）以前からオヤジ様を務め、一九七八年（昭和五三）からは壱部のオジ様も兼任していた。

その川崎森一氏が一九八八年（昭和六三）に七一歳で死去し、雅市氏は当時船に乗っていたので、父の跡を継いでオヤジ様となることはできず、同じ垣内の波戸光雄氏が、一九八九年（平成元）から種子・大久保のツモトのオヤジ様もオジ様も、雅市氏の代理ということで引き受けることになった。

川崎雅市氏は二〇〇四年（平成一六）頃からオヤジ様を務め始めた。その当時、種子には小組が一組五軒あったが三軒がやめてしまった。大久保には小組が三組あり、二〇〇二年（平成一四）までは一六軒の垣内があったが、二〇〇三年（平成一五）からは一〇軒に減少した。二〇〇六年（平成一八）にはさらに小組が一組離れ、種子・大久保合わせて小組三、垣内九人となった。

二〇〇五年（平成一七）に種子でおこなわれた一二行事は以下のようなものであった（詳細は一七〇頁～）。

①　元旦のお参り
②　おせじょ祭り
③　花詣
④　上がり様
⑤　土用《どよ》中様《なかさま》
⑥　お願立てお願成就
⑦　ジビリア様
⑧　お屋敷様
⑨　おとが祓い
⑩　川崎御前様命日

写真８　2009年新年御前様参詣の行事。種子・大久保ツモト川崎家

⑪　ご誕生

⑫　年中終《しま》い

二〇〇九年（平成二一）の元旦の御前様お詣《まい》りには役中四名のうち二名と、信者の代表二名が参加した。毎年一月二日には「お開き」という、川崎オヤジ様が御神酒《おみき》と魚で御恩礼をあげたのち、御前様に上がった餅《もち》を切り、中江の島からとってきた聖水「サンジュワン様の御水」を打ってお魂を入れ、信徒に配る行事がおこなわれていた。この年から餅は御前様に上げたきりで、切っても垣内には配らないこととした。餅にお水は打つが切ることはしなくなったので、「お開き」という行事は廃止された。二〇一三年（平成二五）からは餅にはお水も打たなくなってしまった。

二〇〇九年（平成二一）には一三軒の垣内から餅が上がっていた。この一三軒が種子ツモトの信者数と考えてよいが、ただこれまでの慣習として餅だけは神様に上げておこうという人が多く、行事にも参加する信徒は四、五軒である。

二〇一三年（平成二五）の正月には川崎氏は一人だけで餅開きをした。またその前の年の最後の「年中終い」の行事も一二月三〇日に一人でおこなった。その時にはオマブリ（紙を十字の形に小さく切ったもので、カクレのお守りである）も四〇枚切ったが、お水は打たず魂を入れることはしなかった。誰もオマブリを取りに来る人はいなかったという。前年までは元旦にお参りに来ていた人には家族分のオマブリを渡していた。無病息災のために家族全員がオマブリを飲み込み、また玄関には魔除《よ》けのつもりで一枚はさんでいたものである。

川崎氏のツモトでは一年の中で役中がツモトに来る行事は、①元旦御前様参詣（写真8）、②上がり様（役の交代の日）、③種子の御前様命日、④お屋敷様の掃除の四回となっているが、それも欠席する者が多く、役中の交代が困難なので、役中制を撤廃し、三、四人だけででも続けていったほうがよいのではという声も出ている。川崎氏は最後は自分で自分の家の神様として種子・大久保の御前様を祀っていくようにするしかないだろうと考えている。

二〇一七年（平成二九）の種子ツモト新年参詣には全員差しつかえがあり参加しなかった。翌二日には二人が参詣に来た。その日はお開きの日であるが、今ではもう餅を返すこともないので、切ることもなくなった。オスワリ（正月の鏡餅）は今年は垣内一一軒から上がっていた。

川崎オヤジ様は年間の主な行事、①元旦御前様参詣、②オセジョ祭、③上がり様、④お屋敷様、⑤川崎御前様命日、⑥ご誕生を、御神酒、魚、ご飯、汁をお供えして一人だけで続けている。実質的にはほとんど解散状態に近いといってよい。他のツモトが解散していったのは、オヤジ様が高齢化によって死去し、その後継者を得ることができずに解散となったのである。

川崎氏のツモトが現在でも続いているのは、川崎氏が昭和二五年生まれとまだ若く、しかもこれまで世襲制によって川崎家が代々御前様を熱心に祀ってきたので、ツモトを解散する気はなく、一人になっても自分の家の神様を祀るという気持ちでこれからも続けていこうと考えているからである。

川崎氏のツモトを除けば壱部のカクレキリシタン集団はすべて解散してしまっている。川崎ツモトの垣内も一軒減り、二軒減りしながらも、正式にツモトをやめてはいないが、前述したように、行事への参加者はごく少数に限られているのが現状である。このままでは遠からず種子の御前様を祀るのは川崎家だけとなり、ツモトの神様ではなく、家の神様として個人的に祀るという段階に入っていかざるをえないであろう。

表1〜表4に一九八八年（昭和六三）から二〇一七年（平成二九）までの壱部のカクレキリシタン組織の変遷を一覧表にして示す。役職者と信徒数の変化を容易にみてとる

ことができる。

壱部の行事について

生月のなかでも壱部、堺目の特色はその行事の多さにある。筆者が調査した中で最も多くの行事が残っていたのは壱部岳の下の大岡ツモトであった。一九八八年（昭和六三）のツモトの年中行事予定表には三三種の行事が挙げられている。この他にも実際には洗礼、葬式、年忌供養行事など不定期な行事がかなりの数加わる。その行事の多くがツモトと呼ばれるオヤジ様の自宅でおこなわれ、お供えの膳《ぜん》を準備せねばならなかったので、その家族の負担は想像を超えるものがある。これが後継者を得ることを困難にした主原因のひとつでもある。

組織の変遷のところで、二〇〇三年（平成一五）頃大きな変化が表れ始めたことを述べたが、それと連動して組織を維持するために様々な取り組みがおこなわれた。まず最初におこなわれたのが行事数を減らすこと。次にお供えや行事の時に準備される料理の簡素化であった。オラショの簡素化や、行事を行う日をできるだけ日曜日とし、同日に複数の行事を重ね、一日で済ませてしまうといったような様々なことが試みられた。

ここでは行事がどのように簡素化されていったかをたどってみることにする。

二〇〇三年（平成一五）にはオジシ（家祓い）、お開き（餅ならし）、六か所寄りの三

表1　1988年3月

	ツモト名	オジ様	オヤジ様	小組数	垣内戸数
壱部在	岳の下	大岡留一	大岡留一	6	45
	射場		増山隼吉	2	9
	びわの首		平田義雄	4	24
	種子	川崎森一	川崎森一	2	8
	大久保		川崎森一 兼任	3	17
	ぜんじゃ		小川政治	1	2
総計		2	5(6)	18	105

表2　1997年3月

	ツモト名	オジ様	オヤジ様	小組数	垣内戸数
壱部	岳の下	土肥栄	大岡留一	6	35
	射場		不在	2	9
	びわの首		不在	4	19
	種子		川崎森一	2	9
	大久保		川崎森一 兼任	3	14
	ぜんじゃ		小川政治	1	2
総計		1	3(4)	18	88

表3　2003年3月3日（上がり様以後）

	ツモト名	オジ様	オヤジ様	小組数	垣内戸数
壱部	岳の下	（土肥栄）	大岡留一	5	28程度
	射場		不在	1	3
	びわの首		不在	0	0
	種子		川崎雅市	1	5
	大久保		川崎雅市 兼任	3	10
	ぜんじゃ		不在	0	0
総計		0(1)	2(3)	10	46程度

表4　2009年4月～2017年1月現在

	ツモト名	オジ様	オヤジ様	小組数	垣内戸数
壱部	岳の下	不在	不在	0	0
	射場		不在	1	3
	びわの首		不在	0	0
	種子		川崎雅市	1	3
	大久保		川崎雅市 兼任	2	6
	ぜんじゃ		不在	0	0
総計		0	1(2)	4	12

表１～４　壱部カクレキリシタン組織変遷一覧表
1988年～2017年１月

行事が廃止された。オマブリは「お春のゴキトウ」のときに切って垣内に配ることにした。二〇〇五年（平成一七）三月二〇日の上がり様の行事の時に行事削減大改革が提案され、大岡オヤジ様も認めざるを得なかった。年中願立て、十日目、お願立て・願成就、土用中様、御産待《ごさんま》ち、宵詣りの六行事が廃止された。さらに三年後の二〇〇八年（平成二〇）三月の上り様の時に、次の六行事だけを残し、元旦御前様参詣、悲しみ入り、花詣り、ジビリア様、おとが（お科）祓いの行事も廃止することとした。

解散前まで残った岳の下の六行事は次のとおりである。

①上り様　三月一八日（悲しみ入りから四六日目　役中だけで話し合ってやる）
②おせじょ祭　三月二四日
③大岡御前様御法事　新暦一〇月六日　旧暦八月二六日
④お屋敷様　新暦一〇月九日　旧暦八月二九日
⑤ご誕生　新暦一二月一六日　旧暦一一月七日（冬至の前の日曜日）
⑥年中終《ねんちゅうしま》い　一二月二三日

二〇〇三、二〇〇五、二〇〇八年と三回にわたって大幅な行事廃止がおこなわれ、あれほどたくさんあった行事もわずかな期間に廃止されてしまった。印象的なのは、正月元旦の御前様への参詣行事まで廃止されたことである。一般の日本人の感覚からすればこれは残しておきたいところであろう。

最後まで残った行事をみてみると、組織と神様に関するものである。①と⑥は組織運営に関する行事である。①は本来キリスト教の復活祭にあたるが、そのような意味は理解しておらず、年間の諸行事の締めくくりの日で、ツモトの役中の交代式がおこなわれる。⑥はその年最後の集まりで、一年間の無事を御前様に感謝するものである。②、③、④は神様を祀る行事である。⑤は堺目では安産祈願の日というが、壱部でははっきりとクリスマスとはいわない。

表5に一九九八年度（昭和六三）の壱部大岡ツモトの年中行事一覧表を掲げる。行事廃止年も付す。

◆堺目カクレキリシタンのその後と現状

堺目の組織について

堺目には上宿、中宿、下宿の三つのツモトがあった。各宿にはそれぞれ一人のオヤジ役がおり、オヤジ役は世襲制であった。堺目のカクレキリシタン組織の特色は、御堂と

	名称	新暦	旧暦	廃止年
1	御前様参詣	1月1日		2008
2	お開き（餅ならし）	1月2日		2003
3	オマブリ切り	1月2日		1995
4	年中願立て	1月2日	12月16日	2005
5	まや追い出し（野立ち）	1月3日		1995
6	オジシ（家祓い）	1月4日		2003
7	悲しみの入り	2月3日	12月16日	2008
8	悲しみの中御恩礼	3月6日	1月18日	＊
9	花詣り	3月13日	1月25日	2008
10	上がり	3月20日	2月3日	存続
11	お世上祭	3月25日	2月8日	存続
12	六カ所寄り	4月9日		2003
13	麦祈禱	4月麦穂出る頃		1995
14	40日目	4月28日	3月13日	＊
15	10日目	5月7日	3月22日	2005
16	3日目	5月9日	3月24日	＊
17	土用中様	7月27日	6月14日	2005

	名称	新暦	旧暦	廃止年
18	御願立て 御願成就	7月31日	6月18日	2005
19	ジビリア様	8月28日	7月17日	2008
20	大岡御前様御法事	10月6日	8月26日	存続
21	お屋敷様	10月9日	8月29日	存続
22	御料払い	10月23日	9月13日	2008
23	ご産待ち	12月17日	11月9日	2005
24	ご誕生	12月18日	11月10日	存続
25	エステワン様	12月19日	11月11日	*
26	ジワン様	12月20日	11月12日	*
27	子供の祝い日	12月21日	11月13日	*
28	ドメイゴ祝い日	12月25日	11月17日	*
29	御そびょう様	12月30日	11月22日	*
30	茶屋のジサンバサンの日	旧10月8日～	10月11日	*
31	まや追い込み	12月25日		1995
32	年中終い	12月28日		存続
33	宵詣り	12月31日		2005

*＝以前から名前だけが残っていたもの

表５　壱部 岳の下 大岡留一ツモト　1988 年、年中行事一覧表

いう神様を常時お祀りする教会堂のような機能を果たす施設が建てられ、そこで行事がおこなわれることである。

従来、カクレの神様はツモトと呼ばれる個人の家に、いわば隠すがごとく祀られてきたのであるが、御堂建設によってカクレの神様は公の場所に姿を現した。この「御堂形式」は、生月島内に限らず、長崎県下のいかなる地域においてもこれまでなかった新形式で、前述したとおりカクレキリシタンは隠れていないということを目の当たりに感じさせるものである。

堺目の三宿は信徒数が減少し、組織維持のために一九八三年（昭和五八）、キリシタン時代にコレジオが一時あったといわれる焼山に新設された御堂に三宿の神様を合祀し、諸行事も三宿の役職者がこの御堂に集まって行うように改革した。合祀問題にからんで中宿のオヤジ様が辞任し、その後、中宿の後継者は不在となった。

一九八九年（平成元）上宿のオヤジ様であった末永武男氏が死去し、上宿も後継者を得ることができず、堺目のオヤジ役は下宿の鳥山泰隆氏ひとりとなった。一九五六年（昭和三一）には一一二軒もあった堺目のカクレキリシタンも、一九九五年（平成七）には二四軒にまで減じた。三宿の人数も減少したので、一九九五年（平成七）三宿制を廃止して、上組、下組（各一二軒）に改組した。またそれぞれの宿の下部組織であった小組（コンパンヤ）制度も合わせて廃止された。

それまで三宿の各小組から一名ずつだされていた役中という連絡・行事補佐担当役は、小組に替わって上組、下組からそれぞれ二名ずつだすこととなった。またこれまでオシカエ（運勢を占うお札を引く行事）やお花の行事など、小組単位でそれぞれの小組の頭の家でおこなわれていた行事も、すべて堺目御堂で一堂に会しておこなわれるようになり、個人の家ではおこなわないように改革された。

一九九五年（平成七）当時は、オヤジ様とオジ様がそろっていた。一九九九年（平成一一）、藤村オジ様が死去し、その後任をみつけるのは容易ではなく、オジ役の最も重要な役目である洗礼もおこなわれなくなっていたので、一九九九年九月一三日から鳥山オヤジ様がオジ役も兼任することになった。こうして堺目の伝統的なカクレキリシタン組織も根幹がゆらぎはじめた。

二〇一一年（平成二三）の二月に垣内寄り（信徒総会）がおこなわれ、上組から二名、下組から二名ずつ役中をだす現在の制度を廃止し、二〇一一年の垣内寄りの時に役中であった四人がそのまま「世話人」としてやれる間はやるということになった。「やれる間はやる」というこの決定は、堺目のカクレ組織もおそらくそう長くは続かないだろうということを見越して、この最後の四名がやれなくなったら解散というシナリオの布石であったろうか。

この垣内寄りを主導したのは、上宿の故オヤジ様末永武男氏の子息で、現堺目の世話人の中心となっている末永武好氏である。氏は新聞の取材記事の中で、「カクレキリシタンの集まりは、今では信仰ではなく、親睦の行事となっている」と述べている。堺目に限らず、多くのカクレキリシタン当事者たちの偽りのない正直な心情が吐露されている。

今日までながくカクレキリシタンが続いてきたのは、信仰の継承という一面だけではない。伝統的な地域社会において、先祖代々伝えられてきた行事を守り伝えていくなかで信徒間の親睦をはかり、互いの結束を強める重要な機能をはたしてきたのである。カクレキリシタンの解散現象は、現代社会ではもはやそのような形での人と人とのつながりを維持するのは困難になってきたということかもしれない。これはひとりカクレキリシタンのみならず、キリスト教も仏教も神道もおなじ状況にある。

表6～9に一九八八年（昭和六三）から二〇一七年（平成二九）までの堺目のカクレキリシタン組織の変遷を一覧表にしてしめす。

堺目の行事について

次に表10として一九八七年（昭和六二）より現在まで、堺目でおこなわれていた年中行事を示す。

表10の左の〇で囲んである番号の行事は、一九八七年の堺目御堂でツモト行事として

表6　1988年

	ツモト名	オジ様	オヤジ様	小組数	役中	垣内戸数
堺目	上宿	舩原久敏	末永武男	3	3	17
	中宿		不在	3	3	10
	下宿		鳥山泰隆	2	2	9
総計		1	2	8	8	36

表7　1995年

	ツモト名	オジ様	オヤジ様	小組数	役中	垣内戸数
堺目	なし	藤村秀雄	鳥山泰隆	上組	2	12
	なし			下組	2	12
総計		1	1	0	4	24

表8　2000年

	ツモト名	オジ様	オヤジ様	小組数	役中	垣内戸数
堺目	なし	（鳥山泰隆）	鳥山泰隆	上組	2	12
	なし			下組	2	12
総計		（1）兼任	1	0	4	24

表9　2012年~2017年1月現在

	ツモト名	オジ様	オヤジ様	小組数	世話人	垣内戸数
堺目	なし	不在	鳥山泰隆	上組	0	16
	なし			下組	0	
総計		0	1	0	＊2	＊＊14

＊　=2012 年役中制度廃止され 4 名が「世話人」となるが、2017 年現在 2 名
＊＊ =2012 年に 16 軒あった垣内は現在 14 戸

表６～９　堺目カクレキリシタン組織変遷一覧表
1988 年～ 2017 年

	行事名称	新暦	旧暦	廃止・存続
①	御前様参詣	1月1日		存続
②	オマブリ切り（通常1/3）	1月2日		存続 2012年7と同日実施
③	お開き	1月第1日曜		存続 2012年7と同日実施
4	年中願立（小組行事）	1月3日		2012年廃止
5	入り届（小組行事）	1月3日		2012年廃止
⑥	家祓い御祈禱	1月5日		2012年廃止
7	初のオシカエ（小組行事）	1月第1日曜		存続
⑧	野立ち	1月6日		1994年廃止
⑨	御名付け	2月下旬		2012年廃止 9,11同日実施
⑩	からしの花どめ	2月下旬		1995年廃止
⑪	お別れ	3月下旬		2012年廃止 5,7同日実施
12	お花（小組行事）			2012年廃止？
13	上がり様（小組行事）			2012年廃止
⑭	御潮切り	4月上旬	2月18日	1995年廃止
⑮	御世上祭り（１年おき）	4月	3月	存続 2012年16同日実施
16	オシカエ（小組行事）	5月第1日曜		存続
⑰	末七度	5月中下旬		2012年廃止？
⑱	田祈禱	5月下旬		末七度の中で

	行事名称	新暦	旧暦	廃止・存続
⑲	御潮切り		5月18日	1995年廃止
⑳	おじ様奉物取立	7月	6月下旬	1995年廃止
㉑	土用中様（小組行事）	7月	7月下旬	2012年廃止
22	オトボリャ（小組行事）	8月		存続 2012年23同日実施
23	オシカエ（小組行事）	9月第1日曜		存続
㉔	御潮切り	9月	8月18日	1995年廃止
㉕	アントー様（松の切れた日）	10月	9月5日	1995年廃止
㉖	風願の御恩礼	11月	10月	1995年26,28同日実施
27	終いオシカエ（小組行事）	12月第1日曜		存続
㉘	おじ様奉物取立	12月		1995年26,28同日実施
㉙	御産待ち	12月	11月	2012年廃止
㉚	御誕生	12月	11月	存続
㉛	お八日目	12月		2012年廃止
㉚	船の乗り渡し	12月	11月1日	廃止年不詳
㉝	年中願成就	12月末	11月	2012年廃止
㉞	牛の追い込み そうぞうの御恩礼	12月		1995年牛追込廃止 そうぞう31と同日実施
㉟	御飾り	12月31日		存続

表 10　堺目カクレキリシタン年中行事一覧表
1987 年～ 2017 年

おこなわれたものである。○で囲んでないものはもともと小組行事だったので堺目御堂ではおこなわれず、それぞれの小組の中でおこなわれていたものである。一九九五年(平成七)にツモト制度と小組制度が廃止され、ツモト行事だったものも小組行事だったものもすべて御堂でおこなわれるようになったので、本一覧表はそれらを合わせて作成したものである。

この堺目御堂での年中行事一覧表をみると、壱部に劣らぬほど多数の行事がおこなわれていたことがわかる。「御潮切り」、「末七度」、「船の乗り渡し」などといった壱部にはない行事もみられる。年間にこれだけの行事をこなしていくのは大変なことである。実際には、その外にも洗礼や葬式といった不定期な行事もあり、お寺や神社とのつながりも当たり前にもっている。カクレの人が檀家《だんか》総代や神社総代を務めるのもごく自然なことである。

諸行事が廃止される以前は、一二月から一月にかけての二か月間に、なんと一八行事がおこなわれていた。このことひとつをとってみても、カクレキリシタン信仰を現代社会において継続していくことが、いかに困難なことであったか想像にかたくない。彼らが早くカクレをやめたい、役職を引き受けるのを固辞したいというのも当然のことである。

表10の右欄の廃止年をみれば、一九九五年(平成七)と二〇一二年(平成二四)に集

中していることにすぐに気がつく。一九九五年は上宿・中宿・下宿の三宿制度が廃止され、三宿の下部組織であった小組（コンパンヤ）の制度も合わせて廃止された年である。

小組に代わり、堺目の信者戸数二四軒を半分ずつに分け、上組一二軒、下組一二軒とし、両組からそれぞれ二名の役中が出て、行事や会計など一切の差配をするというやり方であった。そのためにこの四名の役中の役割が非常に重いものとなった。このような組織上の一大改革がなされた年であり、組織というハードの部分のみならず、行事というソフトの部分も合わせて存亡をかけた大改革がなされたのである。

一九九五年の改革は、オヤジ様―オジ様を基軸とするカクレキリシタン組織を弱体化させてしまった。本来はオヤジ様の補佐的存在である役中が主導権を握るようになり、さまざまな改革案をだして実行に移した。組織の存続を図ったものであったが、結局はカクレキリシタン行事を信仰の行事ではなく親睦の集まりにしてしまい、残り少ない寿命をさらに縮めてしまう結果につながっている。

二〇一二年（平成二四）からはさらに上組、下組の組織も廃止され、その話し合いがおこなわれた年にたまたま役中をしていた四名が世話人という名目で、お世話できるまでは続けていくというきわめて不安定なかたちとなった。それに伴い、できるだけ世話人の負担を軽くするために、元日から五日までの間におこなわれていた「年中願立て」、「入り」、「御名代（家祓い）」、「上がり様」の四行事、また一二月の「御産待ち」、「八日目様」、「年中願成就」の三行事と、七月の「土用中様」のあわせて八行事を新たに廃止した。

残った行事は、一月、五月、九月、一二月の第一日曜日のおこなわれるオシカエ（運勢を占うお札様を引く行事）を年間の主要な行事の柱として、その前後におこなわれていた行事をできるだけ、年四回のオシカエの日に一緒にまとめてやろうと考えた。同日に二つも三つも行事をかさねてやるのは、ただ数をこなしただけで、行事の持つ意味は限りなく薄れてしまうことになる。

オシカエは運勢占いの籤《くじ》引きとしてお札を引く行事であり、もともとツモト行事（本部行事）ではなく、小組の行事（支部行事）であった。カクレキリシタンの行事としては本質的にさほど重要なものではないのであるが、次に示すように年間行事の柱となっている。全員が気軽に参加でき、運勢占いという娯楽的な要素もあり、親しみやすいからでもあろう。

二〇一三年（平成二五）に堺目でおこなわれた行事は次の7つである。

① 元旦 御前様新年参詣

② 「お開き」「オマブリ切り」の行事は、一月第一日曜日のオシカエと一緒に行う

③「おせじょ祭」の行事は五月のオシカエと一緒に行う
④「オトボリャ」「土用中様」の行事は九月のオシカエと一緒に行う
⑤「御産待ち」「奉物取り」の行事は一二月のオシカエと一緒に行う
⑥ご誕生
⑦年中終い

さまざまな組織存続の改革を試みてきたが、一九八七年（昭和六二）には垣内（信徒）三六軒、一九九五年（平成七）には二四軒、二〇一二年（平成二四）には一六軒、二〇一七年（平成二九）には一四軒と、信徒数は激減の一途をたどっている。二〇一七年の正月行事参加者は、正式な役職者は鳥山泰隆オヤジ様のみで、あとは二名の世話人である。

元旦に堺目御堂でカクレの新年御前様参詣があり、堺目の信徒たちがお詣りにきた。通常は第一日曜日にオシカエをすることになっているが、たまたま元旦が日曜日にあたっていたので、オシカエは一月三日に変更され、その日に「お開き（餅切り）」と「オマブリ切り」も一緒におこなわれた。これで正月の行事はすべて終わりである。

正月行事のために毎年一二月三一日の大みそかには「お飾り」というオヤジ様が行う行事があり、御堂の祭壇下の櫃《ひつ》の中に納められた御前様（御神体）を祭壇にだして飾り付けていたものである。一月三日に行事が終わると、「おたたみ」と呼ばれる行事があり、お飾りされた御前様を櫃にしまっていた。神様は何日もだしっぱなしにはしないのである。二〇一七年からは鳥山泰隆氏の健康状態がすぐれないので、何度もお飾りしたり、おたたみするのが困難になったということで、一年じゅう御堂にお飾りしたままにしておくことにしたそうである。

厳格だったカクレの組織も世話人によって運営され、行事はこれ以上ないくらいスリム化され、垣内の軒数も毎年のように減少していき、神様も一年じゅうだしっぱなし。このような終焉《しゅうえん》を迎えるくらいなら、三〇年あまりも一緒に時を過ごしてきた私にとっては、もう少し、長いカクレの伝統にふさわしい美しい幕引きのタイミングがなかったものかとも思わざるをえない。

生月島ではこのような形ではあるが、壱部の種子（大久保）、堺目にオヤジ様が存続している。次に紹介する元触と山田は完全に組織が崩壊し、オヤジ様は一人もいない。

◆元触カクレキリシタンのその後と現状

元触の組織について

元触には上川、辻、小場という三つのツモトがあったが、まず一九八六年（昭和六一)に上川のツモトが解散した。しかし、オヤジ様とオジ様が中心となって組織されていたツモトは廃止されたものの、末端信徒組織である小組は存続した。従来ツモト(オヤジ様の自宅)に祀られていた御前様を新しく建築された御堂に移し、これから信徒は御堂に集まって信仰を継続しようという新たな試みであった。これは堺目ですでにおこなわれた試みを採用したものであろう。

カクレキリシタン組織衰退の最大の原因は、ツモト制度というのが個人の家で行事がおこなわれ、年間の行事数も極めて多く、ツモトの家族の負担がきわめて大きいことにあったといえよう。壱部と堺目ではツモトは世襲制であり、一旦ツモトのオヤジ様に就任したらその任は一生続くのである。

それゆえその他の人々はオヤジ様に任せておけばよく、オヤジ様が元気なうちはそれでもよいのだが、いざ交代せねばならなくなった時、うまく息子が地元におり、その大役を引き受けられる状況にあればよいが、若者は仕事を求めて島外に出る者が多く、スムーズにバトンタッチするのは容易ではない。もし世襲できないばあい、誰かほかにオヤジ様をというのは限りなく困難である。壱部岳の下のオヤジ様大岡留一氏が死去した時のケースが好例である。

元触と山田ではオヤジ様は任期三年ないし四年といった輪番制をとっていた。年齢順にその番が回ってくるので覚悟もでき、数年我慢して務めればお役御免になれるという安心感もあってこれまであまり問題は生じてこなかった。その証拠に、元触三か所のツモトは信徒戸数の減少率も低い。しかし、過疎地における人口減少は思いのほか早く、オヤジ役を引き受けることが可能な対象者が激減し、オヤジ役とオジ役がどうしても必要なツモト制度を廃止し、役職者なしで信徒だけでやっていける小組（コンパンヤ）制度に転換していったのが御堂形式による新たな試みであった。

御堂は地区の共有地に新しく建築され、信仰対象を納めて祀ることができればそれでよいので、五～六坪程度の小屋で十分である。それまでのように役職者の家を煩わせることもなく、行事の時だけ御堂に集まって簡単に拝めばよいので、これならなんとかやっていけるであろうと考えたのである。

上川のツモト廃止後、御堂を建てて役中を世話人として行事は継続されたので、上川は御堂が作られたからといって組織が完全に解散したわけではなかった。上川のカクレ組織が完全に解散したのは二〇一五年（平成二七）一〇月四日、御堂の中に祀っていた御前様を島の館（生月町立博物館）に預けた時であった。

二〇〇三年（平成一五）には辻はツモト制度を廃止したばかりでなく、小組制度も廃止したので、辻の組織はこの時点で完全に解散したとみてよい。現在も年に三回、辻の元垣内だった人々の多くが御堂に集まって御前様を拝んでいるが、これは参加するもしないも自由となっている。

二〇〇六年（平成一八）には小場もツモト制度を廃止し御堂を建てたが、上川と同じく小組は存続したので、小場のカクレキリシタンの組織はこの時点で解散したのではなく、御堂で役中を役職者とした組織が存続しているとみてよいであろう。

上川の解散にいたる経緯

元触三か所で最初にツモトを解散したのは上川であった。その当時、上川には四つの小組があり、各組に五軒ずつ、合計二〇軒の垣内があったが、この組織はそのまま温存された。一九八六年（昭和六一）二月に上川御堂が完成し、その時オヤジ役を務めていた田淵善一氏の家から、上川御堂へ御前様の「おふつり（お移り）」行事がおこなわれ、御前様の掛絵、お水、オテンペシャなどの信仰対象が御堂に移された。

御堂に移った後、四つの小組から一人ずつ役中がだされ、御堂で行事をおこなうときにはその四名の役中が世話をすることになった。役中として出た最初の年は役中の中でもスソ役とよばれ、一年ずつ役中の中で上がっていき、四年目には先役と呼ばれて行事世話の総責任者となり、その務めを果たすと役中を卒業していく。

上川ツモト廃止の前にどれほどの年中行事がおこなわれていたかは、次の辻のツモトについて述べる際に触れることにする。上川御堂で継続しておこなわれることになった行事は、次の①～④の年に四回である。

① 元旦の「初の御参詣」
② 「初のドメーゴ（オシカエ）」、「小組おふつり」（両行事を同日に行う）
③ 「土用中様」、「オシカエ」（両行事を同日に行う）
④ 「ご誕生」、「終い寄り」、「オシカエ」（三行事を同日に行う）

元旦には一八軒の垣内全員（各戸一人）が上川御堂に集まる。行事の世話役として、先役からスソ役まで各小組から一人ずつだされた役中が四人いる。午前九時に上川御堂に集合し、御神酒、魚を供え物としてささげ、ロッカンのオラショを唱える。

上川ではこのように小組を中心とした信仰組織が一九八六年（昭和六一）から始まったが、二〇一五年（平成二七）一〇月四日、上川御堂から御前様を島の館（生月町立博物館）に預け、小組も解散となり、上川の組織は完全に解散となった。

辻の解散にいたる経緯

一九八六年（昭和六一）に上川のツモトが解散してより一七年後、二〇〇三年（平成一五）二月二三日、辻の組織も上川と同じようにツモト制度を廃止し、御堂を建ててそこに神様を祀ることになった。ただし、同じようにみえて両者にはちがいがある。上川はツモトは廃止したが、小組は残したので、小組の責任者である役中組織は存続しており、御堂で行事を行うときにはその役中が責任者として行事の運営をおこなったのである。それゆえ、上川の場合は、一九八六年に組織を解散したのではなく、組織の再編成をおこなったとみるのが妥当であろう。

これに対し、辻はツモト制度を廃止し、その上に小組制度も廃止したので、役中も存在しなくなった。つまり、組織運営に必要な役職者が誰もいなくなったわけで、この場合はグループの解散とみなされる。辻が御堂を作ったのは、解散後に残された神様をどう処理するかという問題を解決するためであり、神様の安置場所として建てられたのである。神様を粗末にすればタタリがあるという観念が強いのでこれは大きな問題であった。

解散後の神様の処理方法は三つある。一つは御堂を作って安置する。もうひとつは島内の町立博物館である「島の館」に預ける。三つめは個人の神様として自宅で祀るという方法である。解散していった山田地区は九グループのうち六グループが島の館に預け、残り三グループは個人で祀るようになった。辻は御堂を作るか、島の館に預けるかで総会を開き投票を行った。「島の館」に預けることに賛成した者六名、御堂建設に賛成した者二七名で、御堂をつくることに決定した。

二〇〇三年（平成一五）二月二三日、午前八時から御前様を御堂にお移りさせる前に、野山にすむ悪霊を祓う「野立ち」の行事と、御堂のお祓いをおこなった。今回で最後になりますということを神様に申し上げ、解散してもタタリがないようにという気持ちでおこなったという。

解散後、辻の三三軒の垣内の人々は、御堂に御前様を安置しているのであれば、年に何回かでもいいから拝みたい者だけでも集まって拝もうということになった。解散当時、最後のオヤジ役であった横出定美《よこいでさだみ》氏が、一〇年間は御堂の管理は自分がやると申し出た。

御堂では年に三回、「元旦の御前様参詣」、「土用中様」、「ご誕生」の三行事を残すことにした。横出氏はいまでも毎週日曜日には御堂を開けて御恩礼をあげているという。現職のオヤジ様のときにもできる限り毎日御恩礼はあげていたそうである。今では自宅のサンジュワン様に毎朝お茶、毎晩御神酒をあげてお届けしているという。

解散後初めて御堂でおこなわれた行事は、その年の七月二七日の「土用中様」であった。垣内二七軒中欠席したのは三軒のみで、あとは全員参加した。行事は御堂に午前八時に集合し、一座のオラショを唱え、御神酒をいただくだけで、約一時間程度で終わる。参加したい人だけとはいいながら、参加せねば仲間から悪く思われるという無言の圧力を感じる人もいるという。

それ以後も現在にいたるまで、ほとんど全世帯から一人は参加している。二〇一一年（平成二三）のご誕生の時には、垣内全戸数二三軒のうち一八軒が参加している。二〇一七年（平成二九）の現在でも、年に三回の行事の時には、ほぼ二〇軒あまりの垣内が辻御堂に集まっている。

小場の解散に至る経緯

一九八六年（昭和六一）上川が御堂を作り、二〇〇三年（平成一五）には辻がツモトも小組も解散して御堂を作った。残る小場は元触の三か所のなかで最も垣内軒数も多く、したがって役職後継者候補も相対的に多く、しばらく組織は安泰であろうといわれていた。

しかし、辻の解散の前後、小場でも御堂建設の話が持ちあがっていた。辻が解散したその年の一月五日に開かれた小場の垣内総会において御堂建設案が突如だされた。対策案を練るいとまもなく、御堂建設派に押し切られてしまった。強力な解散反対派もおらず、すんなりと小場御堂建設が決まった。博物館に預けるという話はでなかったそうである。

小場がこのようにあっというまにツモト解散に向かったのは、一九九七年（平成九）におこなわれた組織改革にあった。小場はそれまでオヤジ様もオジ様も任期は三年であった。しかし、元触には隠居制度というのがあり、現職を務め終えても、その後、相談役として隠居オヤジ様、隠居オジ様となって行事に参加せねばならなかった。その隠居

写真９　上場に建てられた御堂。左は辻御堂、右は小場御堂

オヤジ様、隠居オジ様の任期がそれぞれ六年であった。

現職三年、隠居六年、あわせて九年間役職を務めねばならず、あまりにも長すぎるということで、隠居を三年に短縮したのである。さらに次期オヤジ様候補者として籤を引く人の年齢制限を、それまで二五歳から五〇歳まででであったのを、三〇歳から五〇歳に引きあげ、オジ様は四〇歳から五五歳までとした。

さらにオジ様の子供はオジ様かオヤジ様の籤は引くが、オヤジ様を務めた家の子供はオヤジ様の籤を引くことを免除され、孫の代から引けばよいこととした。できるだけ役を持ちやすいようにと役職者候補資格を狭めたがために、急速に後継者難に結びついてしまった。

こうして二〇〇六年三月二六日、小場のツモトから小場御堂へ御前様のお移りがおこなわれた（写真9）。同日にオヤジ役もオジ役も移った。上川と同じようにツモトは解散したが、六つの小組はそのまま残したので、それぞれの小組の頭である六名の役中が御堂での行事をとり仕切ることになった。

小場御堂でおこなわれるようになった行事

①　新年参詣・役掛け　一月一日
②　土用中様
③　ご誕生・役中終い寄り

六つの小組の中でそれぞれに行われる行事

①　小組の御布津《おふつ》り（お移り）・御祈禱・年中願立て（二〇〇七年廃止）
②　お花
③　小組のオシカエ・年中願成就（二〇〇七年廃止）

御堂ができたあと、六つの小組の行事として、前記の三つの行事がおこなわれることになったが、翌二〇〇七年（平成一九）に①の三行事、③の二行事が廃止され、小組の行事として残ったのは②のお花だけとなった。

小場で以前にオヤジ役を務めていたT氏に小場解散の原因を尋ねてみると、次のように答えてくれた。

「組織解散は後継者がいないことが最大の原因であるが、女性が行事のための料理をつくることを嫌うようになったのが直接的な原因である。若者が後を継ぐのを嫌がる原因は、まず御誦（オラショ）を知らないので、行事に参加してもただ座っているだけであり、行事のたびに紋付の着物を着たり、長時間正座をせねばならず、行事の場での儀式ばった挨拶《あいさつ》にも慣れていないので、その場にいるのが苦痛でしかないからである。若者が役を持つ順番がまわってきても、これまで父親が息子の代理として出席するのが常であったので、いよいよ逃げることができなくなった時、カクレの行事のことをなにもしらず、役職を引き受けるのを拒んだのである。最近ではカクレの行事に参加せねばならないからといって、簡単に仕事の休みを取るのがむずかしくなったことも原因である。行事はできるだけ日曜日に行うようにし、出席しやすいようにしたが、結局は駄目であった」

ひとむかし前までは、生月ではカクレキリシタンの行事があるといえば、地域の風習として、会社も大目にみて休暇を与えてくれていたそうである。T氏の指摘はどれもこれももっともなことであり、小場に限らず、大なり小なりすべての組織に当てはまる。これまでは、神様のことはいかなる口実も通用しなかったが、今の時代は神様より人間の都合が優先されるようになってしまったようである。

表11〜15に一九八六年（昭和六一）から二〇一七年（平成二九）までの元触カクレキリシタン組織の変遷を一覧表にしてしめす。

◆元触の行事について

辻の年中行事と改革

辻で最も重要な行事は「野立ち」、「土用中様」、「お盆」、「御誕生」とされる。辻、小場、上川の三か所のオヤジ様が集まる行事は、「三か所初のお寄り合い」「上がり様」「土用中様」「ジビリア様」「御誕生」「三か所終い寄り」で、一年交代で三か所を移動していた。一月七日の「三か所初のお寄り合い」で元触三か所のオヤジ様が集まり、一年の上半期の春の日割り（年中行事予定）を確認しあい、土用中様までの行事を決定していた。下半期の秋の日割りは土用中様の時に決めた。一九八六年（昭和六一）からは上川のツモトが解散したので、それ以降は三か所寄りではなく、二か所寄りとなった。

一九九〇年（平成二）一月四日の垣内総会で、一九九一年（平成三）二月二三日に新オヤジ様石田栄重氏（昭和六三年に籤によってオヤジ役が決定していた）に引継ぎの確認をしたところ、行事を簡素化してもらわねば受け持つことができないという提案がなされ、以下の改革がなされた。

表11　1986年

	ツモト名	オヤジ様	オジ様	小組数	役中数	垣内戸数	御堂
元触	上川	田淵善一	下寺 繁	4	4	20	無
	辻	石田銀作	北 初恵	7	7	37	無
	小場	田淵英一	永田 武	6	6	42	無
総計		3	3	17	17	99	

表12　1998年

	ツモト名	オヤジ様	オジ様	小組数	役中数	垣内戸数	御堂
元触	上川	不在	不在	4	4	20	有
	辻	谷山久己	岳下泰隆	6	6	33	無
	小場	福本光秀	田口三二	6	6	37	無
総計		3	3	16	16	90	

表13　2003年10月

	ツモト名	オヤジ様	オジ様	小組数	役中数	垣内戸数	御堂
元触	上川	不在	不在	4	4	20	有
	辻(解散)	不在	不在	0	0	＊(33)	有
	小場	福本光秀	田口三二	6	6	36	有
総計		1	1	10	10	56	

表14　2006年3月

	ツモト名	オヤジ様	オジ様	小組数	役中数	垣内戸数	御堂
元触	上川	不在	不在	4	4	18	有
	辻(解散)	不在	不在	0	0	＊(27)	有
	小場	不在	不在	6	6	36	有
総計		0	0	10	10	54	

表15　2015年1月〜2017年1月現在

	ツモト名	オヤジ様	オジ様	小組数	役中数	垣内戸数	御堂
元触	上川(解散)	不在	不在	0	0	0	無
	辻(解散)	不在	不在	0	0	＊(23)	有
	小場	不在	不在	6	6	36	有
総計		0	0	6	6	36	

＊＝カッコ内の解散した辻の垣内数は0であるが、参考までに御堂参加軒数をしめした

表 11 〜 15　元触カクレキリシタン組織変遷一覧表
1987 年〜 2017 年

行事改革点は次のとおりである。

①野立ち（春になって牛を野に出すが、怪我などしないように、また伝染病、疫病を辻々で追い払うための行事）を現行の彼岸入りの一〇日前から一月六日に変更

②御田祈禱を廃止　豊作祈願であり正月の年中願に入っているので

③御寄合（主な日）を廃止　行事の目的がはっきりしないので

④風止願成就を廃止　御田祈禱を廃止したので

⑤七・五・三詣りの時、親にも赤飯と御神酒をだしていたのをお茶だけにし子供には菓子を持たせる

⑥役中終い寄りの行事は御誕生の行事が終わってから同日に行う

⑦行事の際、生魚と煮染めを廃止し、セーシ（生臭物）には蒲鉾《かまぼこ》かスルメ、クジラなどを用いる

⑧口取り（卵料理等の小皿にとるような料理）を廃止し、煮染め以外の簡単な料理にする

辻は一九九〇年（平成二）、意味が薄れてきた行事の廃止、行事の際の料理の簡素化を中心とした改革を試みたが、その一三年後に解散するにいたった。信徒の気持ちがカ

クレキリシタンから離れていった理由を問うと、六〇代のある信徒が次のように語ってくれた。

「近所の付き合いが薄くなり、協力し合う気持ちがなくなり、個人的に自分のことを追及していく時代になり、共に信仰するという形が崩れてしまった。戦前・戦中は生死をかけて共に生きてきて、神にすがることが心のよりどころであったが、現在は神というよりどころがなくなっても生きていけるようになった。カクレをやめればたたられるかもしれない、自分だけやめれば仲間外れにされるかもしれないなどと考えてやめられなかったが、全員でやめることによってやっと解放されたという気持ちである。なにはともあれ行事が大変すぎた」

この言葉には解散した彼らの気持ちがよくあらわれている。

元触の三か所のツモト年中行事は大同小異である。上川がツモトを廃止した一九八六年（昭和六一）度の辻の日割り例を表16として紹介する。

1979年度 秋の日割り

行事名	新暦	旧暦	摘要	
盆のしまい	8月22日	6月29日	小組6、7軒で作る	
先祖様の盆	8月26日	7月4日		
オトボリャ	9月23日	8月3日	小組6、7軒で作る	小組行事
＊＊主な日	10月16日	8月26日	廃止	二カ所 寄り行事
ジビリア様	10月21日	9月1日	御誕生より 56日下りの日曜	二カ所 寄り行事
＊＊風止の願成就			三ケ所にて決める 廃止	
小組オシカエ	12月2日	10月13日	御誕生より 二様目前の日曜	小組行事
ご誕生	12月16日	10月27日	冬至の前の日曜日	二カ所 寄り行事
役中終い寄り	12月20日	11月2日	12月20日３時	
八日目様	12月24日	11月6日	餅つき 廃止	
三カ所終い寄り	12月26日	11月8日		二カ所 寄り行事

＊は1968年の行事改革のさい廃止
＊＊は1990年の行事改革のさい廃止

1986年度 春の日割り

行事名	新暦	旧暦	摘要	
元日　御前様参詣	1月1日		垣内午前中 御崎午後	
ツモト餅ならし	1月2日		餅47個用意する	
役掛け	1月3日		午前9時隠居年始	
*ツモト三カ所年始	1月4日		廃止	三カ所 寄り行事
二カ所初のお寄合い	1月7日		春の日割り 年中願立て	二カ所 寄り行事
小組おふつり（お移り）	3月4日	2月6日		小組行事
野立ち	3月8日	2月10日	彼岸の10日前	1990年 1/6に変更
お花	3月11日	2月13日	旧暦2月の 第2日曜日	小組行事
上がり様	3月18日	2月20日	お花の次の日曜日	二カ所 寄り行事
*十日目様	4月22日	3月26日	上が様から40日目 廃止	三カ所 寄り行事
**田祈禱			廃止	二カ所 寄り行事
土用中様	7月28日	6月5日		二カ所 寄り行事

表16　辻 カクレキリシタン年中行事一覧　1979年度、1986年度

◆山田カクレキリシタンのその後と現状

山田の組織について

山田は一九八九年（平成元）、山田触、正和、日草の三地区に分かれ、それぞれの地区に一人ずつのオジ様がいた。さらに山田触は四つのツモト、正和は三つのツモト、日草は二つのツモトがあり、それぞれのツモトに一人ずつ合計九人ものオヤジ様がいた。約一〇年経った一九九七年（平成九）に正和のツモトがひとつ解散したくらいで、ほとんど組織的には安定し、現状維持がなされてきた。これは輪番制のメリットであったといえよう。しかし、その後、突然のように解散の嵐が吹き荒れ、わずか八年の間に残っていた八つのツモトがすべて姿を消し、三五〇年以上続いてきたカクレキリシタンの伝統の灯はすべて消え去ってしまった。

山田三触解散の経緯

[表17] は一九八九年（平成元）の山田のカクレキリシタン組織をしめしている。それから一〇年たった [表18] 一九九九年（平成一一）には、正和Aのツモトが解散したくらいで、山田の組織は比較的よく現状を保っていた。しかし、この頃にはすでに水面下では三触（山田・正和・日草）合併案もではじめており、その後の解散ラッシュをみれ

ば、嵐の前の静けさといったところであった。

オジ役は山田をふくめ生月のすべてのカクレキリシタン組織において輪番制がとられていた。その任期は壱部が三年から九年、堺目五年、元触三年、山田六年程度であり、改革によって次第に短かくなっていった。壱部と堺目ではオヤジ役は世襲制であったが、元触と山田では輪番制がとられており、その任期も二年から四年程度と比較的短かかったので、役職者の交代はスムーズにいっていた。

［表17］をみればわかるように、山田のカクレキリシタン組織は山田触・正和触・日草触の三触からなっていた。それぞれの触に一人のオジ役がおり、山田触は四つの大ガケ、正和触は三つの大ガケ、日草触は二つの大ガケに分かれ、それぞれの大ガケに一人ずつ合計九人のオヤジ役がいた。

大ガケは他地区のツモトに相当するが、山田にはツモト名がないので、便宜上A、B、C、Dと番号を振っておく。大ガケの下にはまたそれぞれいくつかの末端信徒組織である小ガケが従属している。小ガケは壱部、堺目、元触における小組（コンパンヤ）に相当する。

一九八九年（平成元）には、山田触には四つの大ガケがあり、その下にオジ様が一名、オヤジ様が四名いた。さらにその下に数軒の末端信徒からなる九つの小ガケがあった。正和触にはオジ様が一名、その下に三名のオヤジ様がおり、八つの小ガケがあった。日草にもオジ様が一名、その下に二名のオヤジ様がおり二つの小ガケがあった。三触合計するとオジ様三名、オヤジ様九名、小ガケが一九あり、総信徒軒数七四軒の生月島のみならず、長崎県下最大のカクレキリシタン組織であった。

四月の「初田様《はつたさま》」、六月の「風止めの願立て」、一一月の「風止めの願成就」の三行事は「三触寄り《みふれよ》」の行事と呼ばれ、三名のオジ様と九名のオヤジ様が全員そろって参加する山田最大のカクレの行事であった。毎年、「風止めの願立て」と「風止めの願成就」の時には、全役職者がそろって中江の島に舟で渡り、盛大にお水取りの行事をおこなっていた。

二〇〇二年(平成一四)四月の初田様の時には何ごともなかったが、同年一一月の風止めの願成就のときに、山田区長から三触行事を廃止したいという提案がなされた。二〇〇三年(平成一五)三月の初午会《はつうま》(山田区の総会)で組合員に相談した結果、二〇〇三年度から三触行事を廃止し、同年四月の「初田様」の行事はおこなわないことに決定した。

あるオジ様からは、五人一組となり、二年交代で初田様の行事をおこなってはどうか、山田の三触を合併してはどうかなどという案もだされたが、九人のオヤジ様の中の先役の負担が重すぎ、三触寄りを何とかやめたいという意見が強く、廃止と決定した。やめたいというのは年配の人に多く、若い人には少なかったという。

三触行事がなくなるということはオジ様が不要ということになり、山田全体の組織崩壊につながるおそれがある。このような大きな変革の波は突然襲ってきたのではなく、信徒たちのなかではかなり前から、解散に向けてさまざまな意見が取りざたされていたようである。

解散後、御前様はガスパル様の祠の横にある、大十字架の下に作られている展示室の中に納める案、御堂を作って祀る案もだされたそうであるが、きれいさっぱりしたほうがいいということで、島の館に預けて管理してもらうという方法を選択したのである。その中で、正和A、日草A、Bの三カケは島の館には預けず、自宅に引き取り、現在も引き続き個人で御前様を祀っている。

一九九九年（平成一一）、正和Aグループが、二〇〇二年（平成一四）には日草Bグループが解散し、同年に山田Aグループも解散していた。ちょうど三触の中から一グループずつ解散しており、同じ触の他のグループの人々もそろそろ自分たちもという気持ちが強くなってきたのであろう。

後で聞くと、正和Bと正和Cのオヤジ様は、一九九九年（平成一一）四月三日に新しくオヤジ様に就いたが、その時の条件に、自分たちの後を引き継ぐ後継者がいないので、任期の四年が満了したら、島の館に御前様をお移りさせて解散するということであった。そして実際その通り、四年後の二〇〇三年（平成一五）四月三日、ふたつのグループは

表17　1989年山田組織表

	触名	大ガケ名	オジ役	オヤジ役	小ガケ数	戸数
山田	山田	A	○	○	2	39
		B		○	3	
		C		○	2	
		D		○	1	
	正和	A	○	○	2	22
		B		○	3	
		C		○	3	
	日草	A	○	○	1	13
		B		○	1	
		9	3	9	18	74

表18　1999年山田組織表

	触名	大ガケ名	オジ役	オヤジ役	小ガケ数	戸数
山田	山田	A	○	○	2	39
		B		○	3	
		C		○	2	
		D		○	1	
	正和	A解散1999年	○	不在	0	15
		B		○	3	
		C		○	3	
	日草	A	○	○	1	13
		B		○	1	
		8	3	8	16	67

表19　2002年山田組織表

	触名	大ガケ名	オジ役	オヤジ役	小ガケ数	戸数
山田	山田	A解散2002年	○	不在	0	26
		B		○	3	
		C		○	2	
		D		○	1	
	正和	A解散1999年	○	不在	0	15
		B		○	3	
		C		○	3	
	日草	A	○	○	1	7
		B解散2002年		不在	0	
		6	3	6	13	48

表20　2003年山田組織表

	触名	大ガケ名	オジ役	オヤジ役	小ガケ数	戸数
山田	山田	A解散2002年	○	不在	0	26
		B		○	3	
		C		○	2	
		D		○	1	
	正和	A解散1999年	不在	不在	0	0
		B解散2003年		不在	0	
		C解散2003年		不在	0	
	日草	A解散2003年	不在	不在	0	0
		B解散2002年		不在	0	
		3	1	3	6	26

表21　2006年山田組織表

	触名	大ガケ名	オジ役	オヤジ役	小ガケ数	戸数
山田	山田	A解散2002年	不在	不在	0	7
		B解散2006年		不在	0	
		C解散2004年		不在	0	
		D		○	1	
	正和	A解散1999年	不在	不在	0	0
		B解散2003年		不在	0	
		C解散2003年		不在	0	
	日草	A解散2003年	不在	不在	0	0
		B解散2002年		不在	0	
		1	0	1	1	7

表22　2007年～2017年現在山田組織表

	触名	大ガケ名	オジ役	オヤジ役	小ガケ数	戸数	解散後の神様
山田	山田	A解散2002年	不在	不在	0	0	島の館へ
		B解散2006年		不在	0		島の館へ
		C解散2004年		不在	0		島の館へ
		D解散2007年		不在	0		島の館へ
	正和	A解散1999年	不在	不在	0	0	信徒個人宅へ
		B解散2003年		不在	0		島の館へ
		C解散2003年		不在	0		島の館へ
	日草	A解散2003年	不在	不在	0	0	信徒個人宅へ
		B解散2002年		不在	0		信徒個人宅へ
		0	0	0	0	0	

同時に解散した。

二〇〇三年四月から三触行事を廃止することが決定されたとき、山田九か所のツモトのうち、五か所はすでに解散していたのである。同年の四月、日草Aグループも解散し、残るはわずかに山田B、C、Dの三か所となっていた。残った三か所も後を追うように、山田Cが二〇〇四年(平成一六)に、山田Bが二〇〇六年(平成一八)一二月の終い寄りの行事の時に解散した。最後まで残っていた山田Dは、二〇〇七年(平成一九)四月三日、節句の行事のあとに解散した。こうして九か所もあった大ガケが八年間ですべて解散し、山田のカクレキリシタンは終焉を迎えた。

解散後、御前様を島の館に預けたところは、[表20]二〇〇六年(平成一八)山田組織表をみればわかるように六か所あった。山田Dのカケは年に一回、一二月一六日の「霜月祝い」の時に島の館に預けた御前様を拝みにいくことにしている。そのあとで毎年交代でお宿を決めて集まり、ご馳走《ちそう》を作ってだす。正月三日の「餅開き」の日に島の館に拝みにいっている組もある。また、山田Bのようにきっぱりカクレはやめようということでまったく何もしないところもありそれぞれである。

以上述べてきた山田三触の一九八九年(平成元)から現在までの組織変遷の過程を一覧表にして示したものが表17~22である。

正和Aの解散の理由

ここから各小ガケの解散理由を見ていきたい。一九八七年(昭和六二)から一九九一年(平成三)一月二三日まで正和触のオヤジ役を務め、正和Aに属していた村尾律雄《むらおりつお》氏に解散の理由を聞いてみた。

生月は若い人が島外に出ていなくなり、とくに船乗りが多いので島に戻ってくる日が少なく、役職を引き受けるのが困難であるというのが一番の原因であった。それに加え、最近では夫がカクレの役職を引き受けるのを嫁が嫌がるのが大きな原因になっているという。カクレの行事ではオヤジ様の自宅で料理を準備せねばならないが、若い世代の女性が料理を作れなくなり、役を受けることを強く拒否するという。その負担軽減のために、料理の簡素化も図り、お神酒と魚(刺身)だけとしたが、かえってそれによって信仰が薄れてしまった面もあるという。

村尾律雄氏は解散後、御前様を島の館に預ける気にならず、他の仲間の了承をえて、自宅に御前様を引き取って祀ることにした。御前様を引き継ぐ息子には迷惑をかけたくないと思っているが、村尾氏の子は、あとは自分が面倒みるから心配するなといってくれているそうである。他の家では子供たちは自分たちの代にはカクレの神様は祀らないというので、これでは先がないのでいっそ解散した方がよいという考えに傾いたという。

解散後、カケの仲間だった人たちは、御前様のことを話題にするようなことはなく、村尾氏の家に祀っている御前様を拝みに来た人は誰もいないという。多くの人たちは、解散してカクレの神様から解放されて安堵したという感じが強いようである。なぜこれまで解放されなかったのか。そこには「タタリ」に対する不安があったのである。

カケを解散する前にカクレを離れていった人々は、タタリが不安であるということをいっていたが、ツモトを解散して全員でそろってやめた後はタタリのことはいわないようになった。村尾氏は平戸島の根獅子では全員そろってカクレキリシタンをやめた後、死人やけが人が多くでて不幸なことばかり続いたということを聞いたといい、元触の上川の人たちも、御堂を建てた後、集落内で災害があってめちゃくちゃになり、タタリだったのではといっているという。

日草Bの解散経緯

日草Bは一九九八年(平成一〇)四月三日、吉村隆氏から船原正司《ふなばらまさし》氏にオヤジ様のオナワリ(移動)をおこなった。船原氏は一九六二年(昭和三七)生まれで、生月町の水道課に勤務し、父も祖父もオヤジ役を務めた熱心なカクレで、これからの山田のカクレキリシタン全体のリーダーとして嘱望されていた若手の人物であった。そのグループが解散するということで驚いた。

解散した理由を尋ねると、船原氏の次のオヤジ様に決まっていたI氏が仕事の関係で役職を受けることができず、迷惑を掛けることになるのでカケから離れるということを一九九九年（平成一一）一二月に申しでたという。

料理は簡単にし、行事日取りも皆がやりやすいように相談して決めるように改革もしていた。それでも続けていくのは困難であり、次の後継者もみつからないようでは、これからは仏教一本でやっていけばいいということになり解散と決まったそうである。生月でこれまで様々なことを共同しておこなってきた伝統的な村社会の繋《つな》がりが、今では崩壊してしまっていることのあらわれという。

船原氏は先祖からの歴史があり、重みのあるこの宗教を廃《すた》らせてはいけないと感じているが、信仰心がなくなりカクレ離れが著しく、とくにカクレキリシタン信仰への思いは薄くなってきており、四〇歳代くらいまでの人はまだしも、三〇歳代の人々にはカクレへの未練も関心もないという。カクレを続けていこうという若手のリーダーも、長老のリーダーもいないという。

船原氏のカケは七軒あったが二軒離れた。残りの五軒でこれからどうするか、二〇〇二年（平成一四）一月末の白月《しらつき》（満月の一週間）に話し合うことにした。次の三意見がでていた。

①　解散して御前様を生月町立博物館島の館に預ける案

② 山田・正和・日草の三触から離れて自分たちのカケだけで続けるという案
③ 続けられる間はいまのままで続けていくという案

結論は日草Bのツモトは解散を決定し、その年、二〇〇二年一一月に解散した。しかし、解散後も船原家と小松原家の二軒だけは続けていこうということになり、二年交代でオヤジ様を受け持つことにした。解散前の二〇〇二年四月三日、船原氏は四年の任期を終え、オヤジ役は小松原茂樹氏に「オナワリ」（移ること）した。正式なオナワリの日取りは四月三日だったが、小松原氏の仕事の都合により三月二九日におこなわれた。大ガケの行事としては年間に「正月参詣」、「お盆」、「霜月の祝い（御誕生）」の三行事、小ガケ（御弟子）行事としては「オトボリャ」と「お花」の二つを残し、合わせて年間五回の行事を行うことにした。この形態は他に類例をみない珍しいものである。組織全体としては解散したが、最後のオヤジ役とその前オヤジ役の二人で続けていこうというものである。組織としては正式に解散したので、これは組織解散後の個人的なレベルでの信仰の継承のひとつの形態とみるべきであろう。

山田触解散の理由
山田Dの古参のオヤジ役経験者村川要一《むらかわよういち》氏に山田Dの解散原因について語ってもらっ

た。まずは山田地区全体におけるカクレキリシタン解散の流れが波のように押し寄せ、連鎖反応的に一気に進んでしまい、その流れはもはやだれも止めることはできなかったそうである。直接のきっかけとなったのは、行事の裏方である女性たちが、行事に欠かせない御前様へのお供えや、直会《なおらい》の料理の準備が煩わしいとして、カクレを続けることを断固拒否したことにあったそうである。

行事の削減、料理の簡素化といったような小手先の対応ではこの波を鎮めることはできなかった。御堂を作って山田触四カケ全部の御前様を合祀し、拝むようにしたらどうかという話もでたそうである。全員寄り合って拝むだけでもいいから続けていこうという案がでても、御堂を作るお金と土地がないということで、結局島の館に納めることになってしまった。

山田Dの最後のオヤジ様は仕事の都合で父親が息子の代理として行事に出ていた。次にオヤジ役として予定されていた人は島外に出ており、カクレの役職を受け持つために島にもどってくることは考えられず、後継者がいなければ解散するしかないということになった。

若い人たちの不満は、行事の際、オラショが終わってから引き続きおこなわれる宴会(直会)が長すぎるということであった。昔の人はそれが楽しみだったが、今の人は酒が飲みたければ自分の家でも飲めるので、できるだけ早く帰りたいという人が多い。行事にいっても楽しみがなくなり、カクレキリシタンを続ける目標がないので、オヤジ様を持ってよかったということはないという。

これまで続いてきたのは、先祖がしてきたことは子孫として守り続けるというだけで、それをやめれば神様を粗末にし、咎《とが》められる（ばちが当たる）かもしれないというのが気がかりであった。しかし、皆そろってやめたので安堵したというのが本心であるという。

タタリの話はしばしば聞く。あるカクレをやめた家の人から、三、四年前にそれまで一度も頼みに来たこともないのに、「家祓い」という個人の家のお祓いを頼まれた。そのわけをきくと、家人に何かあって舘浦《たちうら》のホーニンさん（祈禱師のこと）にみてもらったところ、御前様からカクレの神を粗末にしているといわれたという。それで家祓いを頼みにくるようになったそうである。島の館に預けたあと事故が重なり、それをタタリと感じて神様を取り返しに来た人もいるという。

もうひとり山田地区にある比賣《ひめ》神社の神主で、島の館博物館の館長を務めている金子証氏にも解散の理由を質問してみた。地方の過疎化の流れの中で、生月も他の町と同じ状況で、カクレキリシタンだけでなく、他の神様も消滅しつつある。大師講、庚申《こうしん》講、荒神講といった講も多くは解散しつつあるのが現状で、カクレの信仰をこれ以上続けていくことは無理であったという。

解散後、なんとか続けておけばよかった、解散して淋《さび》しいという気持ちと、いっぽうでは安堵したという複雑な気持ちが交錯している。全体として過疎化で人々の気持ちがなえてきているのを感じるという。島の館の基本方針は、形は変えてもできるだけカクレを続けていくように助言し、それでも解散となった場合には、島の館が引き受け、歴史的な価値ある遺物を保存展示していくという考えである。

山田の行事について

山田でどのような行事がおこなわれていたのか、山田で最初に解散した正和Aのオジ様を務め、解散後は御前様を自分に家に祀っている村尾律雄氏の書き記したノートから、組織がまだしっかりしていたころの年中行事の例を示す。次に解散直前までおこなわれていた正和の年中行事の例を示す。どの程度行事の簡素化がおこなわれてきたかを窺《うかが》うことができる。

一九八五年度（昭和六〇）の正和Aの年中行事は次のとおりである。

① 一月　三日　「家の払い」「ごしや（カケ）のお祝い」「年中の願立て」「まぶり切り」「三日の餅開き」の五行事

② 一月二〇日「十日様」
③ 一月二三日「サンジュワン様初参り」
④ 二月一〇日「お花（小ガケだけ）」半座行う
⑤ 二月一七日「お祝」おつとめのみ
⑥ 四月　三日「お花見」「先祖様」「麦祈禱」の三行事　一座行う
⑦ 四月一二日　三触れ寄り「初田様」
⑧ 六月日取相談　三触れ寄り「年中風止の願立て」中江の島お水取りにいく
⑨ 八月　一日（旧七月一五日）「祇園様」「お守り切り」「田祈禱」「麦の初穂上げ」の四行事
⑩ 八月二五日（旧八月一六日）「盆のお祝い」
⑪ 一〇月二〇日「オトムライ」
⑫ 一一月二四日　三触れ寄り「年中風止めの願成就」中江の島お水取りにいく
⑬ 一二月一五日「霜月祝い」
⑭ 一二月末　「年中終い寄り」

解散直前までおこなわれていた山田Bの行事は次のとおりである。

①　一月三日　「オナワリ」「初寄り」
②　二月　「花（節句）」
③　七月　「祇園様」
④　八月　「お盆」
⑤　一二月　「霜月の祝い」
⑥　一二月　「年中終い寄り」

◆生月全地区の組織変遷の総括

これまで述べてきたように、生月には北から壱部、堺目、元触、山田の四地区にカクレキリシタン組織があった。筆者が調査を開始した一九八七年（昭和六二）頃は、今にして思えば、想像もつかぬほど組織も健全で、オヤジ役―オジ役―役中という三役職者がすべての地区において健在であった。年中行事も三〇回から四〇回程度あり、ことにお正月などは、大晦日《おおみそか》の晩から一月六日頃まで、毎日のように行事がおこなわれ、どこの地区に調査に出かければいいのか、あまりにも行事が多すぎて困るほどであった。ところが現在ではほとんど行事が廃止され、どこか行事をやっているところはないかと探すのに困るほどになってしまった。

ここ三〇年あまりの間に島の人口も九五〇〇人から五六〇〇人程度と、四一％も減少してしまった。消滅しつつあるのはカクレキリシタンばかりでなく、いろいろなものがパワーを失い、去年まであったお店や食堂が、今年訪ねてみると姿を消しているのは何とも寂しい限りである。壱部六か所はツモトのオヤジ様が一人、また一人と他界し、その後継者をうることができず次々と解散していった。一九八八年（昭和六三）には［表1］をみればわかるように、オジ様二名、オヤジ様五名、小組一八、信徒軒数二〇五軒であった。二〇一七年（平成二九）現在、オジ様なし、オヤジ様は種子と大久保が合併した川崎雅市氏のツモト一軒だけで、小組が五、信徒軒数一四軒である。

堺目は上宿、中宿、下宿が合併して堺目御堂を建て、御堂の中だけで行事をおこなうようになった。信徒数が減少し、三宿の小組を上組と下組の二つに組織編成し直したが、オジ様は一人もいなくなり、本来三人いたオヤジ様は一人となり、上組、下組の組織も消滅して、世話人と呼ばれる二名が行事を取り仕切っている。オヤジ様は実質的に機能しておらず、カクレの行事は宗教行事ではなく、親睦行事であるという。二〇一七年現在、オジ様なし、オヤジ様一名、小組なし、世話人二名、信徒軒数一四軒である。

元触の三か所のツモトは、上川、辻、小場の順にオジ様、オヤジ様の後継者がみつからず、解散して御堂を作った。解散後も上川は小組組織を残し、小組の仲間だけでわずかに行事を継続していたが、これも完全に廃止し、御前様は島の館に預けた。辻は解散して御堂を建てた時、小組も解散したが、その後は希望者だけが年に三回程度御堂に集まって拝んでいる状態が現在も続いている。

最後まで残っていた小場も解散後御堂を建てたが、現在も小組は残しており、今でも年に三回程度御堂に集まって行事をおこなっている。小場の状態を解散したとみるか、解散していないとみるか判断に苦しむが、現在、オジ様、オヤジ様は不在、小組は六つあり、信徒軒数は三六軒である。

山田はもっとも多い、三名のオジ様と九名のオヤジ様がいたが、一九九九年（平成一一）から二〇〇七年（平成一九）のわずか八年間にすべてのオジ様、オヤジ様、カケ（小組）が揃って解散し、ほとんどが島の館に御前様を預けて完全に解散してしまった。二〇一七年（平成二九）現在、生月全体でオジ様なし、オヤジ様二名、信徒軒数はオヤジ様の下で継続しているところが壱部と堺目の二か所で合計二八軒である。これに小組があって信徒だけで続けている元触小場の三六軒、壱部射場の三軒を加えるならば六七軒ということになる。

3　生月のオラショ

オラショの意義

オラショとはラテン語の Oratio（祈り）に由来する言葉である。生月ではオラッショとかオラッシャとかウラッショなどと発音される。「ゴメイサン」という言い方もある。ゴメイサンはラテン語のミイサ（Missa）に丁寧語の「御《ご》」が付加され、さらになまったものであろう。山田ではオラショを唱えることを「お務めする」とか「ゴメサをあげる」という。日本語で「御誦《ごしょう》」という言い方もある。

生月のカクレでない人々は、彼らが何を唱えているかよくわからず、口のなかでなにかもじゃもじゃ唱えているので、俗に「もんじゃもんじゃ」とか、「もののもの」をいうなどという。カクレを最もキリシタンらしく感じさせる要素となっているのがこのオラショであり、オラショを聞く限りにおいては、カクレはいまだにキリシタンであると思わせるに十分である。

カクレの行事に欠かすことのできない要素が、御前様に対するオラショと、供物としての御神酒、生臭物（刺身、スルメなどの生臭）である。行事の時にオヤジ様やオジ様は、ふつう一通《ひととお》りのオラショを唱える。オラショを知らない者はただ正座をしているだけで、肩身の狭い思いをしながら、オラショが終わるのを待つしかない。それならばと一念発起して覚えようとする者も、現在（二〇〇〇年当時）ではほとんどいない。このことが行事への積極的な参加を妨げ、カクレ衰退の一因となっている。

壱部と堺目は、いまだ（二〇〇〇年当時）に一通りとロッカンのオラショを暗記する、昔ながらのやり方が踏襲されている。元触では一通りのオラショは廃止され、すべて簡単なロッカンだけで済ませる。山田では一通りのオラショが唱えられるが、オヤジ役を始め、全員が本やノートを見て唱えるように改革されている。これならば本をみながら少し訓練すれば、誰でもついてゆくことができる。壱部の大岡氏はオラショは暗記すべきもので、本はみてはいけないという。理由はないが、昔からそうしてきており、本をみればオラショの効果が薄れるのではないかという。

オラショの伝承

カクレにとって、オラショの伝承と行事の維持は、信仰を継続していくための二本柱である。オラショなしではカクレのカクレらしさは半減してしまう。彼らが四〇分あまりにおよぶ呪文《じゅもん》的なオラショを暗記してとうとうと唱える姿をみるとき、私たちは一種の感動を覚える。三五〇年間大切なものとして連綿と伝えてきた強い信仰の証《あかし》がそこにある。

それほどに大切なオラショであったので、その伝承には様々なタブーが設けられてきた。

教えるのは誰でもよいことになっているが、実際にはオジ役が教えることが多い。以前はお授け（洗礼）を受けなければ習うことはできないとされていた。戦前くらいまでは習う時期は「悲しみの内」、すなわち「悲しみの入り（カトリックの四旬節の入り）」から、「悲しみの上がり（復活祭）」までの四六日間のうちと決まっていた。その間に覚えきれない場合には、また一年待たねばならなかった。オラショを唱えるのは男性だけで、長崎県下全域にわたって女性が行事の座中で唱えるのをみたことがない。女性は月のもののケガレがあるために不浄な存在として許されないのである。

正式な「一通りのオラショ」を習うには師匠を取って弟子入りし、一定の儀式に従わねばならない。初日の「小屋入り」には御神酒と魚を持っていく。「小屋入り」という呼び方からして、迫害時代には小屋にでもこもって秘《ひそ》かに伝授していたのであろうか。ふつう四〇日くらいで覚えるという。オラショを習っている間は女性に接すると覚えることができないといわれていた。夫婦の交わりを避けることはもちろん、布団も一緒にせず、師匠のところに出かけるときには水垢離《みずごり》をとって出かけたという人もいる。最後に試験を受けて、「小屋上がり」をする。

オラショの種類

生月の四地区の中でもオラショの言葉はかなり異なり、統一されてはいない。相互に交流がなかったためであり、同一地区の中でも自分がついた師匠によって若干の相違がある。おおきくみて壱部在・堺目・山田はかなり似通っている。元触には現在（二〇〇〇年当時）「一通り」のオラショは残っておらず、「ロッカン」を基本としているが、前三地区にはみられないオラショも多い。

壱部在・堺目・元触では必ず暗記しなければならない。苦労して暗記したオラショであればこそ、霊験あらたかでいっそう効き目があると感じるのであろう。山田も第二次世界大戦前後までは暗誦していたが、現在（二〇〇〇年当時）では印刷された本や自分で書き写したノートなどをみながら唱えている。

①「ロッカン」のオラショ

もっとも短く、基本的で、重要なオラショを集めてワンセットにしたものが「ロッカン」のオラショといわれるものである。「六巻」、「六貫」、「六款」というような漢字が宛てられている。生月の中でも地区によって若干オラショの組合せが異なっている。ロッカンがあるのは壱部在、堺目、元触で、山田にはない。ロッカンは全部唱えても五分程度のもので、最低ロッカンだけでも覚えれば事たりるという。ツモト行事に参加したときに「一通り」のオラショを唱えることができない者は、ロッカンで代用し、その中に含まれる「キリアメマリヤ」のオラショを、一通りのオラショがすむまで繰り返し唱え続ける。元触はすべての行事をロッカンだけで済ませている。

②「一通り」のオラショ

「一通り」または「一座《ひとざ》」のオラショと呼ばれるものは、正式な行事の時に用いられるオラショで、ツモト行事では通常「一通り」が唱えられる。全部唱えるのに早口で四〇分程度を要する。壱部在ではオラショ全体の最後にメロディーをつけて歌われる「歌オラショ」のことを単に「オラッシャ」と言い、その前の部分までは「御誦《ごしょう》」という。オジ様が同席する行事では必ず歌オラショを付けることになっている。堺目では「十一カ条」というオラショまでを「一通り」と呼び、歌オラショまで付けて唱える場合には「先三座《さきさんざ》」と呼んでいる。山田は一通り唱えるものを「一座」とか「本座」と言い、「ゴメサする」という。「半座」と呼ばれる短縮されたものもある。山田は歌オラショはひとつだけで、元触には歌オラショはひとつも残されていない。

③「お七百（長座）」

「ロッカン」と「一通り」がオラショの基本形であるが、その他にも「お七百《しっちゃく》」あるいは「長座《ながざ》」といわれる形式もある。ロッカンを唱える中で「キリアメマリヤ」を七〇〇回繰り返すものである。途中四〇〇回唱えたところで小休止としてお茶が出る。続いて残り三〇〇回を唱える。一周忌以上の法事のときや、家庭に不幸が続くとき、家を清めるときに用いる。壱部在には「お千べん」と呼ばれるものもあり、キリアメマリヤ（ガラッサ）を一〇〇〇回唱えるものである。これは出征兵士を送るときや、臨終のときなどにおこなったそうである。

写真10　生臭物の申し上げをする故元触辻のオヤジ様・大畑博氏

「神寄せ」と「申し上げ」

生月と平戸地方のオラショ独特のものに「神寄せ」があり、外海、五島地方にはない。オラショを始める前に、まずはすべての神様を呼び寄せる。この神様を寄せるという感覚は、きわめて神道的である。神寄せのあと申し上げをする。「申し上げ」は「申し立て」、「申し込み」とも呼ばれ、これからおこなう行事や、供物を捧《ささ》げる目的、願い事を神様に申し上げることをいう。お茶や御神酒、生臭物、ご飯、吸物等を神様にお供えする時には必ず申し上げをする（写真10）。毎回の行事で異なるのは、この神寄せを唱えるさいの申し上げだけで、あとは、祈願―直会《なおらい》―宴会の定まった形式に則《のっと》って進められる。

神寄せと申し上げは非定型で、地区によって、また個人によってさまざまで、唱える者の自由に任されている。もちろんある程度の形式は存在し、何年何月、誰々が、何々という行事において、何々のオラショをお捧げしますので、これこれのお願いを聞き届けてくださいますように、というような内容である。ここで一例として元触・上川の神寄せと申し上げの言葉を紹介しよう。

〈神寄せ〉

「事物御忝《こともんおんかたじけな》くも申し上げ頼み奉る。サンミギリ様、参方庚申《さんぽうこうじん》様、イモペーテロ様、安《あん》頭《とう》様、御壱体《ごいったい》様、ガスパル様、メンチヨロ様、御ソビョ様、お向サンジュワン様、サンミギリ様、四五のサンジュワン様、御参体様の御取次を以《もっ》て、御前様、御《ご》ハン様、御《おん》なる様、御隠居様に御同道《ごどうどう》様に頼み奉る」

〈申し上げ〉

「悪事、災難、病難、とん死、とん病、はやり病受けません様に、生風《いきかぜ》、三方風行き合いまっせん様に。海、川、子供死そんじ致しまっせん様に。牛馬、がけ落ち、つなまき、はやり病受けまっせん様に。牛馬栄えます様に、作とうにおそう虫け付きまっせん様に。

豊年万作に御守り下さいます様に。日の災難、月の災難、年の災難、其の日々の災難を御よけまして悪い日は良い日に、悪い月は良い月に思い返しまして、日々の繁盛いたします様に一心にお祈り申し上げます」（上川　田淵武明氏ノートより）

写真１１　塩の魂入れの言葉を唱える辻のオヤジ様・谷山久己氏

「伝承のオラショ」と「創作のオラショ」

現存するカクレのオラショはかなりの数にのぼる（二〇〇〇年当時）。その内容を分析してみると、宣教師によって一六〜一七世紀に伝えられたものを今に受け継いでいるものと、正統なカトリックのオラショにはない、必要に迫られて後になって彼ら自身が創りだしたものとに大別できる。前者を「伝承のオラショ」、後者を「創作のオラショ」と呼ぶことにする。

「一通り」や「ロッカン」のオラショに用いられているものは、ほとんど伝承のオラショから構成されている。しかし、前述の「神寄せ」をはじめ、「家《や》祓《ばら》い」、「野立ち」、「戻し方（葬式)」などの創作された行事の中では「創作のオラショ」が多数みられる。創作のオラショは、キリシタン的な神々の名が、民俗的な思考世界の中にちりばめられた、独特の呪術的雰囲気を持つものである。二例あげる。「お札の務め」は二〇七〜二〇九頁で説明するお札様を引いた後に唱えるものである。「家清め塩魂入れ」は家祓いの時に使う清めの塩に魂を入れる言葉である(写真11)。

〈お札の務め〉

「只今《ただいま》いたすべきしじ者、皆デーウスの何らごめいろうとして、我等スベリトとなりたる徳となる御教へ導き、御母サンタマリヤ様コンパニアの組内中に、何事もござらぬ様に御助けなされて、ごころろうこう乞《こ》い奉る。日本キリシタン広まり申して、エレン者たえて自ら悪人なローマらく中らくらい迄《まで》も、おん寺方々サンカイ迄も申す程なく、おって御光力《ごこうりよく》を頼み上げ頼み上げ頼み上げ奉る。アンメイゾーサンタマリヤ」(壱部在川崎森一氏ノートより)

〈家清め塩魂入れ〉

「ゼースケ、ゼースケ、親誠を頼むぞよ

ゼースケ、ゼースケ、親誠を頼むぞよ

オーライの塩の魂を入れます」

〈秘伝〉

「ドメーゴースがあやてまして、ドメーゴスが御前様の御名代を致しまして、今日の家清めを致します。レレンソー　アッセドメーメゾ　イゾーグロ　イゾーグロ　月の災難、日の災難、うけません様に、この所、家内安全あらゆる災難うけません様に、あやまちのない様に無事にすごさせていただきます様に、お守り下さいますようにお願い致し奉ります」（辻　大畑博氏ノートより）

オラショの変容

オラショは信仰を信徒の日常生活の中に定着させていくために欠くことのできないものとして重視されてきた。一五九二年（文禄元）に天草のコレジオで刊行された『ドチリイナ・キリシタン』は基本的なキリシタンの教義を説いたもので、最も広く流布したものである。その中に最低覚えるべき主なオラショが載せられている。オラショだけを集めた一冊の本としては一六〇〇年（慶長五）に長崎で出版された『おらしよの翻訳』がある。

迫害が厳しくなり潜伏時代に入ると、探索を恐れてオラショは口伝によって継承されるようになった。指導者なしでは、全文ラテン語のものや一部にラテン語やポルトガル語が混じったものなどは理解困難であったろう。日本語文のものも耳から音だけで伝えられていくうちに次第に意味不明となり、変形していったことは容易に想像できる。

現在（二〇〇〇年当時）、生月には自分たちでオラショを活字化した小冊子が五種類あるが、かなり正確に漢字を宛てており、編集の段階でカトリック関係者か研究者が教示したことが明らかに窺《うかが》える。そのような修正がなされていない手書きで残っているものをみれば自明である。一例を示そう。

〈誠の柳（意味不明）〉

「出臼（デウス Deus）パーテロ（パーテル Padre）我れ我れん給い（憐《あわ》れみたまえ）、出臼ヒーリヨウ（ヒーリョウ Filho）我れ我れん給い、出臼四ツベリトサンチ（スピリトサント Spiritu Santo）我れ我れん給い、天にましますおの親（御親）皆《みな》（御名）も立つ給い（尊ばれ給え）、身を（御世）きたひ給い（来たり給え）、天においてわ思召儘成《おぼしめしままな》る事（如く）地に於《お》ては廻らせ（あらせ）給ふ、我等は日日おの（日々の）よしない（養い）は我等今日わ度々（与え）給ふ、我等人も許し申す事（如く）我等わとがも話し（許し）給ふ、我等は天藤参《てんとうさん》（テンタサン Tentação）にも話し（放し）給ふ事の分りければ（無かりければ）、我等今日わ苦（凶悪）のがらせ（逃がし）給ふ給い、あんめーず（アーメン Amen）」（山田の明賀春夫《みょうがはるお》氏ノートより）

〈（　）内は傍線部の原文に対する引用者の補足〉

最も大切なデウス（＝神）が出臼、スピリトサント（＝聖霊）が四ツベリトサンチ、「誘惑」という意味のポルトガル語であるテンタサンが天藤参となり、日本語でさえも「憐れみたまえ」が「我れ我れん給い」、「御名」が「皆」、「御世」が「身を」、「放し」が「話し」、「凶悪」が「今日わ苦」などと変化しており、発音だけはかなり忠実に伝えられているとはいえ、意味はほとんど原意をつかむことができないまでに変化してしまっている。

現在、行事の中でオラショを唱えている人たちは、日本語のオラショだけはその意味を理解しようと努力すれば可能であるにもかかわらず、まったくその努力はなされていない。立板に水のように、いかに早く流暢《りゅうちょう》に暗唱することができるか、という点にのみ関心がはらわれている。ラテン語文のオラショはまさに呪文であって、むしろそれゆえに呪術的、神秘的力を有し効き目があると感じているのではないだろうか。

現在のカクレがカトリックに近似したオラショを唱え続けている姿をみて、今でもカトリックと結びついているとみなすべきではない。形式的なことよりも大切な内容という観点からみると、上述したように、両者の間にもはや質的接点をみいだすことはできない。

4　生月のカクレキリシタン行事

行事の構造　祈願―直会―宴会

潜伏時代より今日にいたる三五〇年間にわたって、あらゆる困難を乗り越えて伝えられてきたものはオラショと行事である。しかし、オラショも行事も、意味や目的がわからなくなってしまっているものが思いのほか多い。しかし、考えてみれば日本人にとってそれはごく当たり前のことだ。お坊さんや神主さんが上げるお経や祝詞《のりと》の意味をわかっている人が何人いるであろうか。行事についてもしかりだ。意味はわからなくとも、先祖が伝えてきたことを絶やすことなく受け継いでいくそのことに意義がある。

行事とは、人々が幸せを願い、災いを避けるために長い年月をかけて知恵を集め、行動によって神と人とのつながりを表現したものである。行事をみることによって、それに参加している人々が何を感じ、何を願い、喜びとし、恐れたのかということを知ることができる。カクレの信仰のあり方を知るためには、迫害によって残された記録が極端に少ないので、伝えられてきた行事が大きな手がかりとなる。

行事はすべて一定の形式に従っておこなわれる。①祈願、②直会、③宴会、の三部から構成され、神道行事の構造とまったく同じである。カクレが意図的に神道的形式を取り込んだのか、それとも時を経て自然に日本的儀礼のスタイルに同化していったのかは定かではないが、結果的にカクレの行事はキリスト教や仏教よりも神道の形式に近く、その姿は民俗的神道の一種であるとみなすことができる。

行事の進行は、特別ないくつかの行事を除けば、次の形式に従っておこなわれる。

① 祈願

参会者がツモトや御堂に集まると、まず儀礼の一部としてお茶がだされる。参会者は神様にその日の行事の目的を申し上げしてからお茶をいただく。「御前様」を祀る祭壇に一の膳として、御神酒と生臭物がお供えされる。最初に神寄せのオラショを唱えてあらゆる神々を呼び寄せ、その日の行事の目的と祈願の内容を申し上げる。神主が神寄せをして祝詞をあげるのと何も変わらない。

次に神様が供え物を喜んで受け取り、信徒一同にさまざまなご利益がもたらされるよう、通常は

写真12　御前様祭壇の前で祈願のオラショを唱える辻のカクレキリシタン

一通りのオラショを唱える。約四〇分間ほどかかるが、その間、絶対に正座を崩してはならないとされている。正座の痛みも神様に捧げるのだ（写真12）。

② 直会

オラショを唱え終わると、参会者全員に御前様にお供えした一の膳とまったく同じ御神酒と生臭物が、塗物の膳に載せてだされる。各自盃《さかずき》をとり、御前様に御神酒をお捧げする言葉を申し上げ、次に生臭の皿を手にとってまた申し上げをする。申し上げが済むと、供え物を神様が受け取ってくれた、すなわち祈願を聞き入れてくれたものとして、そのお下がりを参会者全員でわかち合い、神と人間が一体となって食事をともにする。この神人共食はまさに神道の直会に相当する。

一の膳における御神酒は必ず清酒とされる。生臭物は以前はクジラ（生月島は捕鯨の島として有名であった）やスルメが多かったようであるが、最近はブリやヒラス等の高級魚の刺身を用いることが多い。生月に限らず、外海や五島地方でも必ず生臭物が供え物に使われることがカクレキリシタン行事の特色である。葬式や年忌供養で和尚《おしょう》さんを呼ぶ場合にも精進料理ではなく魚がだされる。和尚さんも心得たもので何もいわずいただく。

③　宴会

直会が終わると、新たに祭壇の御前様に二の膳がお供えされ、同様の膳が参会者全員にも振舞われる。宴会に移ると、まず参会者全員の間で一定の順序にしたがって、きわめて儀礼的な盃の交換がなされる。それからは和やかな世間話を交えた宴《うたげ》に移る。通常は一、二時間あまり飲食歓談が続く。お開きが近くなると、三の膳として、御飯と吸物の膳が神様および参会者にだされる。最後にふたたび儀礼の一部として、必ずお茶が振舞われる。この時に神様に対してとどこおりなく行事が終了したことを感謝する申し上げをする。

直会に神と人間が共に食事を通して交流するという意味があるとすれば、宴会は集まった信徒たちが食事を通して互いに連帯感を強めるという意味があるといえよう。この基本形態は生月のどの地区においても共通しており、外海、五島のカクレにおいてもまったく同様である。

神への供え物

神様への供え物は、五島では直会に際しては御神酒、刺身、ご飯、豆腐が用いられる。外海では御神酒、刺身、ご飯、蒲鉾である。生月では御神酒、刺身で、宴会の最後になって御飯と吸物がだされる。神道行事の直会において通常用いられるものは、御神酒と米、塩であり、これに餅や野菜などが加えられる。カクレにおいて特徴的なことは、かならず生臭物が用いられることである。これは神道や仏教徒とは異なるという、潜伏時代のキリシタンとしてのひそかな抵抗の印ででもあったのだろうか。

五島、外海、生月の三地区、いずれにも共通して用いられる供え物は、御神酒と生臭物（刺身）であり、これはカトリックのミサの儀礼の中で用いられる、パン（キリストの体）とブドウ酒（キリストの血）の代用であったとみていいだろう。日本においてブドウ酒に代わりうる酒類といえば、清酒をおいて他になく、パンに代わるものとして米、餅などを用いず、魚を用いたところに面白さがある。うがった見方をすれば、キリストを象徴する魚を用いたという解釈もあろう。

また注目すべきは、生月が初めからひとりひとりに、お膳に組んでだされるのに対し、五島と外海はひとつの茶碗につがれた御神酒が、全参会者によってまわし飲みされ、刺身などがひとつの皿から各自の手に取り分けられるということである。これはカトリックのミサの原型である最後の晩餐《ばんさん》の場面を彷彿《ほうふつ》とさせる。

一の膳が御神酒とセーシ（生臭物）であることは先に述べた。宴会における二の膳の料理は、行事の軽重、また生月島のなかの地区によっても若干異なるが、煮しめを中心とした和風郷土料理である。カクレキリシタン料理といった特別なものがあるわけではない。最近ではかなり簡素化されている。

宴が進み終了する頃になると、そろそろお開きという合図として、大盛りの御飯と吸物が振舞われる。この茶碗に山盛りによそわれた御飯を「番岳盛り」と称する（写真13）。番岳という島内でもっとも高い山のように盛られた御飯がだされる。白米が腹一杯食べられなかった時代に、最大の馳走として山盛りの白米が振舞われた名残であろう。吸物は味噌《みそ》汁でなく必ず清《すま》し汁である。清酒にしろ神様への供え物は清らかなものでなければならない。

写真13　番岳盛りのご飯

カクレの行事は、ひと昔前まで、さほど娯楽とてない田舎においては、親睦を深めるための恰好《かっこう》の機会であり、仲間の連帯感を強めるのにおおいに役立ってきた。小組の仲間同士のつきあいは親《しん》戚《せき》以上のものがあるという。しかし、盛大な飲食をともなう行事を実際に支えてきたのは、裏方に徹した女性たちである。その献身的な犠牲と協力なしには成り立たなかった。若い世代が役職を引き受けることを躊躇《ちゅうちょ》する一因も家族への負担を恐れてのことである。夫が役を引き受けてきたら実家に帰りますと脅された人もいるという。

生月にはいま（二〇〇〇年当時）でも多いところで年間四〇回を超える行事が残っている。オラショとともに厳格なしきたりに従った諸行事が現代まで続いているのは驚くべきことである。信仰心の力というほかない。しかし、近年後継者確保のために急速な行事の簡素化が進められている。

生月で最もよく昔からの行事形態を残しているのは、六〇年以上にわたってオヤジ様を務めている壱部在・岳の下の大岡留一氏のツモトである。しかし、その岳の下でさえ一九九五年（平成七）以降、餅ならし、御誦比べ、まや追い出し、まや追い込み、麦祈禱、田祈禱、お聞き合い、宵詣りといった行事が廃止されている。

以下に生月島でどのようなカクレキリシタン行事がおこなわれているのか、毎年定期的におこなわれる年中行事と、人生儀礼に分けて主なものを紹介する。

生月の年中行事

① 御前様参詣
元日の朝、御前様をお祀りしているツモト（堺目は御堂）に全役職者および一般信徒が集まり、御前様に新年のご挨拶をする。神道の初詣にあたる。

② 餅ならし（餅開き・お開き）

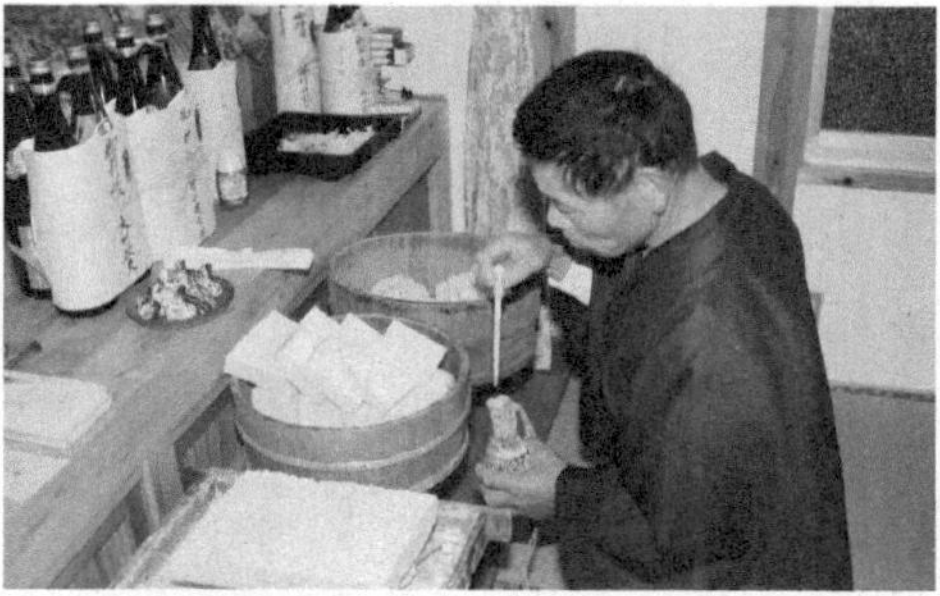
写真14　餅ならし／切られた餅に聖水を打ち魂を入れる堺目のオジ様の船原久敏氏

餅ならしは御前様参詣の時に、信徒から御前様に供えられた「オスワリ（鏡餅）」を小さく切って、垣内の全戸に配る行事である。切られた餅はサンジュワン様の聖水で清められ、清められた後は決して粗末にすることは許されない。風邪をひいたときなど薬として少しずつ切って食べたりした（写真14）。

③　オマブリ切り

オマブリとは半紙で十字の形に作ったお守りを切りだす行事である。切られたオマブリはサンジュワン様の聖水で清められる。正月の家《や》祓《ばら》いのときに各家に配られ、玄関や床の間や牛小屋などに張って悪霊の侵入を防いだり、葬式のときに死者に土産として持たせたりする。病気予防のためにオマブリを飲む人もいる。

④　家祓い（オジシ・ゴジンキン・御《ご》名代《みょうだ》・お御《ご》祈《き》禱《と》）

正月に垣内の家々の悪霊を祓いだし、一年間

写真15　家祓い／「塩の唱え」の言葉を唱えながら玄関をお祓いする御崎のオジ様・内山寅雄氏

の家内安全、無病息災を祈願するものである。節分の行事に相当する（写真15）。

⑤ 野立《のだ》ち（まや追い出し）

野立ちは牛を牛舎から野山に追いだした時、悪霊が牛に危害を及ぼさないように、野外の定められた場所をオテンペシャ（二〇六頁参照）で祓い、サンジュワン様の御水（聖水）で清め、オマブリを打つ。家畜の一年間の無事を祈願する行事である（写真16）。

⑥ いただき（ドメーゴ）

いただきとは、カトリックのロザリオの十五玄義に由来する一六枚一組の小木片のお札様を引いて運勢を占うコンパンヤ（小組）の行事で、以前は毎月第一日曜日、年一二回おこなわれていたが、現在では一月、一二月を含めて年に三、四回おこなっているところが多い。おみくじに相当する（二〇七頁参照）。

⑦ 悲しみの入り

悲しみの期間に入るというだけで、どのような悲しみかは彼らにはわからない。カトリックの灰の水曜日に由来する行事であるが、誰ひとり知るものはいない。伝承されてきたカトリック行事が名前だけ残り、その意味は忘れ去られてしまった一例である。

写真16　大きな岩の隙間にオマブリ（紙の十字架）を差し込み、そこに棲む悪霊を祓い清める野立ちの行事

⑧ お花

カトリックの「枝の主日」に相当するが、その意味は忘れ去られている。椿の花のようにぽとりと首を切り落とされて殺された殉教者の命日であるとか、神様の花見の日という人もいる。

⑨ お世上《せじょ》祭り

神様に対するお祭り、あるいはマリヤ様のお祭りであるという。ことに堺目では重要な行事とされている。元触と山田にはない。

⑩　上がり様
本来は悲しみの上がり、すなわちカトリックの最も大切な行事である復活祭に相当するものであるが、彼らは何が上がったのかわからない。山田では「二月のお祝い」という。

⑪　麦祈禱
四月の麦の穂が出る頃に、麦の生育を祈願しておこなっていた。現在（二〇〇〇年当時）、麦は作っていないので廃止された。

⑫　六か所寄り・野立ち
壱部在の六か所の全役職者が一堂に集まっておこなう大きな行事である。年に一度、ツモト以外に神様のお宿を取り、一斉に野立ちをおこなって流行病《はやり》の侵入を防止する行事である。そのあと六か所の役職者による総会がおこなわれ、壱部在のカクレ集団全体に関わる問題が協議される。

⑬　四十日目様《よんじゆうにちめさま》
四〇日目に初めてよみがえった日というだけで、誰がよみがえったのかというような詳細はわかっていない。上がり様より四〇日目にとる。カトリックではキリストが復活して四〇日目に昇天した祝日にあたる。

⑭ 田祈禱

田祈禱は田植えの終了後におこなわれる豊作祈願のための予祝《よしゅく》儀礼で、現在は廃止されている。

写真１７　初田様の祠の前で豊作を祈願する比賣神社の神主と山田のカクレキリシタンの役職者たち

⑮ お潮切り

五月に堺目だけでおこなわれる航海と磯の安全を祈願するもので、田祈禱もあわせておこなわれる。

⑯ 末七度《すえしちど》

堺目だけの行事で、現在では五月のお潮切りと同じ日におこなわれている。アトナシアニマ（無縁仏）の供養の行事であるという。一通りのオラショを七座あげる。

⑰ 初田《はった》様

全山田のカクレキリシタン役職者、山田区長、その上に山田の比賣神社の神主も参加して毎年四月一二日におこなわれる豊作祈願の行事である。カクレと神社の神主が合同でおこなう唯一の行事で、極めて興味深いものである（写真17）。

⑱ 十日目様

どのような意味をもつ行事か彼らには不明である。四十日目様より一〇日目が十日目様である。カトリックでは聖霊降臨の主日にあたる。

⑲ 土用《どよ》中様《なかさま》

壱部在では土用の暑中の健康祈願、あるいは伝染病の魔除《よ》け行事ではなかろうかという。土用入りより九日目にあたる。元触や堺目ではツモトの御前様の虫干しの日であるという。山田では現在おこなわれていない。

⑳ 風止願立《かざどめがんだ》て

願立て・願成就は台風シーズンが近づき、大風によって作物や人家が被害を受けないように、まず昨年の風止の願立てが成就されたことの願解きをおこない、続いてまた今年一年の五穀豊穣を祈り、風止の願立てをおこなう。山田ではこの日に全役職者が集まって中江の島に御水を採りにいく。

㉑ 風止願成就

一〇月に米の収穫が終わったのち、六、七月におこなった一年中の風止願立てのうち、米が無事に収穫できたことに対する願成就をおこなう。山田では再び中江の島に聖水を採りにいく。

㉒ジビリア様（お盆）
ジビリア様はキリシタンの死者の盆であるという。壱部在と山田ではツモト行事、堺目、元触は小組の行事となっている。山田だけはジビリア様とは呼ばずに「お盆」という。

㉓お科祓《とがばら》い（オトボライ・お弔い）
ジビリア様がキリシタンの死者の盆であるのに対し、オトボライは死者の供養の日であるという。新しく死亡した新仏の霊を弔うもので、新仏のない家では御先祖様を迎えて供養をおこなう。

㉔御産《ごさん》待《ま》ち・御誕生
冬至の日の直前の日曜日が「御誕生」にあたり、御誕生の前日が「御産待ち」すなわちクリスマスイブである。元触の三か所（現在二か所）では「御誕生」の行事がツモト行事として現在（二〇〇〇年当時）でも残っているが、「御産待ち」をおこなっているのは今では小場だけである。山田には「御産待ち」はなく、「御誕生」に相当するものとして、「霜月のお祝い」とか「年中のお祝い」と呼ばれる行事がある。堺目では安産祈願の日といわれていた。

㉕ダンジク様のお祝い
日草と山田触の関係者が、生月島南端の海岸際にある殉教したジゴクの弥市兵衛夫

写真18　荒崎海岸にあるダンジク様の祠の前で航海安全と大漁満足を祈願する

婦と子供の三人を祀るダンジク様の祠で毎年一月一六日におこなうもので、大漁祈願もあわせてなされる（写真18）。山田にはダンジク様を祀る講組織がいくつかあった。

㉖　年中終《ねんちゅうしま》い

この一年間垣内が無事に過ごすことができたことへの感謝と、役職者たちが無事に勤めを果たせたことを感謝する日で、大晦日近くの適当な日におこなう。

お授け（洗礼）

〈お授けの意義と名称〉

洗礼はキリスト教徒となるためのいわば入門式であり、定められた洗礼のための言葉を唱えながら額に水を注ぐ儀式である。お授けはカトリックの洗礼にあたり、カクレの諸行事のなかで最もカトリックとの深いつながりを示すものである。カクレが最も大切にしてきた儀礼がお授けであり、それゆえお授けはきわめて厳格に取り扱われ、お授けをおこなうオジ役は最高の役職者とされてきた。オジ役とお授けの行事に関わるタブーが最も多いのもお授けの重要さを示すものである。

壱部、堺目、元触では「お授け」と称し、山田では「御水受け」という。山田の日草では「授け受け」ともいう。平戸島の根獅子では「名付け」、外海の出津《しつ》では生後三日目に授けていたので「みつめ」という。五島では「授け」、「お名付け」、あるいは人間に生えている角をとる行事であるということで「角欠き《つのか》」と呼んでいた。五島福江島《ふくえじま》の宮原では「子授け」という。

壱部在では以前は少なくとも一五歳までに、悲しみの四六日間の早朝三時か四時頃、人目を避けておこなっていたそうであるが、最近（二〇〇〇年当時）ではそのような制限はなくなり、受洗者の都合のよいときにおこなわれる。堺目では霜月と二月の農閑期の適当な時期を見計らっておこなわれ、年齢については制限はなかったが、昭和五十年代に入ってからはおこなわれていない。元触では御誕生の日から一週間内におこなわれる。昔は三〜五歳頃に授けていたが、今はできるだけ一五歳前までにおこなう。山田では終戦後一度もお授けはおこなわれておらず、早晩誰もお授けを受けた者はいないという状況になる。

〈お授けの制限〉

一日に洗礼をおこなうことのできる人数には制限が設けられている。大切な行事なので、安易に一日のうちに何人にも授けることを制限したのであろうか。堺目は一日に一人だけで、二人目は翌日におこなう。壱部と辻は一日に二人までである。辻は以前は一人だけとされていたが、現在は二人まで許されるという。しかし、その場合でも一人のお授けが済んだら、また新たに水垢離《みずごり》をとり直し、最初からすべてやりなおす。上川は一日に三人までであった。山田はもう五〇年以上お授けがないので、この点に関しては不明である。

〈お授けの作法〉

お授けを頼む時には一週間くらい前に着物を着て正式に依頼にいく。壱部在、堺目、元触ではお授けの一週間前から終わるまでオジ役は夫婦の交わりを断ち、牛の世話や下肥などの不浄も避ける。昔は三日前からは一切仕事もしなかったという。お授けが終わっても一週間は毎日御神酒と生臭を御前様にお供えし、ロッカンのオラショをあげる。最も厳しいのは山田で、お授けを頼まれると夫婦関係を断ち、オジ様のみならず妻もそれ以後は一切労働をせず、家でお授けの日を待つ。オジ様は家族と生活用具を別にし、墓参りもしない。神聖なお授けの行事をおこなうオジ様は一切のケガレを避け、精進生活を送る。

〈抱き親とその条件〉

カトリックは洗礼の時には、実の親に代わる代父母《だいふぼ》が立ち合う。「アニマの親」すなわち代父母は、「アニマの子」すなわち洗礼時に抱いた霊的な子供の精神的後見人の役割を果たす。この代父母制度は長崎県下全地区に残っている。生月では代父母のことを「へこ親」と称し、抱かれる子供のことを「へこ子」という。出津では「抱《だ》き親」といい、奈留《なる》島《しま》では「ん抱き親」、福江島南河原《なんごうち》では「アリマの親」という。

生月地方と外海・五島地方で決定的に違うのは受洗者と代父母の性別がはっきりと異なる点である。生月では「へこ子」が男性の時には「へこ親」は女性が選ばれ、「へこ子」が女性の時には「へこ親」は男性が選ばれる。それに対して、外海・五島地方では受洗者と抱き親は同性である。

壱部在ではへこ親はできるだけ遠い人が選ばれ、男性も女性も一生のうち二人までしかへこ親を務めることができず、夫婦で合計三人までとされている。堺目では三親等以内からはへこ親を取らず、壱部在と同じく夫婦で三人までと制限されている。

上川では逆に叔父、叔母《おば》など近い親類にへこ親を頼む。一生に二人までという制限は同様である。ヘコ親とヘコ子はお授けを通して特別な関係が結ばれ、結婚式、葬式、新築祝いの時などは親類と同等の扱いを受ける。へこ子とへこ親の子の結婚は許されず、へこ子の結婚式の時には仲人《なこうど》をつとめるという。

〈アニマの名（洗礼名）〉

お授けを受けると必ずカトリックの洗礼名（霊名）に相当するドメゴス、ジワン、マリヤなどといった「アニマの名」をつけてもらう。長崎など潜伏キリシタンの伝統が残っている地域は、抱き親の名をもらうのが一般的である。アニマの名の付け方には三つのパターンがある。ひとつは受洗者の家の者が代々付けている名前を引き継ぐもので、壱部、堺目、上川がそれである。辻、山田は決まりはなく自由に好きなものを選ぶ。山田は偉い人の名を付けてやるという。三つめは抱き親の名をもらうというやり方で、出津、奈留がこれである。

〈お授けの水―聖水〉

カトリックでは洗礼の水は自然水ならばどのような水でもよいとされているが、カクレはしばしば特別な意味を持つ水を使用する。例えば殉教地の側に湧き出ている水であるとか、尊敬されていた宣教師や伝道師などが使っていたといわれる井戸の水などである。そのような場所から採ってきた水は、特別な聖なる力を秘めた聖水と考えられ、お授けをより神秘的で意味あるものにしたことであろう。

生月島の人々は殉教者の島として最大の崇敬を受けている、中江の島から採ってきた「サンジュワン様の御水」をお授けに用いる。生月島の対岸にある平戸島の獅子《しし》でも中江の島の水を用いていたという。壱部在では中江の島から採ってきた御水にさらに「御魂入《おたましいい》れ」の儀式をおこない、霊的な力を付与して神水《かみみず》とする（写真19）。御魂が入れられた後の水は「サンジュワン様」と称され、神の水というよりは、もはやその御水自体が魂を有する一種の神様として扱われている。

写真19　お授け専用の御用着物を着て御水にお魂を入れる儀式をおこなう岳の下のオジ様・大岡留一氏

〈ケガレの排除〉

オジ様はお授けを依頼されると、それ以後は普段にもまして身を清らかに保つ。お授けの当日早朝に水垢離をとる。全裸で水をかぶり、濡れた体は拭きもせず、下着も付けず、妻に直接ケガレのない聖なる着物であるお授け専用の御用着物を着せてもらう。タオルで拭けばタオルのケガレが移ると考える。新しいタオルならばよいではないかと考えるのは合理主義的な現代人の発想で、俗世の一切はケガレた存在とみなされる。畳の上にも聖なる御用茣蓙を敷く。お授けが終わるまでは便所に立つことも許されない。小用を足すとき

写真20　御用文を唱えながら受洗者の額に御水をかけてお授けをおこなう壱部のオジ様・波戸光雄氏

には自分ではできず、妻に頼んでおこなうという。手にケガレが移らないようにという配慮である。

〈死者へのお授け〉

カトリックでは死者に対する洗礼はおこなわれないが、カクレはほとんどの地区で死者に対するお授けもおこなっている。お授けを受けなければカクレの他界に行けないと考えている。死後先祖の待つ他界に行きたいという気持ちが、死後のお授けという儀礼を生みだしたのであろう。壱部在では死者の着物に授ける。遠隔地で死んだ場合でも死者の着ていた着物を生月に送りお授けをしてもらう。辻では死者にも実際に水をかける。死者の写真にかけておこなう場合もある。

〈お授けの言葉―御用文〉

カトリックで有効な洗礼と認められるにはいくつかの条件を満たさなければならないが、現在のカクレの人たちのお授けがその条件に照らしてみて有効かどうかという問題には触れない。今日まで伝えられてきたやり方が、彼らにとっての正しいやり方だ。彼らはカクレキリシタンであってカトリックではないのだから。

お授けの御水は額にかけることになっている。その時にお授けの言葉である御用文《ごようもん》を唱える（写真20）。上川は言葉を唱えた後に水をかけるが、山田では唱える直前にかけてしまう。その他の地区はいずれも水をかけるのは、言葉を唱えるのと同時である。生月地方ではすべて日本語の御用文が用いられている。これに対し、外海、五島地方はラテン語の御用文である。

次に生月各地区の御用文を紹介する。

まず、参考にカトリック教会の洗礼式文を掲げる。

「それがしデウス－ハアテレ・ヒイリヨ・スピリツ－サントの御名を以て、汝を洗ひ奉る也　アメン」（『ドチリイナ・キリシタン』所収）

生月の御用文は次のとおりである。

①「ジワンそれがーし、デーウスとパーテロとヒィリヨーとスベリトサントーのおん御《み》名《な》をもーて、我ただいま汝洗い奉るなーるやー　アンメゾー」（壱部在）
②「レウスバイテロとヒーリヨとスベリトサントウのミサを以て、我れ只今あんじ洗ひ奉るなるぞー」（堺目）
③「レーウス、バイテロ、ヒーリョ、スベリトサントウのみ名をもって始めたてまつるや。名ーの字、只今アラライ立てまつるナールヤ、御美《おんみ》言葉でお水御サズケ申スルナリ」（上川）
④「サンミギリ様、サンジュワン様、シゴのアンジワン様へ申し上げます。ドメーゴスが水の言葉を入れまして、只今ドメーゴスがレエウスバイテロヒーリーヨスベリトサントウのみなを以て、なんじ洗い奉る。ナールヤ御み言葉も授け給ふ」（辻）
⑤「此の水と申するは、さんじわん様のうみ出したる、サカラメントウ様のお水、只今いただかせますでうすぼーてろ、ひーりょう、すべりとさんたの道のぺれすのひとつの御印もっておおがみ頼み奉る。御身《おんみ》地蔵地蔵さんたまりや」（山田）

〈なぜお授けはすたれたのか〉

現在（二〇〇〇年当時）もお授けが存続している地区は思いのほか少ない。筆者の知る限り、長崎県下で存続しているのは壱部在、元触、外海の黒崎《くろさき》だけで、それも数年にひとりあればいいほうである。堺目では一九八〇年（昭和五五）以後なくなり、山田は戦後まったくおこなわれていない。平戸、五島も昭和五十年代で途絶え、外海も平成に入ってからはないようである。

これほど大切に守り伝えられてきたお授けがなぜ多くの地区で終戦後、あるいは昭和五十年代頃に消えていったのであろうか。お授けを受けた者は「戻し方」（カクレ式の葬式）をおこなわねばならず、都会に出ていった若者は戻し方を受けることはできないからという。もし授けるとしたら、島に残る可能性のある後継ぎの長男だけだが、彼らが死ぬまでカクレが存続しているかどうかも疑問であり、いっそのことお授けはしないほうがましではないかという。しかし、根底にはカクレキリシタンももう自分たちの代で終わりであり、子の代までは続かないだろうというあきらめの気持ちがあるのは明らかであろう。

戻し方―カクレキリシタンの葬式

〈経消し―二重の葬儀〉

お授けは消滅しても、葬儀はいかなる形であれなくなることはない。潜伏時代には寺請制度により、必ずどこかの寺に属し、死者が出れば檀那《だんな》寺の僧侶を呼び、不審なことがないかを確認してからでなければ納棺できなかった。仏式の葬式を強制された潜伏キリシタンたちは、キリシタンであった先祖たちのいるパライゾ（天国）には行けないことになる。

何としてもキリシタン式の葬儀をおこない、パライゾに送るために考案されたシステムが「経消し」であった。

僧侶が唱えた経文の効力を消すための「経消しのオラショ」を唱え、仏式の葬儀がおこなわれた後で、あらためてキリシタン式の葬式をおこなった。潜伏時代より今日まで、仏式とキリシタン式の二重の葬式がおこなわれてきた。彼らは現在も二重の葬儀を営むことになんらの疑問も抱いていないように思われる。「先祖が守ってきたやり方を子孫たる自分たちも忠実に守ってゆく。それが自分たちの信仰の形である」という彼らの信仰の根本姿勢を象徴的に示すよい事例である。

いっぽう僧侶の方も心得たもので、非難めいたことはいわない。それどころかむしろお互いに認めあい、共存しているといってよい。歴史的にも仏教とキリシタンは共存関係にあった。江戸時代において、キリシタン取締りの監視役的な任務を負わされた寺側は、潜伏キリシタンたちが檀徒としての務めを十分に果たし、良民であるかぎり、彼らがご法度のキリシタンであるとわかった場合でも、知らぬ顔で放置しておいた。事を明らかにすることは、自分たちにとってもいかなる処罰があるやも知れず、またすべての檀家を失うことにもなり、なんら益はなかったのである。解散した後、仏教徒となるのは寺に対して恩義があるからだという人もいる。

「経消し」はたしかに仏教否定の気持ちから生まれたものであろうが、少なくとも最近では、キリシタン式の葬儀も仏式の葬儀も、ともにご利益があると考えられているとみるべきである。現在のカクレキリシタンで仏教を否定する者はいないのであるから、二重の葬儀における仏教否定の意味はまったく存在しないといってよい。

〈戻し方は誰が行うか〉

古野清人の聞き取りによれば、壱部、堺目、山田でも昔からオジ様は戻し方はできないことになっていた。現在、壱部在では戻し方はオジ様がおこなっている。大岡氏によれば、「オジ様がお授けしたからオヤジ様は戻しには行かない。お授けをしたオジ様が戻す」という。

堺目、元触、山田はいずれもオヤジ様が戻し方を行っている。堺目のオヤジ様鳥山氏によれば、堺目ではオジ様以外はオラショのできる人であればだれでも戻し方を行うことができるという。しかし、戻し方のやり方を知っている人がいないので、鳥山氏がやっているとのことである。

オジ様が戻し方をしないのは、お授けをおこなうオジ様は常に清浄を保たねばならず、戻し方をおこなって黒不浄（死のケガレ）にかかることを避けるためであろうと思われる。戻し方はオジ様は同じ月に二人までしかできないことになっている。三人目は他の人に頼むという。

〈死者へのお土産〉

納棺にさいして、死出の孤独な旅の途中、さまざまな災厄から身を守るためのお守りや、思い出の品を持たせてやるという習慣は、死者に対する残された者のせめてもの思いやりの表現である。キリスト教でも死者が生前愛用していた十字架やロザリオなどを持たせてやるということは、昔も今も一般的におこなわれている。潜伏時代にもキリシタンたちはお棺に「キリシタンの道具」を入れたり、死者の衣に十字を縫いつけたりしたらしい。

生月ではどこの地区も、死者へのお土産として、紙の十字架である「オマブリ」を持たせる。壱部在ではオジ様はオマブリにサンジュワン様の聖水を打って御魂を入れる。オマブリは男の場合一枚は右耳、もう一枚は左の衿《えり》に入れる。女の場合一枚は左耳、もう一枚は右の衿に入れる。辻では死者の左胸に入れてやり、火葬のときは壺《つぼ》に入れてやる。

〈風離し・出立ち養生〉

壱部在、堺目では死者がでたら、戻しの前日に風離《かざばな》しをおこなう。風離しは悪霊、外道などその人についている悪い風を祓う儀式である。特に頓死《とんし》、変死、野山で死んだときに邪を祓うためにおこなうという。死者に対して風離しをおこない、死者の身を清めてから戻しをするが、生前重態の時におこなうこともある。

風離しには病者の全快を祈って、悪霊が嫌うという大豆を炒《い》ったものをまく。壱部も堺目も、生きている人に対する風離しには「ミジリメン」のオラショを唱えながら一三三個、死者の場合は六三個まく。出立ち養生とは死者があの世で病気をしないように、親類がお金をだし合って、死者の養生をするものである。最近はこの儀式は省略する人が多い。

壱部在の戻し方の次第を紹介する。

〈戻し方の式次第〉

①オジ様は自宅でオマブリを二枚作り、聖水で清める。

②無言で葬家の死者の部屋に入り、上座についてから挨拶する。

③「これから戻し方をいたします」と、ロッカンの御恩礼をあげる。

④お酒が出て、アニマの名（洗礼名）を尋ね、

「世界の○○○（死者のアニマの名をいう）、悪の世界より、御前に召し取られましたので、何卒《なにとぞ》生きしょうの内に誤りました罪とがをおん許し下さいまして、七日七日四九日が間、おん導き下さいまして、道の流浪などいたしません様にパライゾウ（Paraiso=天国）のいじょうどころにお助け下さいます様に」と、申し上げる。

⑤死者を抱き起こし、用意されたロウソクに火を点《つ》け、

「○○○さん、これからジサン（＝オジ様）がお光をみせますから、このお光のいく

ごといくことですよ」と、三回繰り返しいう。

⑥　ここからが戻し方の「御言葉」である。

(1)「如何にクロース（Crus=十字架）自らかからせ給う人間の悪のけ給いや御印一心にくらみなし拝み奉る。人間の悪のけ給いや逃る為にべきものなり。尊き八日の七夜様（Eucharistia=聖体）を授かる人はこの御コンタツ（Contas=ロザリオ）の御功力を以て、いつも天のパライゾウなり　アンメゾー」

と唱え、第一回目のロウソクを死者の顔に向かって一息で吹き消す。

(2)ロウソクに火を点けてもらい、「十一カ条のオラショ」を唱えて戻す。ここで第二回目のロウソクを死者の顔に向かって吹き消す。

(3)「あーあさましや　あさましや　あさましや
花の都をふりすてて　花の都をふりすてて　花の都をふりすてて
花の都をふりいでて　花の都をふりいでて　花の都をふりいでて
七谷八《ななたにや》谷《たに》　七谷八谷　七谷八谷
たの水かかるは今ばかり　たの水かかるは今ばかり　たの水かかるは今ばかり
世界の御水のかけしまい　世界の御水のかけしまい　世界の御水のかけしまいアンメゾー」

と唱え、三回目の「世界の御水のかけしまい　アンメゾー」のアンメゾーと唱える時にお水をかける。ここでオマブリ二枚を死者にお土産として持たせる。

(4)「しろきんしょうを見せ申す　しろきんしょうを見せ申す　しろきんしょうを見せ申す
しろきんしょうにまかれ申す　しろきんしょうにまかれ申す　しろきんしょうにまかれ申す　アンメゾー」

と唱え、この時、親指を死者の顔に当ててクロスを引き、布をかぶせる。

⑦ロッカンの御恩礼を上げ、4と同じ言葉を唱え、死者にクロスを引き、自分にもまたクロスを引いてロウソクの火を吹き消す。

⑧戻し方が終わり、別座で御神酒、魚、飯、汁、膾《なます》の膳がだされる。

⑨オジ様は自宅に戻り、「お着きの御恩礼」をロッカンで上げる。

写真21　家祓いのあと御唱人6人で長座のオラショをあげる

戻し方が済むと、僧侶を迎えて通常とまったく変わらない仏式の葬式が営まれる。仏式の葬儀が終わると、出棺後ただちに役職者でなくとも、御唱《ごしよう》を唱えることができる人を三人雇い、ミジリメンのオラショを唱えながら、「塩・御水・オテンペシャ」で死者の家と、和尚さんが近所にとった宿の家祓いをおこなう（写真21）。

歴史的にはこの家祓いは、仏教関係者が立ち会ったことによって生ずるケガレを祓うというものであったと思われるが、現在は家の中より死者による黒不浄を祓うという意識が強いと思われる。カクレキリシタンの基本は、先祖代々受け継がれてきた伝統を忠実に守り続けてゆくことにある。それゆえ形態的には変わりなくとも、その行事の意味は大きく変わっていく。カクレキリシタン研究のおもしろさは、彼ら自身はっきりと認識していないその行動の意味の謎解きをしていくところにある。

〈死者への供養〉

一週間目に新仏を仏壇に納める「壇上げ」がおこなわれる。三人か四人の御唱人が一通りのオラショを上げる。三五日目には三人の御唱人が一通りのオラショを上げる。また四九日目には四人の御唱人が一通りのオラショを上げる。お寺または自宅で仏式の法要もあわせておこなわれる。百か日目には三人か四人の御唱人で一通りのオラショと長座（お七百）があげられる。その後、一周忌には一通りのオラショと長座（お七百）があげられる。

それ以降は三年、七年、一三年、一七年、二五年、三三年、四九年忌まで供養がおこなわれ、弔い上げとなる。

〈墓の建て方〉

聖地中江の島は生月島の東側からはどこでも正面にみえる。それゆえ中江の島は「お向いサンジュワン様」と親しく呼ばれ、多くの墓が中江の島の方を向けて建てられている。以前は土葬であったが、五〇年くらい前から火葬が始まり、今ではそれが一般的になっている。昭和五十年代まではまだ土葬が一般的で、死者は座棺に入れ、顔を中江の島のほうに向けて葬ったという。一九一二年（大正元）頃までは二尺角の石垣の石を積んだだけで、塔婆もなく誰の墓かもわからなかったという。現在では仏教徒とまったく変わらない石塔を建てている。

御水採り

生月のカクレキリシタンにとってきわめて大切な意味を持つ「御水」を聖地中江の島に採りにいく行事である。生月の四集団の中で、毎年中江の島へ御水採りにいくのは山田だけである。その他の集団は御水がなくなってきた頃を見計らっていくか、新船のお祓いのためにいったついでに採る。

写真22　正装して中江の島に渡り、岩の割れ目に茅の葉を差し込んで御水を採る

一九九七年（平成九）に元触の辻が御水採りにいったが、戦地から無事帰還できたことに対するお礼に中江の島にいったのが最後で、実に五〇年ぶりであったという。戦後全くお授けがない山田だけが毎年二回も御水採りに行き、お授けのある壱部在、堺目、元触が一〇年に一度も中江の島を訪れることがないのは不可解である。

中江の島に向かう船中でオラショを唱える。島に着くと、中央部にある三体のサンジュワン様（五八頁参照）を祀った祠のすぐ先にある御水を採る場所に、御神酒、スルメ、御穀《おごく》（炊いたご飯）などをお供えし、岩の上に座って一通りのオラショを御水が出るまで唱える。岩の割れ目に茅《かや》の葉を差し込んで、伝って落ちてくる水を瓶に集める（写真22）。どんな日照りのときでもオラショを唱えているうちに不思議と水が染みだしてきて、仏教徒やカトリックがいっても決して御水は出てこないと固く信じている。このような不思議な現象が神の存在を彼らにアピールし、カクレの信仰はやめられないと感じさせている。

5　生月カクレキリシタンの神観念

生月カクレキリシタンの神々

生月を訪ねて驚くのは、家庭における祭壇の多さ、島内のあちらこちらにみかける神仏像や祠、しめ縄の張られた石などの多さである。個人の家には必ずといっていいほど、座敷に神棚、居間に仏壇、台所か玄関には荒神様が祀られている。その他にもお大師様やお不動様など祀っている家も多い。屋敷の庭にはお稲荷様や水神様、死霊様なども ある。さらにカクレの家にはこれに先祖伝来のカクレの祭壇（写真23）が加わる。神様のオンパレードで正月などはお供え物をするだけでも大変だ。

写真23　先祖伝来の御水瓶やオテンペシャを祀る個人の家のカクレキリシタン祭壇

カクレキリシタンの人々が神として拝んでいるのはなんであろうか。第一はカトリックに由来するキリスト、デーウス、マリヤ、サンパウロ、サンペートロ等々、オラショのなかにでてくる神々である。しかし、どのような神様なのかまったく知らず、そのような神がいるということだけが伝承され、彼らの信仰生活にはほとんど影響を及ぼしていない。マリヤですら安産の神様という指導者もいる。

第二は寺や神社に祀られている日本の神々や諸仏である。潜伏時代より三五〇年あまりつながりを持ち続けてきた仏教や神道が彼らの信仰生活に完全に溶け込んでいるのは当然のことである。キリシタン信仰を秘《ひそ》かに守るための隠れ蓑《みの》とかカムフラージュなどという意識は全くない。

カクレもごくあたりまえの仏教徒であり氏子であって、その上に自分の家には昔からカクレの神様もいるというのが実態である。もちろん個人差はあり、カクレの方が主体で、仏教や神道の方は義務として付き合っているという人もいる。しかし、仏様が中心で、カクレの神様は昔からお祀りしてきたので捨てるわけにもいかず、ただ慣習として続けているというのがむしろ大多数である。

「今も変わることなく、仏教や神道を隠れ蓑として秘かにキリシタンの信仰を守り続けている」というロマンチックなイメージは、部外者によって作り上げられた夢とファンタジーである。私にはなぜ部外者がキリシタンなのかキリシタンではないのか、白黒をはっきりさせたがるのか理解できない。仏様も拝み、いろんな神様も拝み、御先祖様も大切にし、さらにカクレキリシタンの神様もあわせて拝むというのが一番自然な日本人の宗教感覚ではないか。

第三は生月に限らず、日本人ならば誰でも大切にする御先祖様である。とりわけ生月の人々にとって先祖の霊は大きな意味をもっている。生月にはキリシタン信仰のゆえに殺された多数の殉教者たる御先祖様がいるからである。生月カクレキリシタン信仰の根本は、その殉教した御先祖様の霊を手厚く供養することによって子孫たる自分たちの幸せを祈願するというものである。

おもな殉教者の名前は「神寄せ」のなかにでてくる。それぞれ祠があって、その地区の信徒がお参りする。それらの祠は殉教した先祖を祀るものであるから、さぞかし大切にされているであろうと思いきや、意外なほどぞんざいである。年に数回ほどお参りにいくようであるが、普段の手入れはほとんどなされていない。カクレの人々が行事のひとつとして定期的に参詣しているのは、お屋敷様、ダンジク様、初田様、中江の島くらいである。

中江の島は生月全島のカクレの崇敬を集めているが、それとて普段の信仰生活のなかで常に意識されているとは言いがたく、生月島から手を合わせて拝む者も少ない。定期的に中江の島にいくのは先述したように山田のグループだけで、その他の地区では長年役職を務めた者ですら、一度もいったことのない者も多い。先祖に対する供養は、もっぱら仏壇

写真24　生月では個人の家の庭や路傍に無数の無縁仏を祀る死霊様の祠がある

の位牌《いはい》に対しておこなわれているといってよい。

生月には祀り手のない死者の霊を祀る死霊様（写真24）がいたるところにある。死霊様は生月に流れ着いた身元不明者や、行き倒れ、またキリシタンとして殺されたというような伝承を持つ者の霊を祀るものである。生月では多くの家庭がこのような死霊様を個人的に祀っている。何かいいことがありますようにと祈願をするというよりは、粗末にしてはタタリを受けることを恐れている。普段から足を踏み入れてはならないとか、その近所では子供が遊んではいけないというようなタブーが存在する。

信仰の道具から神様へ

前述の第一から第三のほかに、生月のカクレが信仰の対象として、もっとも大切にしているのは「御前様」、「御水（サンジュワン様）」、「オテンペシャ」、「オマブリ」、「お札様」である。これらは本来は「お道具」と呼ばれる宗教用具にすぎないが、彼らは御神体のように取り扱い、決して道具といった「物」としては考えていないように思われる。

彼らが神仏を大切にし、先祖を大切にする気持ちは決して誰にもひけをとるものではない。しかし、もっとも大切なはずの殉教した先祖を祀る祠に対する扱いは意外なほどぞんざいである。カトリックに由来する神はオラショの中で唱えられるだけで、日常の信仰生活の中には生きていない。生きた神様として働いているのは神や仏という抽象的な概念ではなく、手で触れ、目でみることのできる「御前様」、「サンジュワン様」、「オテンペシャ」、「オマブリ」、「お札様」といったものである。本来は道具に過ぎなかったそれらの「物」が、御魂入れという儀式がおこなわれて神性を帯び、生きた神に変身したのである。

最高神―御前様

御前様は信仰対象のなかでも最高の位置をしめるもので、通常は人物を描いたものを掛軸に仕立てたものである（写真25）。単に十字架やメダイなどの場合もある。従来種々の本の中で「納戸神」という呼び名で紹介されているが、それは外部の研究者がつけたもので、地元では「御前様」と呼んでいる。誰が描かれているのか彼ら自身知らない。それに対して私たちがしたり顔に実はこれはキリスト様です、マリヤ様ですなどと解説するのも変な話だ。

多くの場合、西洋の原画を特定することは可能である。潜伏時代初期の頃はまさに西洋

写真25　二幅の御前様のお掛絵を祭壇に飾る壱部岳の下のツモト

画であったものが、古くなると描き直されていった。それを「お洗濯する」という。お洗濯を重ねるにしたがって、人物は日本化していった。着物を着てちょんまげを結った人物がキリストとわからなくなってしまったとしてもしかたがない。

御前様はふつうツモトの祭壇に飾られている。普段は扉は閉められ、行事の時だけ開けられる。祭壇の扉を開けて御前様を拝むには、御前様をけがすことのないようにまず風呂《ふろ》に入って身体を清め、御用着物を着なければならない。それから祭壇の前で神寄せをして申し上げをおこない、「ロッカン」のオラショを唱える。終わればまた「ロッカン」のオラショを唱えて祭壇の扉を閉じる。外からの訪問者が簡単にみせてくれというわけにはいかない。彼らにとって神様は生きた存在であり、ひとつ取り扱いを間違えば大きな災いをおよぼすかもしれないと信じているからである。

写真26　中江の島から採ってきた御水を入れた御水瓶。聖水として大切に取り扱われる

外海・五島地方では掛軸に仕立てた絵をカクレの御神体として祭壇に祀るということはない。もっとも一般的にみられるのは、陶磁器の子安観音、慈母観音をマリヤに見立てたいわゆる「マリヤ観音」である。逆に生月にはマリヤ観音はみられない。

聖水――サンジュワン様の御水

カクレの信仰が継承されている地区においては、かならずお授け（洗礼）の儀式が伝えられ、お授けに不可欠な水にはことのほか深い意味付けがなされてきた。オラショが意味不明となり、呪文化すればするほど神秘的な呪力が増し、ありがたみも増すと感じられるように、お授けも普通の水ではなく神秘的な呪力を持つ「聖水」が必要であると考えられたのであろう。カトリック教会では洗礼に用いる水には制限がない。生月に限らずどこのカクレもお授けには特別な意味を持つ聖水を用いてきた。

外海には伝道士バスチャンの井戸があり、平

写真27　新しく建てられた石塔に御水と塩でお魂を入れる辻のオヤジ様・谷山久己氏

戸の根獅子には大石脇の殉教者オロクニン様の井戸がある。生月は聖地中江の島の水を用いる（写真26）。中江の島では三人のジュワンという洗礼名を持った殉教者がでたところから、中江の島は「サンジュワン様」と呼ばれ、そこで採れた水もサンジュワン様という。御水は御水瓶に入れて保管されるが、何十年たっても決して腐らないという。

また家祓いの行事の時には御水瓶を抱いて各家を廻るが、戻ってきたときには、出発したときよりもその御水が増えていることがあるという。このような奇跡があるので、御水自体に霊力が宿り、単なる道具ではなくそれ自体一種の神様として取り扱われている。御水はお授け、家祓い、野立ち、餅ならし、オマブリの魂入れ、葬式の時の家清め、新船の魂入れ、石塔の魂入れ（写真27）、仏壇の魂入れなどに用いられる。腹痛の時など薬として飲んでいたという。聖水に清めの力を認めるのは生月、平戸だけで、外海・五島地方で

は お授けにしか用いない。

紙の十字架─オマブリ

オマブリとは「お守り」のことである。半紙をハサミで縦横三～四センチ大の十字の形に切ったものである。生月・平戸のカクレに独特のもので、外海や五島地方にはない。入手困難であった金属製の十字架の代用として考案されたものだろう。十字架はドラキュラ伯爵《はくしゃく》やエクソシストを持ちだすまでもなく、悪霊祓いの必需品である。呪力を持ち、悪霊を祓う聖なる道具、すなわち「護符」として用いられている。

写真28　新しく切られたオマブリに聖水を打ち、お魂を入れる壱部オジ様・土肥栄氏

壱部在と堺目では切られた紙のオマブリはオジ様がサンジュワン様の御水を振りかけて、「御魂入れ」をする（写真28）。いったん聖水で清められたあとは決して粗末には扱ってはなら

ないとされる。御魂が入れられたものは神様とみなされるからである。

オマブリは正月の「家祓い」の時に人数分だけ配られる。壱部在や堺目では悪霊が侵入しないように玄関に竹筒を下げ、その中に入れたりする。山田では床柱に張る。「野立ち」の行事の時には、村のなかで悪霊がとりつきやすいといわれる岩の割れ目に棒で差し込んで、悪霊を封じ込める。葬式の時には死者の耳に入れたり、着物の衿に入れてお土産として持たせる。病気の時にはオマブリを飲む人もいる。最近では財布にお守り代わりに入れたり、着物の襟に縫いつけておいたりする人もいるそうである。

苦行の鞭―御幣―オテンペシャ

オテンペシャは麻縄を編んで作られた四六本の紐を束ねたものである（写真29）。紐は悲しみの入りから上がりまでの四六日間に、一日一本ずつ綯《な》わなければならないとされている。オテンペシャが本来は犯した罪の償いのための苦行の鞭《むち》であったことは忘れ去られ、神社の神主の御幣のように、祓いのために用いられている（写真30）。むかしは重病者に対してオテンペシャで体を打って病魔祓いをしたそうである。ディシプリーナという典型的なカトリックの信仰用具が、祓いという日本の民俗的な機能を有するものに転化した姿は、カクレキリシタンらしさを遺憾なく発揮した変容のありかたである。外海・五島地方にはみられない。

ロザリオの十五玄義―おみくじ―お札様

お札様《ふださま》は生月にのみ伝わる独特なもので、カトリックのロザリオの十五玄義に由来する

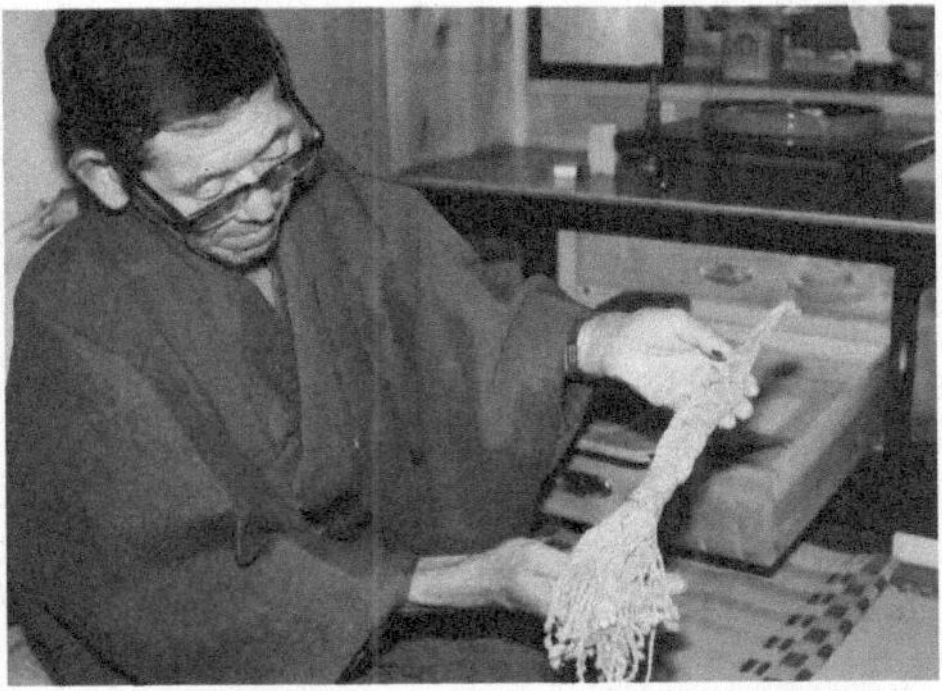

写真29　現在ではお祓いのために用いられている苦行の鞭オテンペシャ

写真30　御水、オテンペシャ、オマブリで野山の悪霊を祓う堺目の役職者たち

写真 31　今では運勢占いの札として用いられている 16 枚の小木片

写真 32　大吉の札を引き当て満面の笑みを浮かべる堺目のオヤジ様・鳥山泰隆氏

ものである。マリアとキリストの生涯における主な喜び、悲しみ、栄光の各五場面の都合一五場面を頭に思い描きながら、ロザリオの祈りを唱えるものである。お札様はこれらの一五の場面の意味を縦六センチ、横四センチ、厚さ七ミリ程度の木札に墨書したものである（写真31）。お札様は「御喜《おんよろこ》び様」五枚、「御悲《おんかな》しみ様」五枚、「グルリヤ様」五枚、それに最高に縁起が良いといわれる「朝御前様《あさごぜんさま》（おふくろ様・大将様・親札などともいう）」が一枚加えられて、一六枚一組となっている。

お札様は小組の頭の家に祀られ、小組の頭が任期を終えて、次の当番の者に移動する時にお札様も一緒に移る。このお札様を引く行事は毎月第一日曜日に小組の頭の家に小組の仲間が集まっておこなわれていた。現在では年に三、四回くらいのところが多い。男と女に分かれ、男は男札の入った袋から、女は女札の入った袋の中からそれぞれ一枚ずつ引き、札の種類と番号を読んで運勢を占う（写真32）。ロザリオの十五玄義という典型的なカトリックの信心用具が、最も民衆に親しまれている「おみくじ」に転用されており、カクレの信仰の変容の姿を如実に示す好例である。

先祖伝来の秘密の品々

ロザリオ、メダイ、十字架などはキリシタン時代に信徒がもっとも欲しがったものである。ヨーロッパからやってきた宣教師たちが持ってきた「南蛮渡り」の品は、強力な霊力を秘めたものとして珍重されたことは想像にかたくない。ロザリオの完品をみることはすくなく、多くの場合は断片にすぎない。数が足りず一本をいくつかに切り分けたものと思われる。メダイは最も流布したらしく、しばしば信徒の家でみかける。十字架は祭壇用と、金属製のペンダントタイプのものがあるが、キリシタン時代のものは少なく、目にした十字架のほとんどは明治期のものである。幕末から明治初期にかけて再来日した、フランスのパリ外国宣教会の司祭たちがもたらしたものである。

布切れはロザリオや十字架、あるいはそれらを入れた箱を包んでいたものかもしれないが、先祖より伝えられたものとして大切にされている。殉教者の着物の切れ端であるとか、二十六聖人のものであるとかまことしやかにいわれるが、その真偽よりも、そのように信じて大切にしているという事実のほうに意味がある。

そのほかにお公家さんのような姿をした人物像や、布袋《ほてい》様などが昔からの伝承品として伝えられている。外海や五島地方におけるマリヤ観音に相当するが、生月ではそれらの像を日常的にキリストやマリヤに見立てて拝むということはない。外海や五島ではマリヤ観音が主要な信仰対象であるのに対し、生月で観音像などをマリヤに見立てるということはしない。これらの伝承品は年に一度、正月に取りだして拝む程度である。

第四章　平戸島のカクレキリシタン

1　平戸キリシタンの歴史

平戸のキリシタン布教と迫害

平戸島《ひらどしま》は古代より日本と東アジアの要路として重要な位置を占めてきた。中世末には王《おう》直《ちよく》、鄭芝龍《ていしりゆう》、その子鄭成功《ていせいこう》を始め密貿易商人たちが平戸を根拠地として東シナ海に活躍した。またキリスト教が伝えられてからヨーロッパにも Firando としてその名が知られ、後にイギリス、オランダ商館が開設されて東西貿易の拠点として栄えた。

平戸とキリスト教との出会いは、一五五〇年（天文一九）七月に始まる。前年鹿児島に上陸したフランシスコ・ザビエルは平戸で一〇〇人近くに洗礼を授け、その後、教会はコスメ・デ・トーレス神父に委《ゆだ》ねられた。一五五〇年ポルトガル船が平戸港に入航したが、これが長崎県の港に南蛮船が入った最初である。一五六一年（永禄四）ポルトガル人と平戸の町人の間で争いが生じ、ポルトガル船の船長をはじめ一四人が殺害されるという、いわゆる宮の前事件が起こり、その後、ポルトガル船は大村領の横瀬浦に入航するようになった。

トーレス神父は一年後山口に移ったが、一五五三年（天文二二）バルタザール・ガーゴ神父が松浦氏の有力な家臣アントニオ籠手田《こてだ》左衛門安経《やすつね》とその弟ジョアン一部勘解由《いちぶかげゆ》に洗礼を授けた。篭手田家は平戸キリシタンの中心となったが、平戸藩主第二五代松浦隆信《たかのぶ》（道可《どうか》）は信者を迫害し、マリアお仙が日本で最初の殉教者となった。

一五六四年（永禄七）九月、フェルナンデス修道士は平戸に天門寺という教会を建てた。当時、平戸の信者は五〇〇〇人くらいであったといわれている。一五八七年（天正一五）豊臣秀吉《とよとみひでよし》は伴天連追放令を発布し、宣教師たちは一時、生月《いきつき》と度島《たくしま》に拘禁された。一五九九年（慶長四）隆信が死去し、鎮信《しげのぶ》（法印《ほういん》）が領主となると、厳しくキリシタンを迫害したので、ジェロニモ篭手田安一《やすかず》とバルタザール一部は、一族郎党六〇〇人を率いて長崎に逃れた。

一六〇九年（慶長一四）生月のガスパル西玄可《にしげんか》が妻ウルスラ、長男ジュワンとともに殉教した。一六二二年（元和八）カミロ・コスタンツォ神父が捕えられて平戸対岸の田平《たびら》の焼罪《やいざ》で殉教した。その後、平戸の信者は潜伏してキリシタン信仰を継承し、今日の平戸カクレキリシタンの源流となった。

一六三七年（寛永一四）平戸藩主第二八代松浦宗陽隆信が江戸で病死した時、家臣七名が殉死したが、寵臣浮橋主水《ちょうしんうきはしもんど》は殉死せず臆病《おくびょう》者と非難され、ついに幕府に「平戸には耶蘇《やそ》教徒がいる」と訴え出た。京都大徳寺《だいとくじ》の住職をつとめ、品川東海寺《しながわとうかいじ》の住持であった江月《こうげつ》和尚《しょう》が平戸の視察のために派遣されたが、彼は寺を建立させ、各所に三界萬霊塔《さんがいばんれいとう》を作らせ、神仏に対する篤《あつ》い態度を示させた。和尚はこの平戸の状況を幕府に報告し、キリシタンに対する嫌疑を解いた。こうして平戸のキリシタンは迫害を逃れることができたといわれている。（三間文五郎『平戸藩史考』）

明治の復活期の平戸キリシタン

一八七三年（明治六）明治政府はキリシタン禁令の高札を取り下げ、潜伏していた各地のキリシタンたちはその姿を表に現しはじめ、カトリックに戻る者もあらわれてきた。その頃の様子を記した浦川《うらかわ》和《わ》三郎《さぶろう》の『切支丹の復活』によって根獅子《ねしこ》、紐差《ひもさし》のキリシタンたちの信仰の在り方をみてみよう。

根獅子の戸数は初め七〇戸であったが、その後二〇〇戸に増加し、他から移住してきた二三戸をのぞき、そのほかは土着の住民である。村内には六名の水方をたて、篤い尊敬をはらい、子供が生まれると三日祝い（お授け）をおこなった。

死者がでると仏僧を呼んで経を唱えさせ、死装束を着けてもらう。僧侶《そうりょ》が帰ると密《ひそ》かに死装束をはぎ、十字に切った白紙（マブリ）を死者の口に入れ、水方《みずかた》が御水瓶の水をかけて家を清めてから野辺送りをする。紙の十字架は「辻元様」を預かっている人が年に一回（主に元旦）作って信徒に配る。「辻元様」とは先祖代々伝えられてきた聖絵らしいということであるが、誰にもみせないので不明である。その他にも根獅子にはミサ用の聖杯やメダイ、土焼きの小さな器などがあるそうで、それを御神体として拝み、他宗教の者には絶対にみせない。

行事は「御誕生（クリスマス）」と「二月の上り（復活祭）」が主で、御誕生は一二月二四、二五日で、二月の上りは一二月二八日の後にくる第一日曜から七週間後の日曜にとり、その間は水方はネギ、鳥獣の肉は決して食べない。二月の上りの日には「願ほどき」といい、タブーとされていたものを一品は食べる。

八月二六日は「御六人様《おろくにんさま》」の日で、夕方には根獅子の人々はすべて晴れ着を着てオロクニン様の墓地に参詣《さんけい》する。オロクニン様とは根獅子にキリシタンを広め殉教した聖人で、村人の中には今でもその墓地の前の浜を通るときは履き物を脱ぎ、墓の前にある田には決して糞便《ふんべん》を肥料に使わないという人もいる。

御六人様については資料がなくよくわからない。伝承によれば、平戸藩の役人に捕えられ、八月二六日根獅子の浜に引きだされた。処刑されるとき、祈りを唱えるために猶予を乞《こ》い、傍にあった岩に上って天を仰いで祈り始めた。すると天から異様なものが下りてきて、彼はそのまま天に引き揚げられた。役人は驚きこのような魔法を使う者を生かしておいては大変だと、さっそく家族一同六名の首を刎《は》ねた。その岩は昇天岩と呼ばれ今でもある。

死骸《しがい》は船に積んで沖に投げ込まれた。その日の夕方西の大風が吹き、死骸は全部根獅子の浜に打ち揚げられたので、村人はひそかに浜辺の松原に葬った。今でも八月二六日には必ず西風が吹くという。御六人様は「ウシワキ様」とも呼ばれている。その子にエスピリン様というのがいて、その死骸は別に根獅子の共同墓地の側に葬られたという。

紐差《ひもさし》のキリシタンは土着の信者もいれば、大村藩《おおむら》の木場、外海《そとめ》から移住してきた者もあった。一八七一〜七二年(明治四〜五)長崎郊外の伊王島《いおうじま》の吉太郎という伝道師が紐差に来て伝道すると、熱心に話を聞き、紐差、深川、木ケ津《きがつ》、田崎、木場、宝亀《ほうき》などからカトリックの洗礼を望む者が続出した。一八七三年キリシタン禁制が解かれ、各村のキリシタンたちは村内の三輪《みわ》神社、福満寺《ふくまんじ》に今後いっさい神仏には関係しないと縁切りを申し立てた。彼らは家を追われたり、田畑を奪われたり、井戸の水の使用を禁じられたりしたが、県庁に訴え、従来の権利を回復した。その後、田崎、雨蘇《うそ》、京崎に仮教会が立てられ、一八八五年(明治一八)に紐差教会、一八九八年(明治三一)に宝亀教会が建立された。

このように平戸では、一八七三年以降カトリックの伝道に応じて教会に戻ったグループと、根獅子のようにその後もカクレキリシタンとして迫害下の潜伏時代の信仰形態を維持し続けたグループにわかれる。

2　平戸カクレキリシタンの分布

従来の研究成果と新知見

これまで平戸島においてカクレが存在したことが報告されてきた地区として下中野、白石、春日《かすが》、高越《たかごえ》、獅子《しし》、根獅子、飯良《いいら》、堤、木ヶ津がある。それらは平戸島の中部から中南部にかけて、主として西側の生月島に面した地区であった。筆者は最近（二〇〇〇年当時）新たに草積《くさづみ》、油水《あぶらみず》、大久保、中《なか》の原《ばる》、中の崎にも組織が存在したことを確認した。

図5　平戸島のカクレキリシタン（『長崎県のカクレキリシタン』長崎県教育委員会、1999より）

それとともに、平戸島のカクレの一部が上五島《かみごとう》のカクレとのつながりを持っているということを確認したことは重要な新知見である。これまでカクレキリシタンの研究者は、長崎県下のカクレの分布を長崎・外海・五島系、平戸・生月系と二系統に分類してきた。しかし、平戸島のカクレの中に、上五島より移住してきた子孫たちによって形成されたグループが存在することが確認されたことによって、再検討が必要になってきた。今後の平戸カクレキリシタン研究のひとつの重要な課題である。

平戸島の中でどこにどれほどのカクレがいたのかということの確認は、現在では根獅子を除いては困難であるので、浦川和三郎『切支丹の復活』、片岡弥吉《かたおかやきち》『かくれキリシタン』、古野清人《ふるのきよと》『隠れキリシタン』によって知りえたものを記しておく。

根獅子は浦川によれば明治期には約二〇〇戸、古野によれば約二二〇戸中二〇〇戸がカクレである。片岡は根獅子の軒数には触れていないが、上手、下手あわせて四触（松山、中番、美野、崎）があり、最高指導者は辻市太郎氏、その下に七名の水の役がおり、三軒とか五軒で慈悲仲間を形成しているという。筆者の調査によれば、一九九二年（平成四）の解散時、根獅子の総戸数一九四のうちカクレは約一〇〇戸であった。

片岡によれば、下中野は八〇戸のうち約半数の四〇戸、白石の七戸がカクレで、獅子は二〇〇戸のうち、昔から一六〇戸一六組のカクレがおり、カトリック七戸、入り込みが二十数戸であるという。古野は獅子には小字の辻触に約五〇戸のカクレがあり、五〜八戸くらいで構成される一六のキリシタン組があったという。このキリシタン組は根獅子の慈悲仲間に相当するものであろう。

上五島カクレキリシタンの平戸移住

油水、大久保、中の原、中の崎の集団が上五島から移住してきた者の子孫によるものであることは聞き取りによって、また根獅子のキリシタン資料館などに展示されている遺物からも明らかである。しかし、上五島キリシタンの平戸への移住については文献資料に乏しく、現在のところ全貌《ぜんぼう》を明らかにすることは困難である。文献と聞き取りによって得たことからいくらかでも実態に迫ってみようと思う。

もっとも古いものは寛永の頃（一六二四〜四三）、獅子に萩原一族が五島より移住した（『獅子村郷土誌』）というものである。『松浦家世伝《かせいでん》』に油水のキリシタンは一七八〇年（安永九）頃五島から移住してきた者の子孫と記されているというが、確認できなかった。一七九八年（寛政一〇）三月、九五人が外海の黒崎《くろさき》、三重より紐差地方に移住し、明治初期にも大村、佐世保《させぼ》の黒島から坊主畑《ぼうずばたけ》、京崎、田崎、雨蘇方面に移住した（吉田収郎『平戸中南部史稿　津吉嶋の歴史』）といわれるが、これらの移住者たちはほとんどカトリックに転宗したものと思われる。

片岡によれば、上神崎《かみこうざき》、京崎、宝亀は潜伏時代に外海から、田崎、坊主畑、木ケ津の信者は明治になって外海から、山野、大佐志《おおさし》は五島から、紐差、深川、田崎、夙《へご》の原《はら》は地下《じげ》の人々で、仏教からカトリックに改宗したという。山野、大佐志のほかに主師《しゅうし》も五島からの移住者である。

時代が明記されていないので特定できないが、『中野郷土誌』に「宗教については以前と格別の変遷を認めざるも、五島方面より異宗教者転住の結果、従来の村民にして四五の耶蘇《やそ》信者を出し」とある。これもカトリックへの転宗者のことと思われる。『平戸郷土誌』によれば、一八八二年(明治一五)、五島曽根の江口氏が平戸島の油水によい土地があることを黒島人より聞き、翌年一六戸が移住してきた。その後も黒島、五島より上神崎に移住者が続き、一八八七年(明治二〇)頃には四〇戸を超えた。彼らは一八九一年(明治二四)には神崎教会、潮の浦教会を建て、上神崎カトリック小教区の基礎を築いたが、その中の一部がカトリックにもどらず、油水、大久保、中の原、中の崎のカクレキリシタンを形成したのであろうか。

興味深いことは、これまで外海・五島地方からだけしか発見されていない『天地始之事《てんちはじまりのこと》』にでてくる麦穂のマリヤの伝説が根獅子、獅子に伝えられていることである。対岸の生月島には全く知られておらず、キリシタン時代に宣教師からこのような話が平戸島に伝えられていたのなら、生月島にも当然残っていてよいはずである。平戸と外海・五島のつながりを思わせる事実である。

平戸カクレキリシタンの終焉

一九九二年（平成四）平戸で最後まで組織が残っていた根獅子が解散し、平戸島のカクレキリシタンの歴史は完全に幕を閉じた。時代の変化によって後継者を得ることができず解散を余儀なくされたことは致し方ないとしても、きわめて貴重な長崎県の宗教文化遺産が十分な文献資料、映像資料なども残されることなく消滅してしまったことは、平戸市や長崎県のみならず、日本の宗教文化の研究にとって大きな損失であったといわねばならない。

根獅子以外のカクレの組織がいつごろ消滅したのか、現時点では明らかにしがたいところが多い。文献および聞き取り調査をあわせて推察すれば、飯良は大正頃、獅子・春日は昭和の早い時期に、草積は一九四五年（昭和二〇）頃、油水・大久保・中の原・中の崎は一九五〇年（昭和二五）頃と思われる。いずれにせよ太平洋戦争が衰滅の大きな要因であったことは否めないであろう。

3 根獅子のカクレキリシタン

根獅子カクレキリシタンの組織 〈辻元様―水の役―辻の小役〉

根獅子町は町の組織として第一区松山、第二区中番、第三区美野、第四区崎の四区に分かれ、それぞれ区長が一名ずつ選出され、そのなかから惣代《そうだい》が一名最高責任者として選任されるが、この世俗の組織はカクレの組織と密接な関連をもっている。

根獅子のカクレの組織は「辻の神様」もしくは「辻元様（辻の方）」とよばれる最高指導者のもとに八名の「水の役」、その下に四名の「小役《こやく》」がいて、末端の信徒を統括していた。根獅子の人々は自分たちの宗教を「辻の神様」と呼ぶ。

辻元様は根獅子のカクレの最高指導者である。少なくとも五代にわたって辻家が継承しており、潜伏時代初期からの世襲であったろう。辻家は自宅に根獅子のカクレの神様をお守りし、辻家でおこなわれる「辻元様の行事」を主宰する。辻氏自身は年間を通じて常に神様、すなわちケガレのない神聖な存在であると組織のなかでは認められていた。辻初左《はつざ》恵《え》氏（大正一四年生まれ）は四〇歳の頃この役を受け継ぎ、解散時まで三〇年あまりその役にあった。普段は農業を営んでいる。

水の役は七名の現職とOBの水の役一名が顧問として加わり、計八名からなる。水の役は二年の任期を連続七期務めてあがる。七期目にあたる最古参者を「先役《せんやく》」といい、水の役の責任者である。その後もさらに二年間顧問として務める。水の役は二年七期の一四年と顧問の二年をあわせて一六年の長期にわたる。水の役全員をひっくるめて役中《やくちゅう》という。古野清人によれば、水の役は以前はサンジュワン様と呼ばれていた。水の役は先役が中心となって候補者を選び、本人に相談にいく。承諾が得られると半年近くはオラショなどを習う。水の役は正月のお祓《はら》い（家祓い）、お名付《なづ》け（洗礼）、葬儀をおこなう。正月の行事は主として水の役が担当する。暮れの一二月二五日から一月一〇日までは水の役も神様となり、一切の不浄を避ける。

辻の小役は辻家における行事の補佐役で、水の役が「拝み事（祈禱《きとう》）」をしているあいだに料理を作り、お茶などを準備する係である。各区から一名ずつだされ任期はない。

辻元様―水の役―辻の小役という三役組織は生月におけるオヤジ様―オジ様―役中という組織に相当する。辻家がいうならばツモトである。生月の小組（コンパンヤ）にあたるものは根獅子では「慈悲仲間」と呼ばれている。慈悲仲間という言葉はキリシタン時代に慈善活動を目的として組織されていた信徒による講組織「慈悲の組（Misericordia ミゼリコルディア）」に由来する言葉であろう。フロイスの『フロイス日本史』によれば、一五六二年（永禄五）にはすでに平戸にもこの組織が存在していた。昭和四十年代頃までは慈悲仲間が根獅子には残っており、松山、美野、崎、中番の大きな四集団の下で、三軒から八軒くらいで一グループを作っていた。慈悲仲間は生月の小組同様にお札様を引く行事をおこなっていた。

根獅子カクレキリシタンの解散

根獅子では一九八五年(昭和六〇)以降、水の役の後継者が得られず、定数八名に満たなくなった。負担を軽減するための行事改革案もでたがまとまらなかった。現職の水の役たちは継続困難であると判断して、解散を申し出、町民の同意を得て一九九二年(平成四)円満に解散となった。解散時の役職者は辻元様の辻初左恵氏と四名の水の役であり、まだ根獅子町一九四戸のうち一〇〇戸あまりの信者がいた。三十数年間辻の役を務めた辻氏も「解散は時代の流れで仕方のないことであった」と述懐している。平戸島で最後まで残ったカクレの集団は根獅子であった。

根獅子は昭和四十年代までは血族結婚が多く、数軒を除いて全部カクレであったといわれている。戦前は各区の小役が行事のための米や経費を集めていたが、戦後はカクレの行事にかかる費用は町費から拠出するようになった。このようなケースは長崎県下でも根獅子だけである。政教分離の時代にあって、町費で宗教行事が維持されていたということは、カクレの信仰がいかにこの町において、人々の日常生活に密着していたかを物語るものである。

根獅子のカクレキリシタンは解散後ただちに完全に消滅したのではなく、最高責任者であった辻初左恵氏は町から経費を支出され、神様を預かり、ひとりで「節句（クリスマス）」や四月二九日の「おこもり」、旧暦八月一日の「八朔《はっさく》」、旧暦八月二六日の「ウシワキ様のお参り」などは続けていた。しかし、辻氏の没後はそれもなくなってしまった。

水の役や一般の信徒は、仏教の方は獅子の明性寺《みょうしょうじ》の檀徒《だんと》となり、神道の方は根獅子の八《はち》幡《まん》神社の氏子となった。これはカクレをやめて仏教や神道に改宗したのではない。彼らはあくまでも以前から当たり前の仏教徒であり、神道の氏子であった。解散によってもたらされた変化は、彼らの信心を構成していたひとつの要素であるカクレの部分が欠落しただけであって、仏教、神道とのつながりには何ら変わりはない。

根獅子カクレキリシタン行事

根獅子は年に四〇回くらい行事があり、明治の終わり頃までは、六〇回近くあったという。他見、他言を許さずということで、生月島などに比べて、外部に詳しく紹介されることはほとんどなかった。行事は通常二時間半から三時間あまりかかった。お茶でも何でもだされたときには必ず神様にいただきますという「申し送り」をしてからいただく。

オラショのことは「拝み事」といい、声にはださず、途中で適宜中断し、意図的に世間話を交える。他人にみられても不信感を抱かせないためであったという。雑談しなければ、ゆっくり唱えて四〇分程度である。拝み事の間は人にみられないように両手を着物の袂《たもと》に入れ、唱えた祈りの数を数えるために、右手で一の位、左手で十の位をとる。

行事の次第はいかなる行事であっても、基本的に次の三要素からなっている。

①御神酒《おみき》、生臭（刺身）の供物を神様にお供えする

②拝み事をして神様に祈願する

③神様からのお下がりを受けて神人交流をおこなう

供物には御神酒、生臭の他に、オヒラとよばれる煮しめ（ジャガ芋、人参《にんじん》、牛蒡《ごぼう》、大根、昆布など）が必ずつく。

根獅子の年中行事

根獅子のカクレキリシタンの年中行事は、

① 辻元様が主体となって辻家でおこなう辻元様の行事

② 水の役が主体となって辻家でおこなう水の役の行事

③ 慈悲仲間の行事

に大別される。

①　辻元様の行事

辻氏は正月の朝、人にみられないようにして全裸で井戸の水をかぶり、清めた身体にケガレがつかないように、濡《ぬ》れた体も拭《ふ》かずにそのまま着物を着る。辻氏は元旦から八日のお開きの行事がおわるまで座敷にひとりで寝るが、これもまた正月の聖なる期間に女性と同室することによってケガレが伝染することを避けるためである。カクレの神様は赤不浄(血のケガレ)をもっとも嫌うといわれている。辻氏は正月元旦から七週間目の「節句」までは肉を断つ。

(1)「マブリ切り」一月二日

マブリとはお守りの意味であるが、白い紙を十字に切ったものである。獅子では「オテガタ」という。虫祈禱の行事のとき、竹にはさんで田に立てたり、お守りとして身につけたり、葬儀のときに死者の口の中にお土産として入れてやった。正月二日に辻元様が作る。三日にはマブリに対して拝み事をし、聖水をかけて御魂を入れる。マブリは正月七日の朝もらいに来た慈悲仲間に仲間の軒数分だけ分け与えた。

(2)「お開き」一月八日

正月に餅《もち》、米など信者から神様にあがったものを炊いて、神様にお供えする行事である。元日に三〇センチ位の飾り餅をつき、薄く切った餅と、蒸したあと乾燥させた米をざるに入れてしゃもじでかき混ぜて配っていた。お粥《かゆ》のようにそれを炊いて食べさせると、腹痛、お産の時などに効いたという。

(3)「初祈禱」一月第三日曜日

水の役八名と小役四名が辻家に集まって、一年間の無病息災、家内安全を祈願する。二年に一回の水の役の交代もこのときにおこなった。

(4)「節句（復活祭）」正月から第七週目の日曜日

「事節句《ことぜつく》」ともいった。辻元様は正月からこの日まで肉、ネギ、卵は食べてはいけなかった。断食して修行する目的の行事ではないかという。

(5)「おこもり（春祭り）」四月二九日

水の役八名と小役四名が辻家に集まっておこなう春のお祭り。六月二〇日ごろ田植えをしていたので、豊作の願立ての目的ではないかという。

(6)「つきゃ（つかえ）流し」五月第一日曜日午後

町惣代、水の役の先役、小役が辻家に集まっておこなう。毎週日曜日は牛も扱ってはならない障りの日とされていたが、どうしても日曜日に労働をしなければならないとき、後で神様にお詫《わ》びし、償いをする行事である。辻氏は田植えが無事におわりますようにという意味もこめて祈願していたという。「つかえ」は差し支えの意であろう。この日は鋸《のこ》、錐《きり》も扱わず、種蒔《たねま》きもしない。牛も使わなかったが、それ以外の仕事はしていた。

(7)「虫祈禱」七月

虫追いの行事で、辻家でオラショを唱えるだけで、戸外での行事はなかった。「つきゃ流し」のお礼もこのときに一緒にやっていた。一九七〇年代に農薬が発達してきてから廃止された。

(8)「終《しま》い寄り」一二月の第一か第二日曜日

一年間の無事を感謝する行事である。辻家に水の役全員と小役が集まっておこなう。一二月三一日には辻氏がひとりで神棚の掃除をし、供え物をして拝み事をする。

② 水の役の行事

一二月二五日直前の日曜日から一月一〇日までは夫婦同室せず、肉、卵、ネギは食べてはならないとされていた。魚はよかった。牛に餌をやったり、牛肥や人肥を扱ってはならず、小便をかけられないよう子供を抱くことも許されなかった。辻元様同様、水の役も聖なる御水瓶を抱くので、赤不浄はもちろん、できる限り不浄を避け、心身を清浄に保たねばならなかった。行事の折は常に和服、裸足《はだし》に下駄《げた》であった。御水を扱うお名付け、家祓い、葬式の行事のときには必ず水垢離《みずごり》をとった。

写真33　聖水を採りに行く大石脇のオロクニン様の泉

(1)「節句」一二月二五日の直前の日曜日

クリスマスの行事に相当する。先役一人が朝九時頃、辻家に来て辻氏と二人で拝み事をする。節句のときには先役が鏡餅を神様にお供えする。

(2)「さすりや」一二月三一日

水の役が関係する正月の諸行事の日時等を確認しあう。「さすりや」という言葉はお互いに予定をすりあわせるということであろうか。先役はひとりでオロクニン様の池掃除に大晦日《おおみそか》の夕方にいく。

(3)「御水採り」一月一日

元旦の朝三時か四時頃、人にみられぬよう御水を採りにいく。でかけるときには全裸で井戸の水をかぶり身体を清める。採ってきた水は「神水《かみみず》」と呼ばれた。水を採りにいく場所は根獅子町大石脇の尾の上の八幡神社近くの小さな泉で、大石脇の殉教者「ウシワキ様

(オロクニン様)」が使っていた水であるという伝承がある(写真33)。

(4)「家祓い」一月一日

家祓いとは年頭に水の役が各家をまわり、災いをもたらす悪霊を祓って一年間の無病息災を祈願する行事である。水の役は御水採り、家祓い、葬式、お名付けにでかける前には必ず水垢離をとった。午前中辻家に集まり、全員で三時間あまり拝み事をする。それが終わると必ず御神酒、刺身、煮しめが振舞われる。行事の最初から最後まで正座を崩してはならなかった。

その後、水の役七人が手分けして、一五〇軒の檀家を正月三ガ日の間に一軒一軒祓ってまわる。家祓いをおこなう水の役が来ることを「お神様が来た」という。役職者は神様とみなされていた。イズッポ(聖水を振りかける枝)で十字を印しながら聖水をかけ、家祓いのオラショを唱える。家祓いのオラショには三種類あるが、かなり呪文化《じゅもん》している。そのうちのひとつを紹介する。

「マオヤスヘス　イドミズヤ　キヤイミズ　エレプ　エレプ　エレプ　ジュゾー　ジュゾー　ジュゾー　サンタマリヤサマニ　モーシアゲタテマツル　アンメジュウ」

(5)「お礼お参り」一月四日午前中

正月の家祓いも無事に済んだことに対する神様へのお礼の行事である。水の役が辻家に集まっておこなう。正月に信徒からあがった餅、米のお礼の拝み事をする。

写真34　ロザリオの十五玄義に由来するお札様。下中野吉江の吉永家蔵

③　慈悲仲間の行事

お札《ふだ》受け（お札拝み）

二月の節句の直前の日曜日に「お寄りや」という日があり、年に一回だけ朝早くから慈悲仲間が集まって祈っていた。米、大根、人参、魚などを持ち寄り、豆腐を作った。この時に「お札様」を引いた（写真34）。お札様は根獅子では「あと様」ともよばれる。お札はお盆の上に一升枡を置き、袋の中に入れられたお札を手探りで一枚ずつ正月に各家の戸主が「あとさまこっつん」と言いながら押し戴《いただ》いたそうである。お札様は必ず身を清めてから扱った。一九六〇年（昭和三五）頃までこの行事はおこなわれていたという。

お名付け（洗礼）

平戸地方では洗礼のことを「お名付け」という。根獅子では昭和四十年代の初頭までしかおこなわれておらず、お名付けを受けたのは一九六〇年（昭和三五）生まれの者くらいまでである。平戸島のその他の地区は戦前には消滅していたと思われる。

〈お名付けの方法〉

お名付けの時の特別なオラショを現在も覚えている者はいないので、浦川和三郎の『切支丹の復活』に残されている明治初期のものを紹介する。子供が生まれると、できるだけ三日目にお名付けをした。親が水の役に頼みに行き、頼まれた水の役は三日間祈禱、断食、沐浴《もくよく》などをして身を清め、不浄には一切触れない。授けが終わってからも三日間は同様にし、都合一週間は俗事を避けた。

水の役はお名付けの前には必ずアベ・マリヤを五〇〇回唱えた。それから「汝《なんじ》がデウスのヒーリオ・スピリト・サントの御名に依《よ》ってたのみ奉る。アンメン・ジズー」と神の名を呼び、

「我等悪人で御座いまする。サンジワン様の御名代おほせつけられ、お言葉の御水を授けたまひやアニマで御座る。サンパウロ様や、サンジワン様、サンフランシスコ・ザベリオ様に依り頼み奉る」

と唱え、抱き親の名を呼び、「此《こ》の二人がアニマの親で御座る」といって受洗者にアニ

マの名をつけ、「洗い奉る」と唱えながら本人の額に水を注ぐ。その後、

「唯今申上げまする御恩礼、サンパウロ様やサンジワン様、サンフランシスコ・ザベリオ様に依り御前帳のかたはしにつけとめなされて下され、すしたる御恩礼、キリアベマリヤ六三べん、ケレンド一ぺんで御願ひ申上げたのみ奉る」

といい、キリアベマリヤ六三べん、ケレンド一ぺんを唱えて終わる。お名付けの道具は辻元様のところにあり、「十五のかんじん（観念）」のオラショを知った者でなければ扱うことはできないとされていた。

〈お名付けに用いられる聖水〉

お名付け時にはいわゆる洗礼名が与えられたというが、最高指導者であった辻初左恵氏でさえ自分の洗礼名を覚えていないという。潜伏時代からお名付けには特別な水が用いられてきた。根獅子では八幡神社の上の泉から採る。聖水は家祓い、葬式、新築の祓い、新船の祓い、お名付けの時に用いた。一年間使ったあと残った場合は、足で踏まれて粗末にされないように家の壁にかけた。御水瓶に手をふれるときには必ず水垢離をとり、身体を清めねばならなかった。

〈名付け親〉

根獅子ではお名付けは三歳の紐解きのおり、正月の三が日のうちにおこなっていた。お名付けには「抱き親」、「名付け親」、「ヘコ親」などと呼ばれる代父母を頼んだ。名付け親は夫婦そろった者でなければならなかった。両親以外であれば異性でも同性でもよかったという者もいれば、男子の場合は女性が抱いて洗礼を受けていたという者もいるが、本来は生月島のように実父母以外の異性が抱き親を務めていたものと思われる。

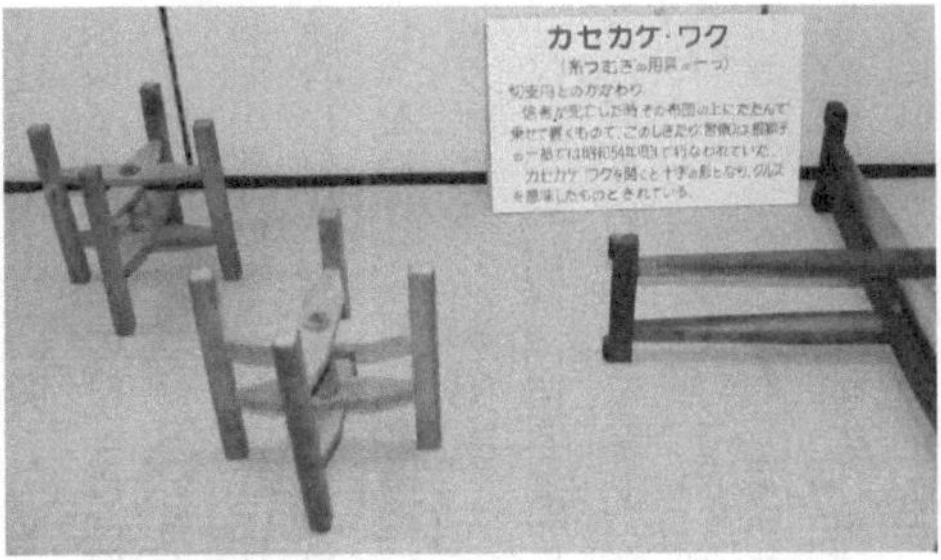

写真35　十字の印カセグリ　根獅子のキリシタン資料館蔵

葬儀と霊地ニコバ

根獅子では死者がでると、死亡のその日にカクレで拝み事を知っている人が枕経をする。枕経は「オラッシャ」といい、「死人のオラッシャ」を唱える。そのとき死者の胸にカセグリ（写真35）という、ひろげると十字の形になる糸紡ぎをのせ、死者へのお土産として辻元様が正月に切ったマブリを持たせてやる。それから寺に連絡し、読経《どきょう》してもらう。根獅子のカクレの檀那《だんな》寺は獅子の曹洞《そうとう》宗明性寺である。

二日目は仏式の葬儀を営む。葬儀がおこなわれる家の近所に「坊様宿《ぼんさまやど》」がとられるが、僧侶が葬式にでかけた後、死者と同じ区の水の役二名が宿元になった家を祓う。そのとき経消しをおこなうが、その意味を知っている人は少ないという。その間辻氏も自宅でオラショをあげて送ってやっていたという。葬式が終わってから、水の役が一人だけ来て、一通りオラッシャを唱え、先述の家祓い同様の「家の祓い」をおこなう。

盆、年忌法事は僧侶を呼んでおこなうが、彼岸は明性寺にいく。ただし施餓鬼《せがき》の時だけは小麦観音様でおこなう。年忌は仏式でおこない、あわせて親類の中でオラッシャができる人だけで拝み事をする。死者の顔は根獅子の南向きにあるニコバの山の方を向けて埋葬した。ニコバは雑木の茂った山で、ドルメンのような平たい大きな石があり、昔から殉教者の遺跡として霊地とみなされていた。町民はタタリを恐れて山に入らず、現在ではお参りにいく人もない。一九三九～四〇年（昭和一四～五）ごろ大旱魃《かんばつ》があり、三回カクレの行事としてニコバに登り、水の役がシバの木を足の下に敷いて座り、一昼夜雨乞《ご》いの祈禱をおこなったという。墓は西向きの方角に向けて建てていたが、最近では自分の家の方に向けて墓に入れるという。

隠された神

平戸島のカクレは秘匿性が強いが、ことに御神体が何であるかについては外部の者に対してはもちろんのこと、内部においてもかたく秘密が保持されてきた。神様がどこにあるかは仲間内でも教えない。また神様の名前もわからないという。神様のことはその家の長男だけに知らされ、妻にさえみせたこともないという。辻氏が神棚を開けて拝むのは大晦日の晩だけで、辻氏ひとりで開け、長男を除いては家族にも役職者たちにもみせたことがないという。

写真36　地球儀を抱いた救世主像がモチーフの掛絵。根獅子町Ｈ家蔵

根獅子にはサンジュワン様とよばれる小さな像であるといわれる神様が各区にそれぞれ祀《まつ》られているそうであるが、先祖からの言い伝えで、仲間内にも誰にもみせたことがない。各家の神様を預かる人のこともサンジュワン様という。正月にはこの四か所の神様に対

写真37　根獅子キリシタン資料館の祭壇に飾られているマリアと聖アンナの像の掛絵

して七人の水の役がそれぞれ賽《さい》銭《せん》をあげる。「これまで徹底して隠してきたので、みせること自体がタブーである」として慣習を守り続けている。タブーを犯すことは神の怒りを招き、タタリを生ずることになるのであるから、結局は神様をみせないのは、タタリを恐れてのことであるといえよう。

根獅子の各家にはあまりキリシタンの信仰対象物は伝えられていないという。それは互いに人にみせないようにしてきたためではなかろうか。知られない遺物がまだかなり残されているかもしれない。一例として、根獅子のH家には解散後の今でも正月の一週間これまで世に知られることのなかった掛絵が居間に飾られている（写真36）。この種の掛絵は生月では「御前様《ごぜんさま》」とよばれ、かなりの点数が確認されているが、平戸島では根獅子のキリシタン資料館に展示されている飯良からでた「聖家族」の掛絵一枚（写真37）のみで、大変めずらしいものである。

またK家には一六、七世紀にヨーロッパから宣教師によってもたらされた表裏にキリストとマリアを刻んだメダイ一個、オテンペシャ一本、お札一六枚一組が伝えられている。実見していないので真偽のほどは定かではないが、Y・M家には平戸に最初にキリスト教をもたらしたザビエルが被《かぶ》っていたという帽子があるという。毛糸の帽子で、お産の時、その毛糸の一本を抜き取って飲ませると、安産になるとの言い伝えがある。

拝み事（オラショ）

〈オラショの継承と呪文化〉

根獅子ではオラショは「拝み事」といい暗誦《あんしょう》する。書いたものをみながら唱えると、祈りの効果が薄れる気がするという。オラショは早口で二五分、ゆっくり唱えると四〇分ほどもかかる。オラショの意味内容は理解されておらず、呪文化したオラショを暗記して唱えるという行為自体に神秘的な力を感じているといってよいであろう。

隣の生月でははっきりと聞き取れるほど大きな声をだしてオラショを唱えるが、平戸では外海・五島のように、祈りは声をださずに口の中で唱え、何遍唱えたかは手を袂《たもと》に入れて外部からはみえないように指を折って数える。またカクレの行事とわからないように寄り合いの形をとり、意図的にオラショを中断して雑談・世間話を交える風習が続いていた。オラショを唱える順序は人によって異なるが、一般には①神寄せ、②申し送り（ここで十字を切る)、③アベマリヤ、④その他の祈り一通り、⑤神寄せ、の順に唱える。
アベマリヤは辻元様の家で行事がおこなわれるときには、朝から昼まで三〇〇~四〇〇回くらい唱える。アベマリヤを一〇回唱えると「十ぺんの切り」と呼ばれる「キリヤレンゾ」を一回入れる。こうしてアベマリヤを一〇〇回唱えたところで、「百ぺんの切り」と呼ばれる「ケレンド」を一回入れる。

〈神寄せと申し送り〉
「神寄せ」とは祈願を始める前に、神々の名前を読み上げて呼びだすものである。一九五一年(昭和二六)の記録と、現行の神寄せを掲げる。五〇年の間にかなり簡略化されてきている。

根獅子滝山正氏、昭和二六年のオラショノートによる神寄せ
「恐レナガラ、辻元ノ御ソビョ様、御家内様ニテ、御願申シ上ゲタノミタテマツル。アーメン十。御子ゼリギリス様、女ゼリギリス様、ヒリヨ様、三スキノ三ジワン様ニテオンネガイ申シ上ゲネガイタテマツル。アーメン十。ウシヤキドカタ様、ケゴエスピリン様、母様、御家内様ニテオネガイ申シ上ゲタノミタテマツル。アーメン十。獅子小島トウマ様、中江ノ島谷マ様、奥ノ院、天ノ神様、地ノ神様、御願申シ上ゲタノ

ミタテマツル。アーメン十」

根獅子滝山直視氏、現行のオラショノートによる神寄せ

「恐れ多くも、我が名はゴサンドウ様、辻元御祖廟《そびょう》様、ウシワキノオロクニン様、中江の島のタニワ様、里のアントニオ様、安満岳《やすまんだけ》の奥の院様、日本国六十余州の神々様に御願申シ上ゲタノミタテマツル」

「申し送り」とは行事の目的を神寄せをして集めた神々に申し上げるものである。その後、カトリックと同じように胸の前で上↓下↓左↓右と十字を切り、両手をあわせて一礼する。その時に「イネムネ　バーテルヒリヨ　イテスベリ　サンチンアーメン十」と唱える。

水の役のタブーとタタリ

水の役は一二月二〇日から一月一〇日まで神様とみなされ、夫婦別の部屋で寝起きした。子供や女が踏んだ畳に触れればケガレが移るので、水の役の寝部屋には以前はその時期にだけ使用する特別の畳が作られたが、後には莫蓙《ござ》を買ってきて、毎年一回正月の間だけ使用したという。また元日と二日は毎年下着は新品を使用した。辻家では手の平はつけず、拳《こぶし》で手をついて挨拶《あいさつ》をした。畳に手をつけば手がけがれるからである。

正月の間は不浄を避けるために女性に接してはならず、小水をかけられてはケガレとなるとして子供も抱いてはいけないとされていた。また牛の世話をしてはならず、卵、肉、ネギを食べることも禁じられていた。辻初左恵氏は元旦から一月八日の「お開き」まで座敷にひとりで寝起きした。また元旦から七週間目の節句までは肉を断った。

水の役が元旦の早朝御水採りにいくときには、全裸になって井戸の水を人にみられないようにかぶらねばならなかった。濡れた身体は拭いてはならず、直接着物を羽織った。せっかく禊《みそぎ》をして清らかになった身体をタオルで拭けば、世俗のタオルについたケガレが移ると考えたからであった。それほど聖水を採る行事は清浄さを保つことが要求された。

水の役は井戸水で禊をしてからオロクニン様の泉に聖水を採りにいくが、いく途中で人にみられたら、家に戻ってふたたび水をかぶり直さなければならないとされていた。水の役は聖水を扱うときには必ず井戸の水をかぶらなければならなかった。聖水は一年間使用するが、年末に残った水は人に踏まれたりしてけがされてはならないので、壁にかけて始末しなければならなかった。

聖なる場所をけがさないということにも大いに配慮がなされていた。オロクニン様の泉と、その近くにキリシタン時代にあったといわれる教会跡の周辺の畑では肥料として人糞を使わなかったという。またオロクニン様が祀られ、麦穂のマリヤ伝説の麦畑のそばを流れている、根獅子小学校跡の川の辺りも人糞を用いない。

オロクニン様伝説

根獅子にはオロクニン様（ウシワキ様）の伝説と、麦穂のマリヤの伝説が残されている。オロクニン様伝説は根獅子独自の殉教者の伝説である。

「夫婦と女の子ばかり三人のところに男の子が流れ着いてきて、よく働くので長女を娶《めと》らせた。結婚した翌日その男はいなくなり、気がつくと役人たちに取り囲まれており、一家は根獅子浜の昇天石で殺された。長女には腹の中に子供がいたので六人であった。斬首《ざんしゅ》され、遺骸《いがい》は海中に投げられた。その日の夕方、西の大風が吹き、死骸は全部根獅子の浜に打ち揚げられたので、村人はひそかに大石脇（ウシワキ）の森に埋めた。天海から銀の鎖がついた金の駕籠《かご》が昇天石の上に降りてきて、六人の魂はその駕籠に乗せられて有明《ありあけ》海の不知火《しらぬい》に落ちた。有明の不知火はその魂の輝きである」

オロクニン様は旧暦八月二六日が命日とされ、「オロクニン様」の祭日には、解散前は水の役を含め一〇名程度が日が暮れてから参詣《さんけい》にいっていた（写真38）。今でも八月二六日には必ず西風が吹くという。昭和四十年代まではオロクニン様にお参りにいくときには、森の入口からは靴を脱いで裸足となった。靴を履いて入った人が死んだという。タブーを

写真38　根獅子のキリシタン資料館そばにあるオロクニン様を祀る祠

犯せば神の咎《とが》めがあるというタタリ信仰が存在している。盆や正月の宮参りの時も必ずオロクニン様にお参りし、病気をしたときも快癒祈願に行き、また八幡神社に願を立てたときには、その足でオロクニン様にもいっていた。子供はエスピリン様といい、その死骸は別に根獅子の共同墓地に葬られたという。

麦穂のマリヤ伝説

麦穂のマリヤの伝説は外海・五島地方に残された『天地始之事』にでてくる物語に酷似している。根獅子に伝えられている麦穂のマリヤ伝説とは次のようなものである。

「お母さんが赤子を連れて逃げる途中、農夫が麦を作っているところを通った。追われているので、追っ手が来たら、この麦を作っている頃に通ったといってくれと麦作りに頼んだ。麦はすぐに成長して姿が隠れるほどになった。しかし、子供が泣いたので発見され母と子は殺されてしまった」

この麦畑のそばの木を切ると血がでるという。この麦を作っていた畑はいまでも人糞は使わないという。『天地始之事』ではマリヤとキリストは逃げ延びることができたが、根獅子の伝説では、子供が泣いたために結局は殺されてしまう。獅子にも同様の伝説が残っており、殺された母メンチョロー様と娘を祀る墓がある（『平戸島西海岸の民俗』一九八一）。現在その墓は畑原の真ん中にあり、この畑には牛を入れてはならず、また下肥を用いてはならないと厳しく戒めあい、現在まで守っている。

一九九八年（平成一〇）六月一五日、小石の盛り塚があった場所にその面影をしのび、記念碑が建立された。現在も月に一回、一〇名前後の村人が墓参りの時にあわせて供養している。メンチョロー様の名はわからないが、夫はヨウジャ（本名、畑野要左衛門）という。

種々不思議な術も心得ていたようで、空鉤《からばり》をもって巧みに魚を得、下駄をはいて海を歩いて生月まで渡ったという伝説が残っている。ヨウジャは連行された時、涼松《すずみまつ》のひらら石に腰を下ろして一服し、故郷の見納めをしたが、その後、その石に腰をおろすと腹痛を起こすといわれた。また林界の山岸を杖《つえ》で掘り清水を湧きださせ、味噌《みそ》漉川《こしがわ》となったが、その後、その水は霊水、薬水といわれた。（畑野春枝氏口述、畑野順三氏代筆記録より）

4　飯良のカクレキリシタン

飯良がカクレの村であったことはよく知られているが、いつごろ解散になったかは、史料によっても聞き取りによっても明らかにできない。飯良では組織維持が困難になり、納戸神様を個人の家で祀っていくことができなくなった。そこで浜久保の「堂屋敷」と呼ばれる御堂に村の納戸神様を一堂に合祀して拝むようになった。それは明治のことであったという。大正に入り飯良に流行《はやり》病があり信仰を捨てたという。現在、根獅子のキリシタン資料館に収められている掛絵、オマブリ、オテンペシャ、メダイの類は堂屋敷にあったものという。

飯良ではカクレキリシタンの神様のことを納戸神様と呼び、神棚に神道の神と一緒に祀っていた。そのなかには「キリシタン様」と呼ばれる布袋《ほてい》様の像もあった。「オコンタツ様」という神様もあり、人にみせればタタルといわれていた。コンタツとは信心用具であるロザリオのことであるが、意味がわからなくなり神様の名と考えられていた。

また縄を編んで作った「オテンペシャ」と呼ばれるものがあり、身体を清めるために使用したという。本来はカトリックで用いられた罪の悔い改めのための苦行の鞭《むち》である。また「マブリ」と称する紙を切って作った十字架もお守りとして用いられていた。カトリックの信心用具のひとつである「十五玄義」の木片は、「お札様」と呼ばれ、運勢を占う札として、一九四五年（昭和二〇）頃までは引いていたという。

これらはすべてカトリックの信心に由来するものであるが、その意味は完全に忘れ去られ、日本的なお祓いや占いといったものに転化してしまっている。これらのキリシタン遺物が伝承されてきたからといってキリシタンの信仰が伝承されてきたということはできない。

写真39　身を清め正装してオコンタツ様を取り出す根獅子の元水の役・滝山直視氏

飯良出身で根獅子在住の元水の役・滝山直視氏によれば、年に一回クリスマスイブの時に、赤飯と二本の蘇鉄《そてつ》の枝を組んだものを、神棚横に安置してあるキリシタンの神様に供えていたという（写真39）。囲炉裏端からオコンタツ様のほうを向いてオラショを唱えていた。叔父《おじ》のところでは擂《すり》鉢《ばち》のようなものを頭にかぶって拝んでいたそうである。クリスマスイブに赤飯と蘇鉄をあげるのは五島流で、先祖は五島から来たと伝えられ、死んだら五島の方を向けて葬ってくれといっていたそうである。

5　草積のカクレキリシタン

草積がカクレの村であったという報告は目にしたことがない。草積のカクレは一九四五年（昭和二〇）頃に消滅したといわれるが明らかでない。草積でもカクレの神を「納戸神」といい、柱の中に隠して祀っていたという。明治末期の頃、腸チフスにかかった人が中江の島に聖水を採りに行き、飲むと治ったという。昭和初期頃、復活祭の時にはタライに湯を入れてマリヤ観音を洗っていたという。クリスマスイブにはシュロの葉に聖水をかけ、皆集まって濁酒を飲んでいた。

草積には人斬《き》り川という物騒な名前の川がある。草積のセメント工場近くを流れる人斬り川のそばには、殺されて埋められたキリシタンの墓といわれる長方形の自然石墓が今もたくさん残されている。明治二十年代生まれくらいの人たちが拝んでいたという。谷真介《たにしんすけ》著『キリシタン伝説百話』にも人斬り川の伝説が載せられている。

「キリシタン禁教の時代、ある年に稲の害虫が大発生したが、根獅子の六左衛門貞平と仲間四人の田だけはまったく被害を受けず良く実った。この話を聞いた宗門目付はキリシタンの術を使っているのではないかと嫌疑をかけ、いろいろ取り調べた結果、ついにキリシタンであることを白状させた。役人たちは五人を縛りあげ、草積峠の北側を流れる小川のほとりで打ち首にした。村人はこの川を『人斬り川』と呼ぶようになったが、その後、人斬り川はキリシタンかどうかを見分ける不思議な川となった。腹痛を起こしたキリシタンがこの川の水を飲むと嘘のように腹痛がおさまるが、キリシタンでない者が飲むとたちまち腹痛を起こしてもがき苦しむという話が村人のあいだで語り継がれてきたという」

6　下中野のカクレキリシタン

片岡弥吉によれば、平戸では下中野八〇戸の約半数四〇戸がカクレであったというが、いつごろ解散したのかは明らかではない。一九九六年（平成八）の調査時にはもはや断片的な記憶しか採集することができなかった。下中野では吉永家にだけ「納戸神様」があり、年に二回、年末と九月の彼岸の頃に、煮しめなどを作り、障子を閉めて御神酒、ロウソクをあげていたという。吉永国夫氏（大正九年生まれ）はガラッサのオラショだけしか覚えていないが、ハゼ負けした時などに唱えるオラショ、止血のオラショ、牛の怪我の時などの祓いのオラショがあったという。

吉永氏の父の代には病気、怪我などしたときに中江の島に行き、サンジュワン様のオコクラがあるところで拝み、御水採りをしたという。氏自身も御水採りには二、三度いったことがあり、御水は病気、風邪など何にでもよく効き、子供が病気をしたときには拝んでから、盃《さかずき》一杯くらい飲ませたそうである。古江の半元《はんもと》キャンプ場に「ハグロ様」という大きな石のオコクラがあり、中江の島様を祀っていたそうであるが、キャンプ場の工事のあと行方不明になっている。

7　春日のカクレキリシタン

春日のカクレキリシタンについては、春日で漁業を営んでいる前田勝氏（大正一五年生まれ）から聞いた話を中心に紹介する。春日ではカクレキリシタンのことは「納戸神様」と呼ぶ。納戸神としては「オフクロ様」という木の札に袋の絵を彫ったお札があるだけで、

「キリシタン講」の当番の家が管理している。春日のカクレ組織は二つに分かれており、半分は白石と一緒に活動していたが、昭和四十年代頃に解散した。

もうひとつのグループが小春日に現在八軒残っており、神様のお宿を一年で交代する頭《とう》屋《や》制度をとっている。一九八〇年（昭和五五）頃までは二月と九月ないしは一一月の第三日曜日の年二回集まっていたが、現在は二月の適当な日曜日におこなっている。キリシタン講全廃の話がでたとき、その年の当番になっていた人が、やめると祟《たた》られるのではないかと恐れて一回だけは続けることにしたそうである。

しかし、キリシタン講が続いているからといって、春日にカクレの信仰が続いているとみることはできない。第一に彼ら自身キリシタン講の目的がはっきりわかっていないし、御神体とされるオフクロ様が何であるかも不明である。頭屋制はとっていてもカクレの三役組織はなく、教義、オラショも完全に失われているからである。

キリシタン講は、床の間のお膳《ぜん》に飾られた「オフクロ様」にオニギリ、魚、煮しめをお供えする。オニギリはその年の月の数だけ作ってお供えし、行事の最後にはオニギリは全部食べなければならなかった。現在は、オラショも何も唱えずお供えをするだけで、御神酒をいただいてからオフクロ様のお札を引く（二三二頁の写真34参照）。生月のような運勢占いの意味はないというが、二〇年前まではオフクロサンの札があたった人は、米一合と御神酒を「オフクロ様」に供えて拝んでもらっていたそうなので、昔は良い札、悪い札という意味はあったものと思われる。

前田氏の話の中にはタタリに関するものが多い。前田家のキリシタンで殺されたという人の墓を移したら病気になり、ヤンボシ（祈禱師）にみてもらうと、墓を移したのが悪かったといわれた。墓所の木を切ったり、粗末にしてはいけないといわれ、その後、毎朝お茶をお供えしている。また家のそばにキリシタン征伐で殺された人の墓が二つあり、小便などしたら祟るという。

前田氏の家の裏山の登り口にも「タタル石」があり、それに手を付いたり、登ったりすると怪我や病気をするといわれている。もし手を付いたら、タタル石の上に小石を積まなければならない。一九四五年（昭和二〇）頃、祖父が弘法《こうぼう》大師を熱心に拝み、キリシタン講をやめると家族がつぎつぎと病気になり、ふたたび講に入り直したという。キリシタン講に入る動機はタタリによる病気を恐れてのことであり、キリスト教に対する信仰ゆえではない。ひそかにキリシタン信仰が守り伝えられてきたというような史実は存在しない。

8　獅子のカクレキリシタン

獅子は中野、根獅子とともに平戸カクレキリシタンの中心のひとつであったが、一九九七年（平成九）におこなった調査では、解散以前のことを語れる者はいないようである。以下の聞き取りは獅子で漁業を営む村田伝一氏（昭和三年生まれ）によるところが多い。補足のために昭和三十年代に調査をおこなった古野清人著『隠れキリシタン』を参照する。

獅子でもカクレのことを「納戸神様」といっていた。村田家には今でも納戸神様があるが、むかしから家に伝わる神様ということ以外には意味はわからないという。しかし、家に伝わる神様であるので粗末にしてはならず、正月には個人的に今も御神酒、赤飯、餅をお供えして祀っている。節句のように、神道の神様にお供えするときにも納戸神様へも一緒にお供えしている。オラショなどは知らないのでただお供えするだけであるという。

村田氏が子供の頃にはまだ二、三人拝む人がいて、祖父は拝んで廻《まわ》る役をしていたが、父の代にはカクレはもういなかったという。獅子のカクレが消滅したのは遅くとも戦後まもなくの頃で、実質的にはもっと以前に解散状態にあったのだろう。古野によれば、獅子にはキリシタン組（根獅子の慈悲仲間、生月のコンパンヤに相当する）が一六あり、各組は五戸から八戸くらいで構成されているが、今はあまり拝んでいないし、熱心ではないという。最高の役職として「ご判《はん》の役」、「御水いただかせ（洗礼）」をおこなう「水かけ役」があった。

古野によれば、お授けなどに用いる聖水は中江の島に行き、アベマリアを一〇六三回と最後にゴーキテを四回唱えて採ってきたという。行事としては一月二日に大漁祈願のため

写真40　紙で作られた「お手形」と呼ばれる十字架。根獅子キリシタン資料館蔵

の「船ほがい」、一月三日に年中の願立てと願成就のための「ワカイのお初穂」、正月三日までに「家祓い」をおこなった。正月最初の日曜日から七回目の日曜日の「二月のあがり」の時にはお札様をひき、あわせて麦の願立て、牛の願立てもおこなった。「土用中」には米の願立て、麦の願成就、中のお札上げをした。土用中から三〇日目が「九月のお弔い」、さらにこの日から三〇日目が「御誕生祝い（クリスマス）」で、戸主が一年交代の組宿に米や魚を持ち寄って納戸神を祀った。御誕生祝いを除けば、民俗的な現世利益祈願の行事に終始している。

　死者がでると、死者の家と組宿の二軒を中江の島の聖水で祓い、死者には紙を十字に切って作った「お手形」をお土産として持たせていたそうである。このお手形は生月では「オマブリ（お守り）」と呼ばれているが、平戸島でも各集団に存在していたと思われ、飯良のカクレ集団からでたものが根獅子のキリシタン資料館に展示されている（写真40）。

9　油水・中の原・大久保・中の崎のカクレキリシタン

油水・中の原・大久保・中の崎のカクレキリシタンについては、これまでまったく紹介されることがなかった。その存在が明らかになったきっかけは、油水の元カクレの人が祀ることができなくなった神様を一九九一年（平成三）に根獅子のキリシタン資料館に寄贈したことによる。赤布二枚、死者に持たせる布一枚、日繰帳《ひぐりちょう》一冊、厨子《ずし》に入ったマリヤ観音一体、金属製マリヤ観音一体、貝殻の破片一、バスチャンの椿の小片二本（写真41）が寄贈された。これらの信仰対象は平戸・生月地方のものではなく、明らかに外海・五島のカクレの特色を示している。油水・中の原・大久保・中の崎のカクレは平戸の地下者《じげもの》ではなく、五島から移住してきた人々であっ

写真41　解散した油水のカクレキリシタンたちが大切にしていた貝殻と、バスチャンの椿の小片

た。

これらの地区ではカクレのことは「古ギリシタン」と呼んでいた。行事の時には大久保、中の崎から油水に加わり三グループ合同でやっていた。通婚は古ギリシタンの間だけしか認められず、戦争で若者がいなくなり、後継者が得られなくなってしまった。一九五〇年(昭和二五)ごろ中の原のカクレは解散したが、油水、中の崎、大久保にはまだ二〇軒くらい残っていたという。

解散後は全員平戸の亀岡神社の氏子となった。仏教とは関係がなく、カトリックに転宗した者もいない。カクレとカトリックは別物であると思っていたという。解散後、仏教ではなく神道一本でやるのは五島カクレキリシタンのひとつの特色でもある。

役職としては「ジサン役」と「支度役《したくやく》」があり、ジサン役は名付け(洗礼)や葬式などの行事、支度役は名付けのときのお膳の準備をしていた。お勤め(行事)の時には必ず風呂《ふろ》に入り、身を清めた。役職者を総称してジサンとも呼んでいたというが、三役制度を維持できなくなり、ひとり二役、三役と兼務せざるを得ないようになっていたものであろう。

神様のことは総称して「納戸神様」と呼んでいたが、「お姿」、「あなた様」という言い方もあった。普段は箱の中にしまわれている神様を正月から旧暦一月一〇日まで祭壇にお飾りし、御神酒、御穀《オゴク》、吸物、餅をお供えしていた。

オラショ(祈り)は「ウラッショ」といい、戸を閉めきり、声をださずに暗誦した。昔はオラショを唱える時には、不審な者が来ないか見張りを立てていたという。十字は額→胸→右→左と切る。オラショにはアベマリヤ五五回を指で繰る「カズ」、一二回唱える「ガラッサ」、男の死亡・法事の時に使う「ケレンド」(女の場合は「サルベンジナ」)、「コンチリサン」などがあった。その他に、風邪や流行病の祓いのオラショ、山道を通るときのオラショ、豆腐を作るとき失敗しないためのオラショもあったらしい。疱瘡《ほうそう》の祓いには菅笠《すげがさ》をかぶせ、オラショを唱えながら祓った。

外海や五島地方では年間の行事や障りの日を繰りだす暦を「日繰帳」という。油水のカクレは「帳繰り」という。元油水のカクレキリシタンだった大谷氏が記憶していた年中行事には次のようなものがある。

旧暦一月一一日の「餅開き」には全員が集まり、正月に神様にお供えした餅を切って信徒に配り、無病息災を祈願した。五月には「ダゴ様」といい、小麦の収穫の感謝祭をおこなう。芋は「作祭り」をした後に植えた。旧暦九月二三日の「三夜様」には全員が集まり、各自団子、赤芋、煮付、魚などを持ち寄ってお供えし、月待ちをしてから拝んだ。旧暦一二月二五日には夜中の一時ごろ仲間全員がジサンの家に集まり、クリスマスに相当する「御誕生」を祝った。二十三夜待ちをし、月の出を待ってからウラッショをあげ御神酒、御穀をお供えしていた。カクレは魚を供物とすることは差し支えなかったので、正月にも魚を神様にあげていた。

以上の行事の他に、「御水授け」があり、当日ジサン役は風呂に入り、全部新しい着物を着ておこなった。御水授けには井戸水を用い、清めのオラショを唱えて聖水としていた。受洗者の頭に三回水をかけ、そのときに御用文という洗礼の言葉を唱えた。生後一週間以内に授けはおこない、代父母として「う抱き親」と呼ばれる人がとられた。男の受洗者には男、女の受洗者には女のう抱き親と決められており、同性の抱き親を頼むのは外海・五島方式である。生月は異性の抱き親である。五〇～六〇歳代の人は受けているという。洗礼名のことを「アリマ（Anima）のお名」といった。

油水は葬式・法事はジサンの方（カクレ）だけでおこない、仏教や神道は関わらなかった。死者は座棺に入れて土葬し、自然石を積んだ墓を作った。年忌は一年、三年、七年、一三年、二五年、三三年、五〇年忌までおこなった。現在は神葬祭でやっている。中の原では死者がでたときには神主を呼ぶが、棺桶《かんおけ》の死者の背中に向かって祝詞《のりと》を唱えさせ、それと同時に別屋か別室でオラショをあげていた。死後の世界として天国・地獄があるということはいわれていたという。

タブーとしては、彼岸の入りから一週間、すなわち悲しみ節には牛、肥桶など不浄なものを扱ってはならず、夫婦は別室で生活しなければならなかった。ジサン役が「帳繰り」を繰って労働をしてはならない障りの日を伝えた。日曜日には労働をしてはならず、肥桶を担ぐような不浄をさけ、また女性は針仕事をしてはならなかった。

10 霊山安満岳

島の中央部に位置する平戸最高峰の安満岳《やすまんだけ》は神道、仏教、キリシタンの習合した霊地であり、間近に生月島を一望できる。平戸にキリシタンが入り、弾圧が厳しくなると、信徒たちはこの安満岳の山上をひそかに拝場としたようである。明治維新の際に神仏分離令によって西禅寺は廃寺となった。

写真42 カクレキリシタンの人々が拝んでいた安満岳頂上の祠

安満岳山頂の鳥居の先に拝殿があり、その裏には誰もみたことのないという御神体を祀った大きな石の祠《ほこら》がある（写真42）。その裏で潜伏キリシタンが拝んできた。

また今でもカクレの人たちが拝んでいるといわれる祠がある。安満岳は根獅子、堤、生月島の漁師仲間が拝んでいる。生月島の人は安満岳のことを「お山様」と呼び、拝殿で拝んでから裏に廻り、十字のついた祠にロウソクを立てて拝んでいたという。平戸・生月地方のすべてのカクレキリシタン集団の神寄せの言葉の中に「安満岳の奥の院様」というのがでてくる。潜伏キリシタンから今日のカクレキリシタンにいたるまで、キリシタンの神様が鎮座する霊地として信心を集めてきたことは間違いない。

第五章　五島のカクレキリシタン

1　外海潜伏キリシタンの五島移住

五島《ごとう》におけるキリシタンの布教は、一五六二年（永禄五）病であった第一八代五島領主・宇久《うく》純定《すみさだ》の要請によって遣わされた日本人医師ディエゴが数日で全快させたことに始まる。一五六六年（永禄九）ルイス・デ・アルメイダ修道士と日本人のロレンソ修道士が五島に派遣された。アルメイダは福江で二五人、奥浦《おくうら》で一二〇人に洗礼を授けた。一五六七年（永禄一〇）にはジョアン・バプチスタ・モンテ神父が純定の子純尭《すみたか》に洗礼を授けた。純尭は第一九代領主となり、福江、奥浦、六方《むかた》にも教会ができた。純尭が没し、純定の孫の純玄《すみはる》が領主となって五島氏を称した。純玄はキリシタンを弾圧し、純定の三男ルイス玄雅《はるまさ》らは長崎に亡命した。一五九四年（文禄三）純玄は朝鮮の役で没し、玄雅が第二一代領主となり、キリシタンは再び栄えた。しかし、晩年徳川家康《とくがわいえやす》の禁教令によって棄教し、第二二代盛利《もりとし》も弾圧を強化したので、五島のキリシタンは完全に衰退してしまった。

五島に再びキリシタンが復活したのは大村《おおむら》領外海からのキリシタンの移住であった。一七七二年（安永元）に大村領百姓一六軒、男女七〇人が福江島三井楽《みいらく》村の柏、淵之元《ふちのもと》に居着いた。一七九七年（寛政九）五島藩主盛運《もりゆき》は島内開墾のために大村藩主純鎮《すみやす》に領民の移住を乞《こ》うた。外海《そとめ》の黒崎《くろさき》、三重の農民一〇八人を淵之元に移住させることになり、第一陣が六方に上陸し、奥浦村平蔵《ひらぞう》、大浜村黒蔵《くろぞう》、岐宿《きしゅく》村楠原《くすばる》に居着いた。その後も居着者の手引きにより、奥浦村浦頭《うらかしら》、大泊、浜泊《はまどまり》、堂崎《どうざき》、嵯峨ノ瀬、宮原、半泊《はんどまり》、間伏《まぶし》、久賀島《ひさかじま》の上ノ平、細々流《ざざれ》、永里《えいり》、幸泊《こうどまり》、外輪《そとわ》、大開《おおびらき》、上五島北魚目《きたうおのめ》村の仲知《ちゅうち》、島ノ《しまの》首《くび》、若松《わかまつ》村の桐《きり》に七名、古里《ふるさと》に七名移住した。一八〇五年（文化二）には大村七津浦出身の一五人が岩瀬浦に居着いた。

「慶応三年福江掛人附居着御納戸納帳」（青方文書）によれば、外海の神浦から居着いた者が浜泊一〇、六方二、鍋之宮二、楠原一、浦頭一五、大泊五、小田河原四、柿木谷一、宮原一二、半泊四、浜頭《はまがしら》一、牧野から浦頭一、半泊一、吉久木《よしくぎ》茶園《ちゃえん》一の合計六〇軒が移住し、百姓総数は一一七人にのぼっている。また日之島四軒二二人、漁生浦《りょうしょうら》三軒一四人、有福《ありふく》三八軒二〇三人、間伏持の堤三五軒一〇八人、津の浦一〇七人が御用百姓として居着いている。

　大村藩はキリシタンの取締りが厳しく、絵踏も毎年励行された。また極端な産児制限がおこなわれ、男子は長男以外は殺させたという。外海の潜伏キリシタンたちは五島列島の北は野崎島から南は嵯峨島《さがのしま》まで、宇久島を除いて三〇〇〇名の百姓が開拓民として移住していった。もとからの五島在住の者は「地下《じげ》」といい、居住、生産に最も適した場所を占有していた。これに対して外海からの移住者たちは「居着《いつき》」、「外道《げどう》」と呼ばれ、徹底した差別を受けた。今でもカクレキリシタンの集落を訪ねると、必ずひと山、ふた山越えたよ

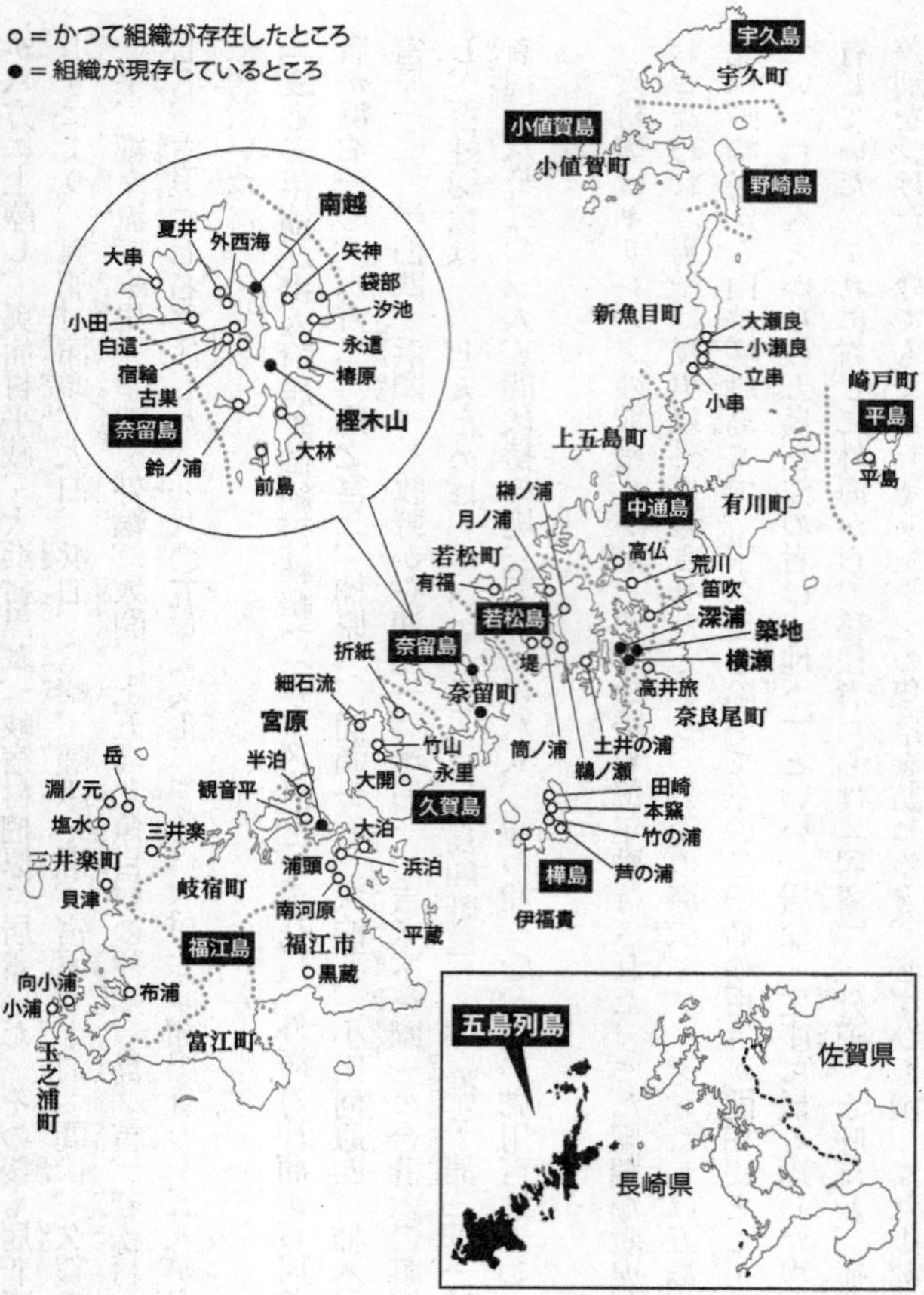

図６　五島列島のカクレキリシタン（『長崎県のカクレキリシタン』長崎県教育委員会、1999より）

うな辺鄙《へんぴ》なところに位置しており、往時の貧しい生活がしのばれる。

一八六五年（慶応元）大浦《おおうら》天主堂においてキリシタンが復活した。大浦天主堂に住み込んで教理を学んだ若松村桐出身のガスパル与作が五島各地に伝道した。また鯛ノ浦のドミンゴ松次郎の招きによって、一八六七年（慶応三）クーザン神父が五島に渡って布教を開始し、カトリック教会に戻る者が多数あらわれた。浦上四番崩れは五島にも飛び火し、いわゆる「五島崩れ」は一八六八年（明治元）九月に久賀島から始まった。久賀島の松ヶ浦のわずか六坪のキリシタン牢《ろう》には老若男女合わせて一九〇名が押し込められ、四二名の殉教者をだした。牢跡は現在牢屋《ろうや》の窄《さこ》と呼ばれ、記念碑が建っている。

その後、迫害を受けたところは、上五島では中通島《なかどおりじま》の桐古《きりふる》、宿《しゅく》ノ浦《うら》、鯛ノ浦、頭ヶ島《かしらがしま》、青砂《あおさ》ヶ《が》浦《うら》、藻《も》繰《ぐり》、冷水《ひやみず》、曽根、江袋《えぶくろ》、仲知《ちゅうち》、野崎島の野首《のくび》、瀬戸脇、奈留《なる》島《しま》の葛島《かずらしま》、若松島の有福《ありふく》があり、下五島では奥浦、岐宿、三井楽《みいらく》、富江、姫島がある。

一八七三年（明治六）キリシタン禁制が解かれ、多数のカトリックへの転宗者がでた。

一八八一年（明治一四）に五島地区の布教を担当していたブレール神父によれば、当時およそ三五〇〇名のカトリック信者がいたが、それとほぼ同数のカクレキリシタンがいたという。古野《ふるの》清人《きよと》は五島の総人口約一五万人の一割の一万五〇〇〇人はいたであろうと推定している。

2　若松町築地・横瀬のカクレキリシタン

上五島のカクレキリシタン分布

浦川和三郎《うらかわわさぶろう》『切支丹の復活』後編によれば、上五島地区には津和崎《つわざき》、小瀬良《こせら》、大瀬良《おおせら》、明松《たいまつ》、小串《こぐし》、大浦、曽根、有川の神之浦《こうのうら》・江ノ浜、平島、浜ノ浦村の小浜、福崎、高井旅《たかいたび》、桐古、築地《ちじ》、土井ノ浦、高仏《こうぶつ》、郷ノ浦にカクレキリシタンがいたという。

この他にも新魚目町では立串、上五島町では折島《おりしま》、若松町では榊ノ浦、月ノ浦、荒川、筒ノ浦、鵜ノ瀬、間伏、石司《いしづか》、滝河原《たきがわら》、笛吹、堤、有福にも存在したことを確認した。高井旅はカトリックに、荒川は神道に、有福は四クルワあったが神道に、月ノ浦は二クルワあったが、仏教とカトリックになった。クルワとは五島だけで使われている言葉で、ひとつのまとまったカクレキリシタン集団をさしている。生月《いきつき》の「垣内《かきうち》」に相当する。

上五島地区においてカクレの組織が現存しているのは若松町内の築地、横瀬だけである。築地は全戸数二三戸、そのうちカトリックが一二軒、仏教が四軒、残り七戸がカクレで、この他に深浦のカクレ六軒が築地に属している。横瀬には元帳《もとちょう》の帳下《ちょうした》が一二、三軒あり、深浦にも横瀬支配下の帳下が五軒ある。

築地・横瀬のカクレキリシタン組織

築地・横瀬では自分たちの宗教のことは元帳という。両地区とも組織は帳役―水方《みずかた》（水役）―下役《したやく》の三役制度をとっている。三役のことを大将ドンと総称する。以前は行事をおこなうには三役が必要とされたが、今ではそろわないので一人で兼務している。信徒のことは「檀家《だんか》」あるいは「帳下」と言い、「ポロス」という言い方もよく用いられている。ポロスの語源はよくわからないが、ポルトガル語で隣人を意味する「プロシモ（proximo）」だろうか。

「帳役」は最高の役職で、「御帳《おちょう》（教会暦）」を繰って祝い日や障りの日（悪い日）を信徒に知らせ、行事の采配《さいはい》をとる。帳役は任期がなく世襲制であるが、後継がいない場合には過去に役職を経験した人の中から探す。夫婦そろっていることが条件で、経済的に問題がなく、仲間に信頼されている人物が選ばれる。「水方」はお授けをおこなう役であったが、今（二〇〇〇年当時）ではお授けはないので、帳役の補佐を務める。下役は行事の折に供え物のお膳《ぜん》を準備してだしたり下げたりする。

横瀬のドメゴス大浦盛衛氏（明治四四年生まれ）は漁業を営んできた。氏は四〇歳ごろ帳役を受けたが、実質的に帳役を務めるようになったのは六〇歳の頃で、横瀬カクレキリシタンの三代目の帳役になる。現在は水方も下役も後継者がおらず、大浦氏がひとりで三役を兼ねている。横瀬の元帳で行事があるときには、隣の築地から加勢にきてもらってい

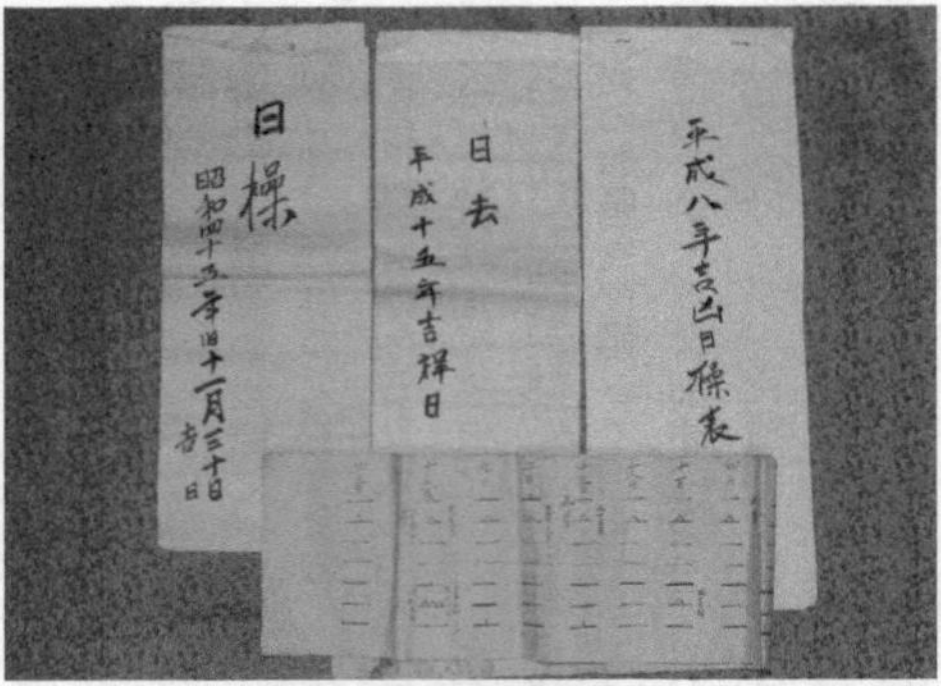

写真43　若松町横瀬の大浦盛衛氏作成「吉凶日繰帳」

る。築地も横瀬もこれ以上後継者を得ることができなければ合併することも考えねばという。信徒でカクレを離れていく者は神道にいく。

築地・横瀬の行事

〈吉凶日繰帳〉

年間の行事は日繰帳《ひぐりちょう》にもとづいて繰りだされる。築地・横瀬では日繰帳は「吉凶日繰帳」と呼ばれ、毎年帳役が作成する（写真43）。日繰帳に記された精進日には肉を食べず二食はぶく。「サシエの日（差支えの日）」は肥料など不浄を扱ってはならない障りの日である。祝い日には三役が寄って御神酒《おみき》を上げる。以前は毎日曜日に「オキキアイ」といって、日繰帳確認のために帳方宅に三役が朝六、七時ごろ集まっていた。一座《ひとざ》をあげ、オキキアイの御恩礼にガラッサ三三ベン唱え、御神酒を上げていた。

日繰帳は春の彼岸の入りから繰りだし、御誕生を必ず新暦一二月二四日にとる。年間二八回の御神酒を上げる行事があり、祝い日は大将役（三役）だけが集まる。ポロス（帳下）の人も参加する行事は年間に「春の上がり（悲しみの上がり）」「御誕生」「作祭り」の三回だけである。行事の時には役職者は必ず着物を着る。行事の間は正座を崩さず、むかしは外に見張りを立てていたそうである。供物を捧《ささ》げ、座について行事ができるようにすることを「座を作る」という。行事には御神酒、生臭物が必ずつく。

築地も横瀬も五島の他地区と同様、オラショは無言で唱える。本はみてもいいことになっているが、実際には暗記している。以前は帳役が悲しみのうちに教えていた。オラショを唱えている間は正座を崩してはならないとされている。オラショは手の指を組んで祈りの数を数える。親指を折れば一〇ぺん、人差指を折れば二〇ぺんというように左の指で十の位を取り、右手の親指から一の位をとる。オラショを知っている人は今では半分もいなくなってしまったという。

〈主要な年中行事〉

①御誕生―オタイヤ

「御誕生」は「オタイヤ（お待夜）」ともいう。この日はサンタマリヤがお産をする日で、出産前の一二月二四日の午後「見舞の座」として三役だけが集まり一座を上げる。

一二月二四日の夜七時か八時頃、目覚ましとしてオハギやオニギリを持って集まる。最

写真44　奥：宝物様　手前：供物の御神酒と刺身／御誕生の行事／若松町横瀬

初に宝物様《ほうもつさま》と呼ばれる御神体を廻《まわ》して拝み、賽銭《さいせん》を上げる（写真44）。それから全員に御神酒を廻す。安産されるようにお届けの御礼を全員で御帳に一座、宝物様に一座の計二座（一座はガラッサ三三ベン）唱える。

出産してからの祈りが一〇時から一一時頃におこなわれる。以前は二五日深夜一時ごろ生まれたということで御神酒を供え一座上げていた。翌朝は三役が寄り、明けの朝の座として一座上げる。昔は御誕生は一二月二四日の夜一二時頃からはじめ、翌朝まで続いていたという。御誕生の時には精進はないが、年が明けて八日目までは下肥、種蒔《ま》き、針仕事は禁じられている。宝物様を廻して拝むのは御誕生と悲しみ上がりの年に二回だけである。一九九七年の御誕生行事には、信徒全戸数一九軒から一七〜一八人あまり参加した。横瀬からも一軒、深浦からも六軒きた。

②願立て—願ほどき

「お願立て」は先祖に大病が治りますようにと祈願する行事である。正月の第一日曜日に帳下全体の年間の家内安全のための「お願立て」をし、一二月の最後の日曜日に「願ほどき（願解き）」をおこなう。この時は三役がそろう。

写真45　作祭りの行事／若松町横瀬帳役大浦盛衛氏

③作祭り

「作祭り」は豊作祈願行事である。梅雨の上がりの適当な日を相談しておこなう。築地では三役とポロスが寄る。麦など自分が作ったものでふくれ団子、モチなどを作ってお供えする（写真45）。横瀬では一九五五年（昭和三〇）頃まではポロスも集まっていたが、現在では三役だけである。

〈お授け―名付け〉

築地・横瀬では洗礼のことは「お授け」または「名付け」という。洗礼名のことは「アリマの名」とか「ベート」といい、抱き親の名をもらう。ベートの語源は明らかではないが、ポルトガル語で「聖人」を意味するベアト（Beato）に由来するものであろうか。お授けをおこなうのは水方の仕事で、水方、帳役、下役の三役が必ずそろわなければならない。お授けは悲しみの四六日間を避けた。横瀬では生後一週間内にするものといわれていたが、築地ではできるだけ早く、しかし、生後三三日の女の上がり以降にすることになっていた。築地で最後にお授けがおこなわれたのは一九九一年（平成三）頃、横瀬では一九八九年（平成元）頃であった。

お授けには抱き親が必要で、抱き親と子供のことを昔はヘコ親・ヘコ子といっていた。男の子に対しては男性の抱き親、女の子に対しては女性の抱き親がとられ、親戚《しんせき》の従兄弟《いとこ》や叔父《おじ》、叔母《おば》のような近い人に頼むのが普通であった。お授けを頼まれると、水方はその後一週間は下肥を扱ってはならず、夫婦の交わり、口論、喧嘩《けんか》などもしないように気をつけていたという。お授け後も一週間は不浄を避けた。

お授けは受洗者の自宅でおこなわれる。参加者は三役、抱き親、本人の五名である。当日は三役は自分の家でも風呂《ふろ》に入り、お授けを受ける子供の家でも風呂に入って「不浄祓《ばら》い」、「身の清め」をおこなう。月経中の抱き親が行事に参加しても問題はないとされていた。清めの祈りにはクリキ五回を唱える。身を清めるのはお授け、葬式、年忌の時である。お授けに用いる水は、むかしは朝汲《く》んだ井戸水を使用していたが、今は水道水である。水に対して魂を入れるというような特別なことはない。残った水は粗末にならないように壁か川に流したりする。御水は額の真ん中に親指で十字を切り、盃《さかずき》一杯くらいの分量の御水を「岩瀬のチンズの水」と唱えている時に一度でかける。死んだ子供に対するお授けも抱き親を頼み、実際に水をかける。水方は御水をかける前に、「この世に死んで生まれ来たりしか、生き替われ、バウチズモの御用文を読み聞かせ申す。起き上がってよっく聞きやれ」という。

お授けの式は三部にわかれる。第一部は「出生の座式」といい、役職者がお授けのために家を出る時に我が身の不浄祓いをおこなう。第二部は「出生届の座式」といい、神に出生の届をおこない、キリシタンに加えていただくようにお願いする。第三部は「お授けの座式」で、実際に生まれた子にお授けをおこなうものである。

「お授けの座式」のとき、帳役が親指で子供の額に十文字の印をする。続いて水方が「御ベートはどうでご座る」と問い、抱き親が「何々と申す」と答える。水方が「結構な御位ひな御ベート○○男は三ト女は三太のキリシタンになっていいか」と問い、抱き親が「はい」と答える。ここで水方がお授けの言葉である「御用文」を唱える。御用文は、

「ツノメモ　ツツム　ヨコテパテル　スベリチチ三トパウチイズモヲノ　インノウノ岩ノ瀬ノチンズノ水」

と唱えるが、かなり変容してしまっている。

翌日には「明けの日名付けの届け」と呼ばれる行事がおこなわれる。前日と同じように御神酒、お膳が準備され、お授けのお礼として「ガラッサ」五〇ペンを唱える。お授け後六日間は三役と抱き親は自分の家で「ガラッサ」一二ヘン、七日目には「ガラッサ」三三ベン唱える。

〈葬式――送り〉

築地・横瀬では葬式のことを「送り」という。大浦氏によれば、祖父の代までは元帳だけで送りをおこなっていたそうである。氏の代になって、終戦後から神主を呼ぶようになり、現在は元帳、神道両方でおこなっている。

死者がでると直ちに帳役に連絡する。葬式には三役そろわなければならない。翌日神主が死者の家で葬儀をおこなうのと並行して、カクレの役職者たちは隣家に宿を取って病死届け、葬式の届け、神様への届け、三日目の届けの四座をおこなって死者を送る。役職者たちは風呂に入り、身を清め、着物を着る。行事中は正座を保つ。死者への土産として日繰帳を半紙に包み、袂《たもと》に入れて持たせる。葬式後も一週間は毎晩オラショをあげる。神に死者の報告をするために「ニヘンガエシ」のオラショを唱え、

「その社場に長らく逗留《とうりゅう》いたし天ノ御親天主様三ミギル様アルカン女様三トメイ様の長らくお世話に預りしところ（○○○とベートをいう）死病に就き、只今《ただいま》お届けを申し上げ奉る」

と申し上げる。死者へのお土産と死者の着物を供え、

「三トメイアポストロ様のお計いを以《もっ》て、何某へお与え下されますするようにお頼み上げ奉る」

と申し上げる。

最後に「ミチビキ」のオラショを一ペン唱え、

「アポストロ様のお力を以てパライゾに間違なくお助け下されますようにお頼み上げ奉る。安面　ゼズスかたじけのう存じ上げ奉る」

と申し上げる。御神酒、お膳の供え物を下げ、「天の御親天主様に万事お頼み上げ奉る」と申し上げて葬式の座式を終わる。翌日には、お礼として御神酒とお膳を供える。

〈年忌供養〉

送りの後の死者への供養は、初七日、二七日、三七日、四七日、五七日、六七日、四九日、百か日、一周忌、三回忌、七回忌、一三回忌、二五回忌、三三回忌とおこない、五五回忌でおわる。一七回忌はしない。初盆、命日など頼まれるとその人の家にいって上げる。「お盆」は御神酒と魚で八月一三日に迎え、一五日に送りをする。新仏の時には墓に棚を作るが、それ以外はしない。盆、正月には仏壇にお膳を供える。

墓の方向はどの方向とは決まっておらず、その場所その場所で決まっている。土葬の場合、顔は上向きで、頭の方向はどちらに向けるか一定していない。

築地・横瀬の信仰対象

〈神理解の変化〉

築地の帳方・深浦福右衛門氏によれば、神道とのかかわりは、神主のお札をもらうくらいで、お参りにいくのは山神《やまのかみ》神社だけであるという。仏教とは全く関係がない。氏は元帳には告解《こっかい》、初聖体《はっせいたい》がないくらいで、カトリックとの違いはないという。神様はイエズス様とマリア様で、ふたつでひとつだが、マリア様の方が格が上であるという。神様のことは「天の天主様」というが、また「七人様」ともいい、七人の神様があるともいう。大浦氏はデウス様、御子ゼズズ様、御母サンタマリヤ様が神で、デウスが一番、キリストが二番、マリヤが三番であり、天照大神《あまてらすおおみかみ》は形だけ信じているという。

両氏の神についての認識は、以前からの元帳の人々の伝統的な理解ではなく、近年カトリックとの交流をもつなかで形成されてきたものであろう。カクレといっても一定の教義はないのであるから、個々人の神に対する理解はかなり異なっている。周囲をカトリック教会に取り巻かれた地区では、カトリック関係者との日常的な交流も深く、家族の中にカトリックに転宗した者もいる。カクレの人々の自らの宗教に対する理解も急速に変化しているのである。

元帳が解散したら、その歴史や経緯がよくわかっている人はカトリックにいく人が多いという。深浦氏自身も娘さんたちは皆カトリックなので、最後はカトリックになるしかないと考えている。後継者を得るのは難しく、自分が亡くなれば元帳式の葬式をしてくれる人もいないのではと考えてのことである。帳下の人は解散後は仏教一本となる人が多いという。結婚すると配偶者が仏教という人が多いので、自然と仏教になっていくのである。

写真46　四番目のキリシタン神社、横瀬の山神神社

〈四番目のキリシタン神社・山神神社〉

桐古里小学校横に山神神社がある（写真46）。『若松町誌』によれば、祭神は大山祇神《おおやまずみ》で、宿《しゅく》ノ浦《うら》の郷民が山の神の祟《たた》りを恐れて一七一六年（享保元）一一月に勧請《かんじょう》したものとある。この神社は元帳の人たちだけで祀《まつ》っている。深浦氏によれば、山神神社は宿ノ浦から分祠してきたもので、バスチャン様の御像を祀っており、旧暦九月二三日が祭日であるという。大浦氏はバスチャン様とパッパの丸ジ様を祀っており、丸い銅板がひとつあるだけという。

祭りの時には日枝《ひえ》神社の神主さんを呼び、御神酒を一升お供えする。三〇軒くらいあるカクレの門徒の人たちはほとんど参加し、お重を作って持ち寄る。正月には元帳で初詣りにいく人もいる。カクレを解散したら山神神社の氏子一本になるという。

後に外海の項で詳しくふれるが、外海ではバスチャンという日本人伝道士が活躍し、黒崎の「サンジワン枯松神社」に祀られているジワン神父の弟子となって伝道に尽くしたという。ジワンもバスチャンも伝説の人物ではあるが、外海、五島のカクレが使用している暦は「バスチャンの日繰り」と呼ばれている。はたして山神神社に祀られているというバスチャン様が外海のバスチャンと同一人物かどうかは即断できないが、五島の信徒たちが外海から移住してきたことは確実なことであるから、五島でも外海のバスチャン様が祀られていても不思議はない。

日本全国にはキリシタンを御神体として祀る、いわゆる「キリシタン神社」と呼ばれるものが三か所存在するといわれてきた。文禄・慶長の役の際に朝鮮から連れられてきたジュリア・オタアを祀る伊豆《いず》大島《おおしま》のオタイネ大明神、長崎市竹の久保町淵神社境内の大友宗《おおともそう》麟《りん》の孫娘マセンシアを祀る桑姫《くわひめ》神社、それに前述した黒崎のサンジワン枯松神社である。山神神社がバスチャン様を祀り、築地・横瀬のほとんどのカクレの門徒が氏子として祭に参加しているのであるから、このバスチャン様が外海のバスチャン様と同一人物であるかどうかは別問題としても、第四番目のキリシタン神社と認めることには全く異論がないといってよい。若松町の有福の頭子《つむりこ》神社もキリシタン神社と認められよう。

〈宝物様と御帳〉

築地・横瀬では御神体を「宝物様」という。類似した言葉に「御帳」がある。ほんらい

写真47　横瀬のクルワの宝物様
（マリヤ観音）

御帳は日繰帳のことを指すが、その言葉の使い方をみていると、日繰帳、宝物様を始め、所持している一切の信仰対象および記録の類《たぐい》を総称して御帳と呼んでいるようである。

築地には桐箱に外海のイナッショウ様（聖イグナチオ）のような鋳物の立像一体、木製ロザリオ一本、明治期にフランスからもたらされたロザリオ五本がある。この他にマリヤ観音があるが、他見を許さない。そのマリヤ観音こそが本尊とみなされているのであろう。みせない理由は、先祖が隠し通してきたので、自分たちだけがオープンにすることはできない。これまで先祖が努力して隠してきた甲斐《かい》がないという。宝物様は年に二回、御誕生と悲しみ上がりの時に取りだして拝む。宝物様への魂入れ・魂抜きというようなことはない。赤不浄は嫌わず、宝物様には女性も触れてよいという。

横瀬の元帳には二体の磁器のマリヤ観音がある（写真47）。他にメダイやロザリオが一

○本くらいある。そのうち一本はキリシタン時代の木製のもので、その他はすべて明治初期のものである。横瀬にはこの他にも帳下の家二軒に焼物の宝物様がある。一軒のものは観音様で、もう一軒には二体あり首が折れているという。以前は年に二回、御誕生と悲しみ上がりの時に帳役がその家にでかけて拝み、一人一人宝物様を戴《いただ》いていたが、現在は帳役が年に一回、正月の先祖供養の時にあわせて供養するだけである。御帳を開けたりしたら粗末になるからあまり開けるなといわれていたそうである。

また『天地始之事《てんちはじまりのこと》』の写本があるが、これについては何も聞いておらず、帳役以外は触ったり見たりすることはなかったが、中身は読めないという。

大浦家には家の中に祭壇が四か所ある。居間には元帳の祭壇と仏壇が一緒になったものがあり、寺とはまったく関係がないが、位牌《いはい》を祀っている。仏壇というよりは位牌壇といったほうが適切かもしれない。香炉、ロウソク、花、お茶が供えられた簡素なもので、仏像はない。神棚も同じ居間にあり、天照皇大神宮のお札がおさめられている。神道は山神神社にだけ関係している。台所には火の神様である荒神様が祀られており、宇久島から正月にお祓いに廻って来てお札を置いてゆく。床の間には御大師様、大黒様の掛軸がかけてあり、年に一回弘法大師の日に祀っている。

（追補）築地・横瀬カクレキリシタンのその後と現状

横瀬の組織について

横瀬の帳役は大浦林蔵―新平（高井旅）―大浦盛衛と続いた。高井旅からお帳が来た時、築地・深浦・横瀬には全戸で三〇軒くらいのカクレがあった。築地のお帳は林蔵が持っていたものであるが、林蔵がどこからお帳を授かってきたかは知らないと大浦盛衛氏はいう。

一九九七年（平成九）一二月二四日の「御誕生」の行事のときには横瀬から七人、深浦から三人の計一〇人が集まった。一九九八年（平成一〇）の調査時には、横瀬のクルワにはカクレが一一軒あった。前年ポロス（帳下）三軒が離れ、仏教に移った。その他、行事の時には深浦から四～五軒、小浦から三軒ほど集まっていた。しかし、最近では元旦には誰も来なくなったという。

二〇〇八年（平成二〇）一二月の御誕生の時には一〇人くらい集まった。大浦氏は、カトリックとカクレキリシタンは本尊（＝キリストとマリヤ）が同じなのでカクレとカトリックが一緒になっても問題はないが、大浦氏はこれまで続けてきたのだから、ひとりになっても自分の代はカクレを守り通していくという。もしカクレを止めるとすれば、カトリックはお金がかかり過ぎるので、荒川の日枝神社か、若松にある極楽寺《ごくらくじ》か神護寺《じんごじ》に行くだろうという。

当時九七歳と高齢となった盛衛氏の後継者はみつからず、あと一年やってみてだめならば、そのあとは深浦の坂井好弘氏に帳役を頼もうかと考えているといっていた。これからは横瀬の仲間には坂井氏と一緒になって続けていってもらおうと思っているが、まだ相談はしていない。坂井氏がカクレを止めるなら神道祭になるしかないということだった。

横瀬で最後に行事の時にポロスが集まったのは、前述のように二〇〇八年（平成二〇）年一二月の御誕生の時であった。大浦氏はその後も二〇一二年（平成二四）までは宝物様を出してひとりで行事を行っていたが、二〇一三年（平成二五）二月二六日、一〇二歳で他界し、横瀬のカクレキリシタンは解散となった。大浦氏の葬儀は深浦の帳役坂井好弘氏が、奥さん（元帳役深浦福光氏の娘）の協力をえてカクレ式でおこない、そのあと日枝神社の神主が来て神葬祭の葬儀も行った。大浦氏が亡くなった後、大浦氏の帳下のポロスは深浦に移るか、日枝神社に行った。

横瀬の行事について

クルワ全体が集まるのは、御誕生（一二月二四日）、上がり（四月第一週の中ごろ）、作祭りの年に三回であった。行事に参加するのは男が一人か二人で、あとはみんな女性で、御誕生の晩と悲しみの上がりには夕方の七時頃から夜中の一二時頃までおこなっていた。一九五五年（昭和三〇）頃までは作祭りの時にはポロスが集まって行事をおこなっていたが、いまでは供え物のふくれ餅《もち》を持って来るだけである。一九九八年（平成一〇）当時、三役の水役、取次役はいなくなっており、大浦氏は年間二三回の行事をひとりだけで御神酒をあげてやっていた。

二〇〇七年（平成一九）の調査時も、大浦氏は年間二三回の行事は必ず着物に着替え、御神酒、肴《さかな》を供えて行っていた。ガラッサのオラショを三三べん唱え、一回の行事に三〇分くらいかかった。行事の日には必ず風呂に入るということはしなかった。ケガレ観は希薄である。

二〇〇九年（平成二一）一二月二四日の御誕生の行事の時には、午前一一時頃、大浦氏ひとりだけで座について一座をおこない、ポロスたちは一九時頃から大浦氏宅に集まり、二四時頃御誕生の後の一座をおこなう。日付が変わって二五日の午前一時に生まれてからの喜びの一座をおこない、深夜の二時頃に終わるとのことであった。ポロスの皆さんにその行事に同席させてもらえないか大浦氏を通して聞いてもらったが断られた。

横瀬のカクレの行事にかかる経費は、年末に檀家が各自三〇〇〇円ずつ出して帳役にお礼をする。その他、御誕生と春の上がりにお神酒と魚代として各二〇〇〇円徴収するだけなので、檀家は年間三四〇〇〇円の出費で済み、大変経済的負担の軽い宗教である。

二〇一〇年（平成二二）の大浦氏への聞き取りによれば、お授けの時に使用する水は、横瀬の山神神社の横を流れている川から採ってきたハンズの水を使っていたという。ハンズとはハンド（水甕《みずがめ》）の意味である。

生月や平戸《ひらど》のように、水を採るとき身を清めたり、オラショをあげたり、水に魂を入れるというようなことはなかった。五島、外海地方には聖水という観念はないように思われる。現在小学校六年生以下でお授けを受けた者はいない。大浦氏は自分の子供には全員お授けし、内孫にもほとんどしているという。

大浦氏のクルワはカクレキリシタン一本でやっており、特定の寺や神社は持たないという。神社は「山神神社」で、バスチャン様、パッパの丸ジ様、塩釜様を祀っている。祭日は旧暦九月二三日で、荒川の藤原神主が来て祭式をおこない、クルワの仲間だけで神楽《かぐら》をあげる。横瀬の帳下以外からもお詣りに来る。家の神様は「パッパの丸ジ様」で、家建てのときは家魂入れに「パッパの丸ジ様」にお願いする。大浦氏によれば、山の神様とはバスチャン様のことで、薪《まき》採りに関係があるのではないか、塩釜様はパッパの丸ジ様のことではないかという。山神神社の氏子は三〇軒ほどであるが、深浦と築地の元帳の帳下である。

神社の鳥居には「昭和一三年九月吉祥日」と刻んである。山神神社の裏手左側には二基の祠《ほこら》がある。

①「塩釜神社　昭和五年旧九月二三日　氏子中」と刻んである。
②「明治三七年旧九月二三日建立」と刻んである。
その他にも、山神神社の裏手右側には一基の祠がある。

築地の組織について

長崎県南松浦郡新上五島町《みなみまつらしんかみごとうちょう》桐古里郷にある築地・深浦・横瀬は隣接しており、三地区ともにカクレのポロス（信徒）が住んでいるが、その時々の帳役の存否によって組織が複雑に移動している。三地区ともに組織は厳密に分かれていないので、お授けや葬式の時には役職者同士で互いに手助けしあったり、深浦に住んでいても横瀬の組織に属していたりというわけで、むしろ三か所の元帳というより、この三か所で一つの組織とみなした方が実態に即しているかもしれない。

深浦福右衛門氏の記録によれば、築地と深浦の帳役は次のように継承されてきた。

初代深浦勘次郎―二代深浦三蔵（明治四五年没）―三代深浦嘉蔵（安政二年生まれ）―四代深浦喜代松―五代深浦八兵衛―六代深浦喜助―七代深浦福光（大正元年生まれ）―八代深浦福右衛門（大正九年生まれ）

深浦の七代帳役深浦福光氏は、六代の深浦喜助氏から一九四八年（昭和二三）に帳役を引き継ぎ、一九九五年（平成七）まで務め、その後を築地の従兄弟の深浦福右衛門氏に譲った。一九九七年（平成九）の福光氏への聞き取り調査によれば、深浦と築地はひとつになってやっていたが、深浦が二つに分かれ、横瀬に古里とあわせて大浦盛衛氏を帳役とする元帳ができ、五〇〜六〇戸ほどもあったそうである。

福光氏が健康上の理由で一九九五年に帳役を築地の深浦福右衛門氏に渡したので、深浦は三戸だけとなり、築地と横瀬に二つの元帳のクルワができた。深浦福右衛門氏は一九二〇年（大正九）生まれで、先祖は大村から移住してきて一〇代目に当たるという。福右衛門氏は一九四七年（昭和二二）に戦地から復員し、その頃から下役から務め、その後は水方も務めた。氏が最後にお授けをしたのは六年くらい前だった。

一九九七年当時、築地の三役は、帳役・深浦福右衛門（七七歳）—水役・深浦三次（七一歳）—下役欠員であった。

帳役には任期はなく、以前は水方と下役は任期三、四年であったが、後を継ぐ者がいないので可能な限り務めざるをえなかった。一九九七年当時、築地は下役が欠員となり、帳役と水方しかいなかった。本来は深浦三次氏が水方であったが、前帳役であった深浦福光氏が行事の時には加勢にきてくれ、福光氏が水方を務め、深浦三次氏が下役を受け持った。ポロス（檀家）は二〇軒あり、カクレを止めて離れていく人はいないが、死亡でだんだん減少してきているという。

帳役は世襲であったが、いない場合には過去に役を持った人の中から探す。そのさいの条件は夫婦そろっており、経済的に問題がなく、まじめで信頼されている人で、役職者たちで選んだ。三役がそろっていることがカクレの組織運営には必要であったが、今ではそろわなければ一人でも続けていくと帳役の福右衛門氏はいう。

深浦福右衛門氏の悩みは自分の後継者探しであるが、容易ではなく、自分が死んだときにおそらく元帳の役職者はいないので、元帳式の葬式はしてもらえないかもしれないという。氏の息子さんたちはカクレのお授けを受けているが中部、関西に住んでおり、三人の娘さんたちは地元に住んでいるがカトリックになっている。結局、カトリックで葬式はやってもらうしかないかもしれないという。

福右衛門氏は自分もカトリックになりたいが、ほかのポロスに対して申し訳ないので自分だけ変わるわけにはいかないという。多くの人は夫が亡くなると妻は仏教になる。なかには神道になる人もいる。われわれはもともとカトリックだったとポロス仲間に話をして聞かせるが、理解してもらえないという。

一九九八年（平成一〇）築地は全戸数二三軒あったが、カトリック、仏教、元帳が混在していた。そのうち半数弱はカトリックで、仏教が四軒、残りが元帳である。二〇〇六年（平成一八）深浦福右衛門氏（八五歳）に対する聞き取りによれば、築地に五軒、深浦に五軒の合計一〇軒のポロス（カクレの門徒）があるという。

四、五年前、水役を持っていた深浦三次氏は、まだ元気なうちに三人の仲間を連れて仏教に移った。その時、三次氏は自分が癌であることを知っていたので、仏教で葬式をしてもらいたかったのだろうかと福右衛門氏はいう。

こうして築地の元帳の三役組織は、帳役の深浦福右衛門氏のみとなった。現在、毎週日曜日に日繰帳によって障りの日を繰り出す「お聞き合い」の行事に来る人は誰もいなくなった。それでも一〇軒のポロスはカクレを続けていきたいとはいうが、大将役を引き受けるという人は誰もいないという。

深浦在住の坂井好弘氏（昭和三一年生まれ）は、深浦の帳役をしていた深浦福光氏の娘婿にあたる。福光氏はカトリックの神父やシスターからカトリックへの改宗を勧められても、「先祖からやってきたことだからカトリックには行かない」と固く断り、カクレを守っていきたいと強く望んでいた。坂井家はもともと仏教で小値賀《おぢか》の出身であったが、坂井氏は結婚式の前にお授けを受け、ドメゴスという洗礼名をもらった。福光氏が帳役、福右衛門氏が水方、三次氏が取次役を務めた。

二〇〇七年（平成一九）の深浦福右衛門氏への聞き取り調査によれば、坂井氏は一〇年位前から福右衛門氏の付き人をしていたそうである。今の時代はカクレであることを隠す必要もなく、たとえ仲間が止めていっても自分の家だけは仏教やカトリックにはいかず、宝物、書物を福右衛門氏から受け継いでカクレを守っていきたいと考えているとのことであった。

二〇〇七年現在、深浦の総戸数は二〇軒で、そのうちカクレは一六軒で、築地に一〇軒、横瀬に六軒あり、残りの四軒はカトリックである。二〇〇七年一二月二三日、築地の帳役深浦福右衛門氏は、御誕生に間に合うようにと深浦の坂井氏のところにお帳を持っていった。二〇〇八年の御誕生の行事は、福右衛門氏がそばにいて坂井氏にやり方を教えた。ポロス仲間は九軒で、夫婦で一五人前後参加があった。その時に二〇〇九年度の日繰帳も一緒に作成した。二〇〇九年（平成二一）四月の上がり様の行事の時から坂井氏は一人で行事をおこなうようになった。

二〇〇七年築地のカクレキリシタン組織は消滅し、帳役は深浦の坂井好弘氏に移った。深浦福右衛門氏は奥さんと一緒に、二〇〇九年（平成二一）五月、浅田照明神父から洗礼を受け、カトリック信徒となった。福右衛門氏はいままでカクレはマリアが主で、カトリックはイエズスが主と思っていたが、勉強して初めてマリア様は神ではなく人間であり、イエズス様が神であることを知ったという。築地のカクレを止めた人たちは福右衛門夫妻を除き、みな仏教に行った。

二〇一三年（平成二五）横瀬の帳役大浦盛衛氏が他界し、横瀬のポロスは深浦と合流した。深浦には二〇一七年（平成二九）九月現在、帳下が二五軒あり、行事の時に集まるのは一七人くらいという。横瀬、築地のカクレキリシタンは解散後、深浦に合流することとなった。

3　若松島有福のカクレキリシタン

有福カクレキリシタンの組織

有福ではカクレキリシタンのことは「元帳《もとちょう》」とも「古帳《ふるちょう》」ともいう。ひとつの元帳に属する仲間のことを「クルワ」という。

上五島若松町有福郷の最後の帳役・故ミギリ持木種美氏は一九二八年（昭和三）生まれ。先祖は大村領から移住してきたと伝えられ、氏で七代目になるという。『若松町誌』によれば、有福は文政年間（一八一八～二九）に外海の神の浦から移住してきた人の子孫である。氏は父から一九七五年（昭和五〇）に帳役を受け継ぎ、有福の元帳が解散する一九九六年（平成八）まで二二年間帳役を務めた。有福島の中には小田、馬込、宮田、餅の木の四つのクルワがあった。小田は戦前に、馬込は戦後になってから、宮田は一九九二年（平成四）頃解散した。

残された餅の木のクルワも取次役が死亡し、後継者を得ることができず、帳役の持木種美氏も病気がちとなり、一九九六年ついに解散となった。餅の木のクルワ仲間は多い時は一八軒あったが、解散時には一二軒であった。解散後、八割は荒川の日枝神社の氏子となり、残りが若松の浄土宗極楽寺がかりとなった。

組織は帳役—看坊役—取次役—宿老《しくろ》の四役からなる。帳役は「大将ドン」とも呼ばれ、帳役以外の役職者を「ジンジ（爺）さん」という。帳役は世襲で、名付け（洗礼）、送り（葬式）、振れ出し（行事の伝達）を務める。看坊役は帳役の相手役、代理役を務める。取次役は帳役の下で、供え物の魚の料理を準備する。宿老は御飯《おめし》、御神酒の取り次ぎをする。有福だけは役職者が四役構成になっているが、取次役と宿老はひとつの役とみることができよう。役職者は無報酬で、行事の経費はその都度クルワの軒数で割ってだしあった。女性が代理で行事にでることは決してなかった。

有福の行事

餅の木のクルワ仲間は全行事に全戸参加が原則であったが、解散前には全一二戸のうち六戸くらいしか集まらなかった。むかしは日曜日ごとに「オキアイ」に集まり、障りの日を聞いていたが、二〇年くらい前から集まらなくなっていた。毎月二〇日、二三日と日曜日、御神酒と初穂が上がる祝日には下肥を扱ったり、針仕事は禁止されていた。悲しみの内は卵を食べてはならなかった。

行事は見張りを立て、座敷を閉めきっておこない、他人が来たら中止して最初からやり直していたという。ここ一四、五年は部外者にもみせていたが、女性は行事の最中は座敷には入らず、月経中は不浄であるとして遠慮していた。クルワ仲間の結束はたいへん固く、相互扶助の機能も果たしていた。

オラショのことは「ウラッショ」と発音し、一晩唱えるくらいあるという。一般には「悲しのオラショ（アンメンゼゼス様）」、「アベマリヤ（数のオラショ）」、「天ニマシマス」、「ケレンド」、「ガラスタ」、「サルベジナ」など七種類くらい覚えればよいといわれていた。以前は口伝であったが、持木種美氏の代になってからノートに書いて覚えるようになった。オラショは奈留島の汐池《しおいけ》から伝わったといわれている。月ノ浦では二月から三月にかけて「春の入り（悲しみの入り）」を迎え、悲しみの四六日間にクルワ仲間全員が集まって勉強会をして習ったという。オラショは暗記しなければならず、書き写してはならなかった。唱える時には声にださない。

〈有福の年中儀礼〉

元旦にはクルワ仲間の「年始」をおこない、二日が「御帳開き」という、クルワ全体の神様への初参りがあった。六日には「仏様の祝い」といい、七軒くらいの個人で仏様（宝物様）を持っている人の家を一軒一軒まわっていた。二月は「悲しみの上がり（春の入り）」で、悲しみの四六日間の毎日曜日には団子を供え、悲しみの中日と悲しみの上がりは盛大に祝った。五月の麦がとれた頃、胡瓜《きゅうり》などの初物を帳役の所に持っていく「サンジュワン様の祝い」があった。七月の梅雨明け頃には洪水で流された兄弟七人を供養する「御七人様のお祝い」があり、土用は「雪のサンタマリヤ様の祝い」で、団子などを持っていった。八月は先祖様への供養として「お盆」があり、一〇月の米のとれる頃には初物の祝いをした。一二月の「御誕生」には米と餅を持参して帳役宅に集まり、日が暮れてから始め、鳥が鳴く前にもう一度お供えをし、朝四〜五時頃に餅をゼズス様にお供えしていた。

通常の行事には供え物として二つの膳《ぜん》を準備し、一つにはご飯三、御神酒の盃三、生臭一を仕組み、もう一つにはご飯二、御神酒の盃二、生臭一を仕組んだ五つ組の膳をだす。名付け・葬式・法事の時には七つ組のお膳を準備する。オラショが終わると供え物を全部下げ、参加者全員で神様のお下がりをいただく。有福の行事も、供物の供え、祈願、直会という三部形式になっている。

〈お授け―角欠き〉

有福では洗礼のことは「サッケ（授け）」または「角欠き《つのか》」といい、若松島の月ノ浦では「名付け祝い」という。授けを受けていない者は「ツノ」といい、元帳の行事には入れてもらえないという。洗礼名のことは「霊名」とか「お名」といい、抱き親の名をもらう。日曜生まれの人は男はドメゴス、女はドメガスという名をもらった。

授けをおこなうのは看坊、授け役の仕事であり、三役が必ずそろわねばならず、絶対によそ者は入れなかった。授けをおこなう時期は悲しみの四六日間を避ければいつでも良いとされていた。授けは生後三日か七日くらいの早いうちがよく、遅くとも生後一か月くらいの間にはしていた。月ノ浦ではカラスが鳴く前の早朝五時頃、満ち潮の時に名付けをしないとバチが当たるといわれていた。

授けには抱き親が必要である。月ノ浦では抱き親のことは「アリマの親」とか「う抱き親」、子供のことは「アリマ子」といった。男の子に対しては男性の抱き親、女の子に対しては女性の抱き親を頼む。親戚《しんせき》の従兄弟《いとこ》や叔父《おじ》、叔母《おば》のような近い人に頼むのが普通で、月ノ浦では一生のうち一度は抱き親にならなければならないといわれていた。しかし、抱き親は一生のうち三人まで、一回に一人だけと決められていた。

授けはまず抱き親を決め、抱き親が帳役に頼みにいく。三役は授け前一週間は下肥を扱ってはならなかったが、夫婦の交わりを禁ずるというようなことはなかったという。授け後も三日間は不浄を避けた。授けは受洗者の自宅で三役、抱き親、本人が参加しておこなう。当日は関係者は子供も風呂に入って身体を清め、三役は着物を着る。有福では授け中、子供が小便をしてもかまわなかったが、月ノ浦ではもう一度風呂に入り、やり直したという。授けに用いる水は、昔は井戸水や川に取次役が汲みにいったが、近年は水道水を用いた。

抱き親が子供を抱き、看坊が、

「ドーメゴスト、イフ、キリシタンニナリタイカ。コノ水ト申スルハ、テンヂョクノヂュース河ヨリ流シ下ラス、セツシヤーリンノ、河ノパヲチューヅノミツヲ、サツケサセ給フ」

と唱える。水を入れた茶碗《ちゃわん》を持って、次の御用文を唱える。

「ヨコデ、パヲチーズルモーノ、イノメパヲチーヅル　モノノ、エツ、ヒーリュー、エツ、スベレツ、サンワンノチリー」

有福では御用文を唱え終わってから子供の額に三回に分けて水をかける。月ノ浦では御用文を唱えている時に三回に分けてかけ、帳役がその言葉に誤りがなかったかどうか確認し、誤っていればやり直す。有福では死んだ子供に対する授けはなかったが、月ノ浦では死んだ子供にも「死に届け」をしたという。有福では授けは一九七五年（昭和五〇）頃なくなり、月ノ浦では解散する一九六五年（昭和四〇）頃まで続いていたという。持木氏は二三年間の在職中、三人くらいしか授けはおこなわなかったとのことなので、実質的にはほとんどおこなわれなかったといってよい。

〈葬式―送り〉

葬式のことを「送り」という。死亡があるとまず元帳式の葬式を四役で済ませ、その後、神主を呼んで神道式の葬式をした。クルワの解散前は元帳と神葬祭の二重の葬式をおこなう人と、元帳だけの人がいた。月ノ浦では葬式は神葬祭ではなく、仏式でおこなう。その時、元帳の四役は別に家をとって「お経崩し」をし、僧侶《そうりょ》が帰ってから送りをおこなっていたという。月ノ浦では次の経崩しのオラショを葬儀のあいだ中、唱えていた。

「アリマいき道いたらんさまたげひとつ、しきしんふたつこの世界、三つ天狗《てんぐ》に今日敵にしたがわれ申さん様に、アリマてらすに捧げ頼み奉る」

送りは臨終に間にあえば帳役が「死苦のオラショ」を唱え、間にあわない時には「身体戻しのオラショ」を唱える。身体戻しとは、死後身体が土に帰ることを意味する。臨終に間にあわなかった者に対して、生き返ったものとして「コンチリサン（後悔）のオラッショ」を唱え、息のあるうちに臨終の人が自ら悔い改めるようにさせるのである。息を引きとると、「死に届けの願い方」を唱え、神様に死んだことの報告をして、死者の霊を受け取ってくれるように祈願をする。

現在は火葬が一般的であるが、キリシタンは火葬にされるとあの世で魂が行き迷うといって嫌っていた。死者には大切に伝承されてきた布切れを少し切ってお土産として棺桶《かんおけ》に入れてやった。石塔は南向きに建て、顔は上にして頭は北向きで、足が南向きになるようにする。

有福の信仰対象

日曜日から土曜日まで七人の当番の神様がいる。全部同じ重みがあり、サンタマリヤ様がいちばん偉い神様などとはいわれていない。有福では御神体のことを「仏様」という。餅の木のクルワ一二軒のうち、仏様を持っている人が六、七人いた。年に一度一月六日に開けて拝む。粗末にしたらタタルといわれていた。公には自分たちの宗教は神道で、初詣り、七五三、願立ての時などには神社にいっていた。寺とは全く無関係で、むかしは葬式の時も嫌がって寺に行かず、線香も焚《た》かない人もいた。仏様には線香はあげるが、元帳はロウソクだけである。

有福の元帳の人々がどのような神を家の中で祀っていたのか、看坊役を務めていた持木《もちき》衛《まもる》家の祭壇をとりあげてみてみる。まず座敷には神棚と、法華経系統の霊友会から分派した新宗教の霊法会祭壇が祀られている。居間には位牌、香炉、ロウソク、お茶、菓子、果物、花が供えられている仏教の祭壇があり、元帳の御帳もここに納められている。茶の間には玄関から入ってくる魔物を祓うための三宝荒神棚がある。廊下には二十三夜様の掛軸があり、出港と帰港時には手を合わせてオラショをあげる。外の井戸には川の神様をお祀りしており、正月にお供えする。

持木氏によれば、神様はみな同じであり、どの神様にも心をこめて拝んでおり、元帳（カクレ）の神も他の神と同じであるという。元帳は先祖が伝えてきたものを大切にしてこれまで信仰を維持してきたので、これからも先祖や親を大切にしていきたいという。

〈五番目のキリシタン神社・頭子《つむりこ》神社〉

さきに横瀬の山神神社をキリシタン神社として紹介したが、有福島宮田の頭子神社も地元のカクレの人々がキリシタンの殉教者をお祀りしているという（写真48）。『若松町誌』によれば、中通島の佐尾鼻《さおばな》の海辺に首七つを棹《さお》に貫いたまま漂っていたのを漁師が拾い上げ、神部《こうべ》の山に埋めた。当時神部には多くのキリシタンが住み、不敬な行為で多く住民へのタタリがしきりと起こり、村人は場所をかえて改葬し、七頭子宮《しちつむりこのみや》として懇《ねんご》ろに祀ったところ神威は大いに上がり、さらに神部、石司《いしづか》、滝河原《たきがはら》、間伏、有福、筒ノ浦、下筋に分霊し神社を建てたとある。

帳役・故持木種美氏は頭子神社の宮総代も務めていたが、漂っていた七つの首はキリシ

写真48　5番目のキリシタン神社／有福の頭子神社

タン殉教者のものであったという。頭子神社に祀られているという首がキリシタン殉教者のものであるとカクレの人々によって信じられている以上、頭子神社はキリシタン神社であると呼んで差し支えない。大切なのは御神体が本当にキリシタン殉教者のものであるかどうかということではなく、そのような伝承と信仰が存在するかどうかということである。頭子神社は山神神社につぐ五番目のキリシタン神社といってよい。

4　奈留島のカクレキリシタン

永這の解散

奈留島は五島列島のなかでも最もカクレの多い島であった。地下人は浦、泊、夏井、相ノ浦に集中し、その他の集落はほとんど外海から移住してきた居着きの子孫であった。明治初期にカトリックに移った者もいるが、その後もカクレの信仰を継続した集落は、奈留島二三集落の中で一八集落にものぼっている。浦向《うらむこ》、相ノ浦、樫木山、永這《ながはえ》、白這《しろばえ》、宮ノ上、鈴ノ浦、前島、外西海《そとにしめ》、大串《おおぐし》、汐池、椿原、矢神、南越《なんごし》、田岸、大林、奈木《なぎ》、船廻《ふなまわり》である。

奈留島も他の地区同様、戦後急速に組織の崩壊にみまわれた。昭和三十年代の戦後の混乱期から四十年代の高度成長期にかけて人口の流出は著しく、また出稼ぎも多くなって行事の維持も困難になった。多くの元帳がこの時期に解散している。五島では三役そろわなければ行事ができないとされていたのも一因である。三役のうち一人欠き、二人欠きし、他の元帳から応援をえたりして何とか続けてきたものの、ついには解散を余儀なくされていったのである。

奈留島最大の元帳は永這で、五〇年間帳役を持った道脇増太郎氏の帳内であった。役職者への給料問題で永這のカクレは分裂した。一九七一年（昭和四六）に道脇氏が死亡した時、看坊役、宿老は元帳の葬式をおこなわなかった。帳役は世襲であったので、跡取りの道脇国雄氏が見習期間中の代行を頼んだが断られ、やむなく解散にいたった。国雄氏は奈留神社の氏子となり、その子供たちは仏教徒になっている。解散時永這には二つの帳があり、汐池、袋部の数軒をあわせて四七軒の帳下があった。最近では樫木山にあった二つの帳のうち、三本松の帳が一九八九年（平成元）に解散した。

前島のカクレキリシタン

奈留島で最後まで三役が揃っていた前島の帳が一九九五年（平成七）に解散し、信徒たちは神道一本となった。解散当時、前島の三五世帯八三名のうち元帳は二六世帯六三名であった。残りの九世帯ももともとは元帳であった。前島の元帳組織は帳方—水方—宿老《しくろ》の三役と一般信徒の「フレシタ」からなっている。三役を総称して「ジンジドン」という。前島の組織でおもしろいのは、宿老には帳方付きの宿老と水方付きの宿老があり、後継者もそれぞれの宿老から選ばれるということである。

年中行事は二七回あり、その中で帳役ひとりでおこなうものは半数以上の一五回にのぼる。三役が集まるのが五回、全戸が寄るのが元旦の「年の始めのお初穂」、一月二日の「フレシタ中のセッソウ開き」、六月二三日の「さんじゅわん様てりさんじゅわん様」、九月二五日「烏賊鎚《いかづち》神社の祭」、一二月二三日から二四日にかけておこなわれる「御誕生」と「初日（オタイヤ）」、一二月三一日の「八日目」と「年末願ぼとけ」の六回ある。

お授けは「御水かけ」とか「角欠き」という。お授けを受けていない者は角が生えているという。水方は御用文の「イノメモパーチモ」のところで一回、「ヨコテモパーチモ」のところで一回、「エッヒィリョスベリチシサンチル」のところで一回、合計三回に分けて受洗者の頭に水をかける。その後、濡れた頭を「オミヤゲヒン」という代々伝えられてきた布で十字に拭《ふ》く。

葬式は通夜と本葬と、通夜から数えて三日目、七日目に帳役、水方、宿老の三役がそろっておこなう。死者がでると元帳のほかに奈留神社に頼む。神葬祭が始まると三役は別室か隣家で元帳式の葬儀をおこなう。死後七日目に一連の葬儀がおわり、死者供養が始まる。七日までに死者は三途の川を渡りローマにいくという。死者供養は法事と呼ばれ、三日、七日、一四日、二一日、三五日、四九日、一〇〇日目、一年、三年、七年、一三年、一七年、二五年、三三年目に法事をおこなう。四九日と三三年忌がとくに重視されている。

樫木山・南越のカクレキリシタン

一九九八年（平成一〇）現在、奈留島のなかで帳内が年中行事に参加し、オラショが唱えられているのは樫木山だけである。樫木山は役職者としては水役を欠き、帳役と宿老の二人しかいないが、一二軒のフレシタがいる。南越も帳役と宿老がいるが、一八軒のフレシタは葬式と年忌だけは頼むものの、年中行事にはまったく参加していない。

樫木山では年中行事としてお願立て、お願解き、セッソ開き、悲しみ節関係、御誕生関係行事など、年間に三回の行事がある。行事は帳役の家でおこなわれる。座敷の上座に飯台が置かれ、お供えとして、御神酒の膳には御神酒と生臭と呼ばれる刺身、お飯の膳には御飯《おめし》と煮魚か焼き魚が付けられたものが準備される。南越の行事はかなり簡素化されており、元日のお願立て、八月一三日の先祖供養、一二月二四日のオタイヤ（御誕生）の三回しかない。

樫木山ではお授けは「角欠き」といい、生えている角を切り落として異教徒からキリシタンになるためという。生後三日目に授けるのが原則であったが、戦後守られなくなり、葬式の直前におこなうこともあった。お授けを受けていない者にはカクレ式の葬式を上げることはできないとされていたからである。

角欠きだけは三役そろわなければできないとされ、ことに水方は角欠きの前三日間、後三日間は不浄を避け、肉食、夫婦の交わりも禁止であった。男子のお授けには男性の抱き親、女子のお授けには女性の抱き親がとられ、「御名《おな》（洗礼名）」は抱き親の名をもらった。日曜日に生まれた子には男子はドメゴス、女子はドメガスとつけた。

行事はお授けを受ける子供の家でおこなわれ、まず水方、宿老、抱き親、帳役の順に風呂に入って身体を清める。座敷に供物として御神酒と生臭の膳、御飯と煮魚か焼き魚の膳、聖水と水方に代々伝えられてきた白い布の三つの膳が準備される。聖水は樫木山の蓼原《たではら》というところの湧き水を使う。水方が「何々（御名）というキリシタンになりたいか」と問

い、抱き親が抱き子にかわって「はい」と答えると、水方が

「ヨコテパーチル イノメ パーチル エッツ ヒーリュー エッツ スベリト サント ノ
ミナヲモッテ アンメンジウス カタジケナイ」

と御用文を唱える。同時に親指と人差指でクロス（十字）を作って子供の額につけて聖水を三回に分けてかけ、白い布で十字に拭う（写真49）。

写真49　奈留島矢神のお授け。二本の指で十字を作り額にあてる。1972年、結城了悟撮影

葬式は神葬祭か仏式の葬儀が営まれる一方、元帳のやり方による葬式が同時に隣家あるいは帳役の家でおこなわれる。樫木山では最初に「罪晴らし」をしてから葬儀に入るという。通夜から三日、七日、一四日、二一日、三〇日、三五日目までを「初穂」、四九日目、一年、三年、七年、一三年、一七年、二五年、三三年、五五年年忌を「回《え》向《こう》」という。三五日目までは御神酒、御飯

に生の魚がつくが、四九日以降はこれに切込《きりご》みという精進料理（豆腐や芋の天ぷら、煮しめなど）が加わる。

5　福江島宮原のカクレキリシタン

宮原のカクレキリシタン組織

現在福江島のなかで三役の組織が残り、定期的に役職者が集まって行事をおこなっているのは宮原だけである。他の地区はすべて解散してしまった。外海から移住してきた又五郎が宮原の先祖であるという。一九九七年（平成九）現在、宮原の総戸数は四八戸、本家所帯四二戸、空き家が四〜五軒で、そのうちカクレが一七軒、カトリック二〇軒である。宮原ではカクレのことを元帳と自称する。「旧キリシタン」ともいっていた。ひとつの元帳に属する仲間のことを「クルワ」という。

宮原の現帳方・宮本金輔氏は一九二八年（昭和三）生まれ。宮原で一戸だけの専業農家で、その他は半農半漁である。宮本氏は五〇歳（昭和五三年）の頃、帳方を譲り受けたが、その頃から宮原の信徒の信仰は薄らいできたという。戦前、学校で宗教を書けといわれた時は神道祭と書かされたり、「旧キリスト」と書いたこともあるという。

宮原の組織は帳方―水方―取次役の三役からなる。宮原には四クルワあったが、現在残っているのは一クルワのみである。帳方は「ジイドン」とも呼ばれ、クルワの精神的中心である。代々宮本家の世襲である。水方はお授け役で、任期はなく、取次役を経験した者がクルワ内で交代し、可能な限り務める。取次役もクルワの中で交代するが任期はない。行事は三役がそろわなければならず、代役をだすこともあるが、帳方、水方は欠くことができないとされている。

宮原の行事

オラショのことは「ウラッショ」という。オラショは暗記しなければならず、声をだすのはお授けの御用文を唱えるときだけで、それ以外は黙唱である。若い人はオラショを覚えようとはせず、昭和二桁代の人で唱えることのできる人はもういない。

オラショを唱える基本順序は、①行事開始の印として座ジメ、②神様にお供えをする時に「天ニマシマス」三べん、③神様がお供えを受け取ってくれたことへの御礼として「ガラッサ」一七へん、④神様からのお下がりを受けていただく時に「ヒザマヅキ」三べんである。

コンチリサンのオラショは悔い改めのための重要なもので、葬式の時とゴクウカイ（後悔）の時に使われていたが、長文のためか現在では唱えられることはなく、ゴクウカイもおこなわれていない。必要な時にはコンチリサン一回を唱える代わりに、アベマリヤを六〇回唱えればよいことになっている。アネスデーは何のための祈りかわからないが、魔祓いの時に使うと聞いたので、病気の平癒祈禱《きとう》に使っていたのであろうという。

〈年中行事〉

先代の水方の時までは毎週日曜日には朝八時頃から四～五名の帳下の人が帳方の家に集まり、その週の障りの日を確認する「お聞き合い」に集まっていた。その時には道路に出てカクレでない戸岐《とぎ》の者が来ないか見張らせていたという。二〇年くらい前から次第に集まらなくなった。三役だけが集まる年中行事は現在（二〇〇〇年当時）も一六残っている。クルワの仲間が何人か集まるのは今では「セッソ開き」、「作上がり」、「諸々の人の弔い日」だけであるが、以前は一〇回くらい集まっていたという。主なものを紹介する。

御誕生（写真50）から一三日目に当たる一月七日に「セッソ開き」をする。セッソとは鏡餅のことである。クルワの人が帳方と水方に年間のお礼として鏡餅を一個ずつ持ってくる行事で、御神酒を上げ、切って炊いた餅を神様に供え、クルワの人たちと食べる。年頭の三役とクルワ仲間の触れ合いの日である。

「悲しみの入り」は「初日」から六七～六八日目で、新暦二月二八日が悲しみの入りである。それから二五日目が「真ん中様（ご告げの日）」で、彼岸の上がりの日にあたる。悲しみの期間は四六日間である。「悲しみの上がり」とは「神様の復活の日で命日とされているが、何の神様かはわからない」という。その日は年に一回、神様をだして拝む日となっている。

写真50　宮原の帳役・宮本金輔家における「御誕生」の行事風景

「作上がり」は六月の稲の植付けが終わってから七月の適当な日にする。麦初穂として麦団子を供える。「諸々の人の弔い日」は一一月一日で、あらゆる死んだ人の弔い日で、先祖供養と秋祭りの日である。「御誕生」とは御子ヒーリョー様が生まれる日で、「ゴタイヤ」という。毎年新暦一二月二三日である。

〈お授け—名付け〉

お授けは宮原では「子授け」、「名付け」という。洗礼名のことは「アリマの名」といい、抱き親の名をもらうが、日曜日生まれの人は男はドメゴス、女はドメガスという名をつける。お授けの意味はよくわからないという。

お授けをおこなうのは水方の仕事であり、帳方は授

け た後、御帳の仲間に入れてくれるように神様に頼む。この行事だけは水方が上席に座る。他の行事は代理人でもよいが、お授けは三役が必ずそろわなければならなかった。お授けをおこなう時期は悲しみの四六日間を避ければいつでも良いとされていた。

代父母のことは「抱き親」といい、男の子に対しては男性の抱き親、女の子に対しては女性の抱き親がとられ、家族の身内で兄弟や叔父、叔母などが頼まれた。抱き親は通算して一人抱いたら二人ではなく三人、三人抱いたら四人ではなく五人と奇数人を抱くようにいわれていた。ヘコ子は抱き親にセッソ（餅）と下着などを盆と正月に送り、男は八歳頃まで続けた。結婚式には抱き親を仲人に頼んでいた。

水方はお授けを頼まれると、一週間前から毎日オラショを唱え、終わっても三日間は針仕事をしたり、下肥を扱ってはならないといわれていた。お授けは受洗者の自宅で、三役、抱き親、本人の五名が参加しておこなう。当日は三役、抱き親、本人は自分の家でも授けをおこなう家でも風呂に入り、三役は着物を着て正座しなければならなかった。お授けの水は昔は川の水でおこなっていたが、最近はその家の水道水を使用していた。神様に供えた時点で聖なる水となるという。

お授けは抱き親が子供を抱き、水方が御用文を唱える。生きている人のお授けには、

「ヨコテモチヂ　モモスベリトシサン　ヨコテバーテル　エツデーリュースベリトシサン

バーチイヅモーノ インノーノイワチンズーノミヅヨ アンメンジョース アンメンジョース」

と唱え、死んだ人の場合は、

「イノメバーテル エツヒーリュースベリトシサン バーチイヅモーノ インノーノイワチンズーノミヅヨアンメンジョースアンメン」

である。この御用文を唱えている間に水方が専用の茶碗で額に水をかける。

〈葬式―送り〉

葬式のことは送りという。送りは本来は僧侶を呼んで仏式でおこなう。一階で読経《どきよう》がおこなわれている間、二階では元帳の三役が寄ってカクレ式の送りを同時にしていた。最近では必ずしも僧侶は呼ばず、本人の意思によっては元帳だけでする者も、また元帳と神葬祭の両方でおこなう者もいる。元帳で葬式した人には、年忌も元帳ですることになっている。

宮原での元帳の葬儀は次のような手順でおこなわれる。

①臨終の者に対する唱え

昔は臨終になると帳方が呼ばれて、良いところに往生できるように枕元でオラショが上げられた。最近では臨終に呼ばれることはないので、死亡の通知があり死者の家に呼ばれると、まだ生きているものとしてパライゾの人数に加えて下さるよう「最期のオラショ(御巻文《おまきもん》)」を唱える。

②死亡の届け(葬儀の前日)

葬式の前日に神に対して死亡の報告を届ける。「死届け」の申し上げをして、聞き届けてくれたお礼にガラッサ三三べん唱える。

③棺の準備

葬儀の当日、入棺の準備として死者に着物を着せる。この時、死者の家の別室でオラショを上げる。戦時中戦死者を合同葬儀などした時には経消しをしたという。お礼として「最期」一ぺん、「助かり道」一ぺん、「ケレンド」一ぺん、「コンチリサン」一ぺん、「アベマルヤ」三三べん、「バイテル」一ぺん、「ミチビキ」一ぺんを唱える。

④納棺お礼、送りのお礼、出棺のお礼

それぞれ「アベマルヤ」五三べん、「ケレンド」二へん、「バイテル」一ぺんを唱える。

⑤見送り

役職者たちは野辺送りには参加せず、葬儀当日、出棺後「ミチビキ」一二へんを唱え、死者を見送る。

⑥死者への供養の唱え

葬儀の翌日、役職者たちが集まって死者への供養として「アベマルヤ」五三べん、「ケレンド」一二へん、「バイテル」一ぺんを唱える。これを「目覚まし」という。

死者に対して「お土産」と称するものがある。ひとつはローマで迫害を受けたときの薄い紫色の布切れといわれるものがある。この他に外海のカクレキリシタンが大切にしている「バスチャンの椿」の木片を持っている。布と椿の木の土産をたよりに天国のよいところに行けるように、帳方が死者の合わせた手の中に半紙にくるんで持たせてやる。元帳の葬式は土葬である。カトリックは起きて右耳を下にして西向きに葬るが、元帳は寝たままで顔を東に向け、北枕で左耳を下にして葬るという。石塔は東向きに建てる。

宮原の信仰対象

帳方・宮本家には代々五センチくらいの高さの黒色金属製のマリヤ観音一体、キリシタン時代のものと思われる十字架一本とアルミ製の救世主像を刻印したメダイ一個が継承されている。これらは「神様」と呼ばれている。年に一回だけ悲しみの上がりの日にだして拝む。この他に日繰帳とオラショノートがある。

宮本家の祭壇として座敷には仏壇があり、日に三回お茶と御飯を上げるという。仏壇とはいっても仏像も香炉も線香立てもなく、まったく仏教色がない。先祖の位牌、お茶、ご飯、花、果物があるだけで位牌棚といったほうがふさわしい。僧侶を呼ぶことはなく自分たちだけで祀っている。仏壇の上方に神棚があり、八幡大菩薩《ぼさつ》を祀っている。正月と節句に初穂を上げ、毎月一日と一五日に柴《しば》を替えるだけで、神主を呼ぶことはない。居間には荒神様を祀る棚があるが、榊《さかき》が一対飾られているだけで、お供えなどは神棚と同様である。

宮本家の裏山には「アヤタテ姫」と呼ばれる祠《ほこら》があり、そこにお参りするのは元帳の人だけである。祈禱師がみてこれはあやたて姫であるといったそうである。一一月三〇日が命日で、その日には御神酒、果物を供える。宮本氏は自分の家の神様のように思っているが、カクレの神を祀るものではないという。正月にはアヤタテ姫の祠にお参りするだけで神社には行かない。お盆は八月一三日に墓参りしてオラショを唱える。一五日は団子を墓にお供えし、他界にお帰しする。

墓掃除は毎月七日におこない、寺はまったく関係していない。神道は葬式の時に頼む人が時々いる程度で、宮本さんと帳下の人々は現在ほぼ元帳一本でやっているといってよい。

宮本さん自身、今ではカクレとカトリックはまったく異なる宗教とは考えていない。カトリックとの歴史的なつながりもわかってきて、これまでのように頑《かたく》なにカクレに拘泥する必要はないと考えている。

現実には元帳を続けていきたくとも、後継者を得るのは困難な状況にある。それゆえ子供たちにはカクレを強制せず、自分の考えで好きな宗教を選んでよいという。ただ自分たちの代までは先祖が大切に伝えてきたものであるから守らねばならないという。これまでカトリックの司祭から改宗を勧められたこともあったが断っている。宮原にはカトリック教会もあり、カトリックに対する違和感はない。

（追補）宮原のカクレキリシタンのその後と現状

宮原の組織について

一九九七年（平成九）宮原の総戸数四八戸、そのうち八〇歳未満の家である本戸数四二戸、カクレが一七戸であった。二〇〇六年（平成一八）には総戸数は四〇戸、本戸数三〇戸、カクレ一三戸となった。二〇一七年（平成二九）現在、総戸数は三〇戸、本戸数一四戸あるが、一人住まいの人が多くなり、一戸の中の人数が減り人口減少は著しい。二〇〇六年の調査時はまだ帳役―水役―取次役の三役がそろっており、これまで苦労してやってきたので、なんとかこれからも元帳（カクレ）を大事にしていこうという意識は強い。しかし、高齢化で一人になり、元帳について行けず、元帳を離れて神道の八幡神社に世話になる者もでてきた。

宮原の元帳組織は三役が揃っていなければならないとされている。二〇〇六年当時で帳役・宮本金輔氏七八歳、水役・山口久市氏八五歳、取次役・大楠善一郎氏七七歳と高齢化しており、その後継者の獲得が最大の問題である。

宮原は帳方は世襲制となっており、金輔氏の父も祖父も帳方であった。宮本家は金平―又五郎―要助―金助―末蔵―金輔と続いており、又五郎の代に外海から宮原に移住してきた。金輔氏は宮原の五代目の帳役である。

宮原には最初四クルワあったが、金輔氏の記憶ではすでに二クルワは三役がそろわず解散していた。もうひとつは三〇年くらい前に解散した。その頃、取次役は金輔氏のクルワから応援に行っていたが、このクルワが解散した後、帳役は金輔氏のクルワ仲間に入ったそうである。

帳役金輔氏の後継者として、子どもたちは福岡に行きカトリックになっているそうであるが、長男の光蔵氏だけは島内で仕事をしており、宮原に帰ってくる気はあるとのことである。今ではもうお授け（洗礼）はなくなってしまったが、お授けを受けていない人が役を持っても中身がなく、形ばかりで空虚な感じがするという。宮本家では光蔵氏をはじめ家族全員がお授けを受けているので問題はないが、たとえ光蔵氏が帳役を引き継いだとしても、水役、取次役がいなければ組織は解散せざるをえない。

二〇〇九年（平成二一）取次役の大楠善一郎氏が病没し、水役の山口久市氏も入院する事態となった。正月のセッソ開き（正月に神様にお供えした餅を切る行事）もできなかった。そこでこれからどうするかクルワで話し合った。

宮本氏は元帳は遠からず解散せざるをえないのはわかっているので、個人個人の考えでカトリックになった方がいいと考えている人は、早くそうしたほうがいいと勧め、クルワの仲間にもこれからどうするかそれぞれで考えるように言い渡している。①元帳を続けていきたい人　②カトリックになる人　③八幡神社に行く人という三つの考えに分かれている。

取次役の大楠善一郎氏は、三人の娘さんがカトリックだったので、亡くなる前年にカトリックの洗礼を受けた。水方の山口久市氏の兄弟もみなカトリックで、子どもたちはカクレのお授けを受けておらず、山口氏もカトリックの洗礼を受けた。死んだときにカクレのままでは、カトリックである子どもたちに葬式やその後のことで迷惑をかけることになるからである。

宮原は三役がそろわなくなった時点で解散するのが建前である。二〇一〇年（平成二二）にクルワの解散を決め、一応解散した。しかし、最近死者が出た家は、カクレのやり方で年忌供養をしないといけないということで、いまでも二軒のクルワがカクレとして宮本氏のクルワに残っている。元帳を続けているのは宮本家をふくめて三軒、カトリックになったのが元水役・山口久市氏、元取次役・大楠善一郎氏の二軒、八幡神社に行った人が五軒である。

宮本氏は四、五年前に山口から宮原に来た山口豊太郎氏に臨時に代理として水方と取次役を兼任してもらい、今でも「御誕生」、「悲しみの入り」、一一月の「諸々の人の弔い」の時に、山口豊太郎氏に、御神酒と御飯の膳を二組作ってもらい行事を続けている。宮本氏は山口氏がいる間はやっていけるが、宮本氏一人になったら元帳は解散するしかないので、そのことはクルワの仲間にも伝えている。いますぐに完全に解散できないのは、これまで死亡したクルワの人たちの供養と、宮本家の先祖の供養のことがあるからという。

宮本金輔氏が死んで、たとえ息子の光蔵氏が帳役を引き継いだとしても取次役、水方がいないのでは一人ではどうにもできないので、その時に完全に解散になると思っている。しかし、せめて帳役であった宮本家の供養だけはカクレ式で続けて行ってもらいたいという。

宮本氏は、これまで元帳を中心として貧しいながらも助け合って生きてきた。世の中、宗教より経済（生活）が大事という時代になってしまった。寂しさはあるが、するだけのことはしてきたので仕方がない。今まで拝んできたアナタ様に止めますとはいえないので、一人になっても元帳を続けていくという。

宮本氏にカクレとカトリックの関係をどう考えるかと聞くと、カトリックと元帳の区別はなく、元は一緒だったことは納得している。カクレ、カトリック、プロテスタントは宗派のようなもので、基本はキリストだが、唯一の神ではなく、マリアとか、なにover
に様、なになに様という神があるというように感じている。
カトリックは増えておらず、子どもがカトリックになったので、自分も仕方なくカトリックにという人はいるが、元帳から宗教的な意味でカトリックに移る人はいないという。カトリック教会に戻った方がいいのか悩むことは多いが、仲間への責任、先祖への責任があり、簡単には決められないという。
元帳はこれまでクルワの仲間との信頼関係と、先祖とのつながりのなかで続いてきたのであり、帳役として日常生活の中で信頼し合ってやってきたので争いごとはないと語っていた。「カクレキリシタンは貧しかった間は伝えられてきたが、豊かになって解散した」という言葉が印象的である。

宮原の行事について

クルワの仲間がほとんどそろう日は従来、セッソ開き（一月七日）、諸々人の弔い日（一〇月三〇か三一日）、作上がり（六月二〇日頃）の年に三回で、三役だけが集まるのは、御誕生、三日目、八日目、十三日目、悲しみ入り、ご告げ、上がり、初日《しょうにち》（上がりの翌日）、三日目、八日目、十三日目の一回であった。現在では先述したように、帳方・宮本氏と山口氏（臨時の水方と取次役）の二人で、「御誕生」、「悲しみの入り」、「諸々の人の弔い日」の年に三回、行事を続けている。

葬式について

葬式には三役が必要で、宮本氏の記憶にある限りでは、葬式はすべて元帳だけで行われた。一人だけ元帳と神葬祭と二つした人がいる。元帳だけの葬儀では、参加したクルワ以外の人たちに変な宗教とみられるのが嫌だという人が多いのが悩みの種である。金輔氏は自分が死んだら、息子が元帳でやってくれるか、神葬祭で葬式してもらうかしかないが、これが一番の大きな悩みという。

もともとは一つなのだから、カトリックになってカトリックで葬式をといわれるが、すぐには決められない。今まで元帳は神道とつながっていたので、カトリックよりは神道に近い意識がある。しかし、カトリックである子どもたちとの関係ではカトリックに近い。動ける間は一人でもできるだけ元帳を続け、アナタ様を大切にしていくつもりであるという。

神について

今では隠れているとの意識はないが、以前は仏教の人たちとの交流はしないようにしてきた。生活上の神様は「おん母サンタマリア様」と「オンミアナタ様」で、寺や神社の神仏は国の神様という感じがする。寺や神社の前では自然に頭を下げる。仏様や神様が別に嫌いなわけではなく、他宗教は間違いということはない。それぞれの神様がいて、その中で生活しているのだからみな大事にせねばならない。いろんな神様を大切にしていくことが先祖への供養であり務めであると宮本金輔氏はいう。

6　福江島のその他のカクレキリシタン

南河原のカクレキリシタン

南河原《なんごうら》は出津、大村からの移住者であるという。南河原はもとは七クルワ二〇戸ほどあったが、一九八七年（昭和六二）頃には一クルワ八戸だけとなっていた。解散したクルワの人たちはほとんど福江の八幡神社の氏子となり、なかには創価学会に改宗した人もいる。最後まで残っていた一クルワも一九九六年（平成八）三月八日に御帳を堂崎（天主堂キリシタン）資料館に預けて解散した。本役である帳方と、下役である水方と取次役の三役からなっていた。南河原の役職は交代制であった。

おもな行事は「悲しみの上がり」、「作上がり」、「御誕生」で、この時には全戸が帳方の家に集まった。悲しみの入りから上がりの期間は日曜日を除いて肉食は禁止されていた。神様を他の人にみせると罪晴らしをしなければならない。

元帳方・山川春巳氏によれば、洗礼のことは昔は「角欠ぎ」と言った。悲しみの四六日間を避け、夜明けまでには終わるようにしていた。むかしは夜中におこなっていたという。授けは生後三日目といわれ、頼まれた者はお授けの二週間前から下肥を扱ってはならず、授け後も三日間は禁止されていた。お授けの一週間前からは夫婦の交わりも禁じられ、水役は聖なる水を授ける右手を汚さないように、一年中トイレは左手を使用したという。

悲しみの間は布団は敷かず、茣蓙《ござ》の上に寝たと昔の人はいっていたそうだ。その茣蓙はお授けの時だけに使用した。生月島の御用茣蓙と同じ考え方である。ケガレを避けるために、俗なる布団を使わず聖なる御用茣蓙を用いた。水を浴びた後は小便もできず、どうしても必要な場合は左手を使う。

授けの水は水役が真夜中一二時に山の中に採りにいっていた。カズのオラショを三回唱えながら、川上に向けて柄杓《ひしゃく》を使って汲んだ。水は余らないようにコップ半分位汲んだ。余った水は粗末にならないように土壁などにかけた。このやり方は平戸の根獅子《ねしこ》と同じだ。神水《かみみず》という気持ちはあったという。お授けの言葉を間違うと料理も作り直し、ご飯も炊き直さねばならなかった。また罪晴らしをして、時には日を改めておこなった。死んだ子供も実際に抱いて水をかけていた。お授けは一九八八年（昭和六三）頃までおこなわれていた。

南河原には御神体はなく、日繰帳五冊（二クルワ分）と死者へのお土産である布切れとオラショ本だけである。現在、堂崎の資料館に納められている。神様は「オミリョウ様」が一番重要な神で、マリヤは聖人のひとりで高い位ではないという。オミリョウ様とは御身リョース様すなわちデウス様のことであろう。山川氏はオミリョウ様がどんな神様であるか知らないという。

半泊のカクレキリシタン

半泊《はんどまり》は一九九一年（平成三）解散し、御帳は同年一二月一七日に最後の帳方・半泊一人氏が堂崎の資料館に預けた。自分たちの宗教のことは昔は元帳といっていたが、今はカクレキリシタンという。解散前には半泊には帳方しかおらず、三軒しか門徒はいなかった。以前は半泊も大泊、黒蔵、三井楽、浜泊、南河原、観音平《かんのんびら》とともに七クルワが寄り合う「大寄り」の仲間のひとつであった。クルワの仲間が集まる日は、御誕生（一二月二三日）、船祝い（一月二日）、悲しみの入り、悲しみの上がりで、障りの日には田には行かず、日曜日には肥料は扱わなかった。

半泊には御神体はなく、日繰帳一冊、一〇センチ四方のお土産の茶色い布と、杉、樫《かし》などの木片、オラショ本だけである。神様はキリストが最高の神で、マリヤはあまり出てこないという。半泊には八〇年あまり前に建てられたカトリック教会があり、信者数は一四軒である。半泊氏は大阪ではカトリックの教会にいっていたそうで、大阪の教会は厳しくなかったが、五島の教会は規則が厳しすぎて入れないという。カトリックになるのが筋だが、ゆるやかな八幡神社にいくという。八幡神社に頼めば何の義務もなく、面倒な事がないので葬式などは八幡《はちまん》神社に頼む。これまでも神道だったのでお寺には関係しない。

大泊のカクレキリシタン

大泊の元帳の組織も帳方—水方—取次役の三役からなっている。一九八七年（昭和六二）の解散時点では取次役が不在で、三役そろっていなかった。大泊には七戸のカクレがいたが、一九八七年当時は浜泊と大泊が一緒になって五軒であった。南河原は役職は交代制であったが、大泊は世襲制である。解散後、水方は八幡神社（五島市下大津町《しもおおづちよう》）の氏子となった。

大泊では御誕生と真ん中様（悲しみの入りから二週間目）の年二回クルワが集まり、神様の命日には三役が集まっていた。送り（葬式）は八幡神社や住吉神社に頼む。お授けは一九七五年（昭和五〇）頃におこなわれたのが最後で、水方の息子すら受けていない。一九八八年（昭和六三）に大泊は御帳を堂崎の資料館に預けた。日繰帳二冊、死者と生存者の命名帳、布切れ五枚とオラショの断片であった。

浦頭のカクレキリシタン

浦頭のカクレの組織は崩壊しているが、まだ五戸の信徒が現在も残っている。囲炉裏を囲んで行事をし、誰かがくると紛らせて隠していたという。葬式は福江の八幡神社に頼み、その後で元帳式の葬儀を行っていた。

浜泊のカクレキリシタン

浜泊の組織も帳方―水方―取次役で、世襲制であった。帳方・川口善之助氏は一九六五年（昭和四〇）頃、自分の親族と妻方の親族をつれてカトリックに移った。残された人々は不満を持ち、その他には川口氏に従って転宗する者はなかったという。御誕生、悲しみの入りにクルワの仲間が集まり、クウカイ（後悔）のために一三日間祈り続けたという。

椛島のカクレキリシタン

福江島の東方に浮かぶ椛島《かばしま》には五クルワあったが、一九七一年（昭和四六）に合併し、信徒軒数は六〇軒となった。長力久次郎氏が帳役、浦本庫一氏が水方となったが、下役は欠員であった。一九八一年（昭和五六）頃、隠崎《かくれざき》（二戸四人）、平山（三戸八人）、永田（二戸四人)、芦ノ浦(一戸)、竹ノ浦(一戸)の五クルワに減少した。椛島の若者は都会に出て、島に残った者も高齢化し、また親も子供から呼ばれ年々都会へ流出し、過疎化が進んで後継者もいなくなった。

一九八五年(昭和六〇)隠崎、平山、永田の三クルワが解散し、御帳を堂崎の資料館に預けた。その後、最後まで六軒残っていた芦ノ浦のクルワが解散し、一九八七年(昭和六二)堂崎の資料館に御帳を預け、椛島のカクレキリシタンは歴史の幕を閉じた。

第六章　長崎のカクレキリシタン

現在の長崎市内に属する地域で、幕末、明治初頭にいたるまでキリシタンが存続していたのは、天領浦上《うらかみ》山里村の本原《もとはら》郷・中野郷・家野《よの》郷・里郷、神《かみ》ノ島《しま》、大山、善長谷《ぜんちょうだに》、木場(三ッ山)、畝刈《あぜかり》、三重《みえ》、樫山《かしやま》および周辺部の伊王島《いおうじま》の馬込《まごめ》・大明寺、蔭《かげ》ノ尾島《おじま》、高島、岳《たけ》路《ろ》であった。一八七三年(明治六)禁教令が解かれ、多くの潜伏キリシタンがカトリック

図７　長崎・野母半島のカクレキリシタンの分布図（『長崎県のカクレキリシタン』長崎県教育委員会、1999より）

教会に合流したが、その後も潜伏時代の信仰形態を維持し続けた人々も多く存在した。田《た》北耕也《きたこうや》『昭和時代の潜伏キリシタン』によれば、伊王島は黒崎《くろさき》および近隣の島々や半島の出身者であり、高島は東樫山系統、善長谷と岳路は東樫山と高島出身、大山は黒崎から移住した数家族の子孫であるという。

浦川和三郎《うらかわわさぶろう》『切支丹の復活』によれば、一八八〇年（明治一三）当時、浦上村にはカトリック三七五〇戸、「離れ（カクレキリシタンのこと）」二〇〇戸程度があった。三ツ山の木場には（大正頃）カトリック三三戸一八〇人、「離れ」は一七戸一〇〇人余、五六戸の仏教徒がいた。高島は一九二六年（大正一五）当時、カトリック九〇戸五九〇人余、「離れ」四六戸二〇〇人余であった。伊王島の馬込・大明寺、深堀の善長谷には一八八四年（明治一七）頃はまだカクレがおり、死者が出たときカクレ式の葬儀を自分たちの手で営みたかったが、仏式かカトリック式での葬儀を強制され、やむなくカトリックに転宗した。田北は昭和初年には高島には五〇戸、岳路には八〇戸のカクレがいたと推定しているが、組織はすでに解散していたものと思われる。

1　家野町のカクレキリシタン

家野町カクレキリシタンの組織

家野《いえの》町は現在長崎市の副都心といわれるほどに開けてきた住吉地区に隣接し、長崎大学本部の裏手に位置している。家野町は一区城《じょう》の越《こし》、二区阿蘇、三区家野に分かれ、最近までカクレの信仰が続いていたのは三区である。浦上キリシタンは潜伏時代を通じて惣頭《そうがしら》（帳方《ちょうかた》）―触頭《ふれがしら》（水方《みずかた》）―聞役《ききやく》という三役組織を維持してきた。三役を総称して爺役《じい》という。家野町のカクレにもこれに類似した組織が存在したと思われる。

家野郷には戦後まで東樫山や黒崎から洗礼を授けに来ており、黒崎の永田の帳方・久松助右衛門が家野の西田作一にオラショ本を貸し与えたという。作一の父は家野最後の「爺役」であった。断定的なことはいえないが、家野町のカクレ組織は大正末期か昭和初期頃までには崩壊し、どうしても役職者が必要な洗礼や葬式だけは外海からの応援をえて継続していたものと思われる。

家野町で最後まで信徒のひとりであった峰美保子氏（大正一二年生まれ）によれば、お授けをおこなう役は水方とはいわず「親様」といい、肥やしを担ぐというような不浄な仕事はしてはならなかったという。役職者がいなくなった時期ははっきりしないが、三役すべて不在のまま、信者だけで可能な限りの行事を続けてきた。

昭和三十年代には四〇軒あまりあったが、一九八七年（昭和六二）には一二軒に減少し、平均年齢も七五歳であった。若い者が新たに加わることはなく、仲間の死亡によって減少していった。最後まで残った唯一の行事である「命日寄り」への参加者も四、五名であった。一九九四年（平成六）峰氏の舅《しゅうと》の五〇回忌までは二、三人集まって命日寄りをしたが、新築祝いの命日寄りには誰も集まらず、家野町のカクレキリシタンは自然消滅してしまった。

家野町のオラショ

最もよく唱えられるオラショは「アメバラ」である。「アベマリア」がなまったもので、五五回唱えて「一繰り」という。峰さんはアメバラ四〇回で「一座」という。この他にも「ガラッサ」、「天ニマシマス」、「キリンド」、「悲しみの中の祈り」、「科《とが》おくり」、「アリシテン様のご功力（この世の祈り）」、「コンチリサン」などがあった。最も功徳のある祈りはコンチリサンとされていたが、解散前頃にはアメバラだけで済ませていた。オラショは声にださないのでかなり違いが生じていた。峰さんはカクレのオラショではなくカトリックの祈りを唱えていたという。

毎朝仏壇に初穂を上げる時は、「初穂上げのオラショ」を唱えた。

「サンタカチリナ〇〇と申しまする。家にでけたる御初穂ば天の親御身《おんめ》ジェジュス様、御三体様におん捧《ささ》げ申し上げます。このおさがりにはこの家にかくまい申しましたる〇〇〇家の御先祖様を始め、ペトロあざ名〇〇〇と申しまする者に御捧げ申しまする。家内中に今日も無事に怪我、過ち、病気、災難なく過ごさせてくださいませ。天の御親ジェジュス様、御三体様ただ今申し上げたオラショ全部をお取り上げくださいませ」

のように唱えてご飯やお茶を供える。

家野町の年中行事

〈年中行事〉

長崎と樫山のキリシタンは歴史的に深い関わりを有し、同じ系統に属していたので、どのような行事がおこなわれていたかは、樫山地区の姿をみることによってほぼ類推できる。家野町のカクレが大切にしてきた行事は「悲しみの中」、「御告げの祝日」、「御誕生」、「よか盆」である。

「悲しみの中」は悲しみの入りから上がりまでの四六日間で、この期間の水、金、土曜日は肉と卵を食べてはならず、「悲しみの中の祈り」を朝晩できるだけ多く唱えた。また

「アトナシドン（無縁仏）」のため、親様（先祖）のために各自の家にある御仏様を押し戴《いただ》いて祈った。「御告げの祝日」は悲しみの中の物忌みが解かれる祝いの日で、御仏様に何か変わったものをお供えし、樫山に向かって祈った。悲しみ上がりの日から三日目と七日目には下肥や灰を扱ってはならなかった。「御誕生」の三日前は精進し、下肥や灰を扱ったり、縫い物などしてはいけなかった。前日にはイエズスが馬小屋で生まれた時、牛は吐息で温めてくれたとのことで、牛小屋を掃除し、敷物も新しく替えて大いにご馳走《ちそう》してやった。御誕生の晩にはぼた餅《もち》などのご馳走を作り、アベマリアを三〇〇回唱えなければ食べられなかったという。

〈命日寄り〉

役職者がいなくなり、行事はさらに簡素化されていった。最後まで残った行事をみれば彼らにとって欠くことのできない、もっとも大切なものが何であったかがわかる。昭和時代の終わり頃まで唯一残ったのは、悲しみ上がり（復活祭）や御誕生（クリスマス）ではなく、「命日寄り」という先祖供養の行事だった。

命日寄りとは、仲間の誰かが先祖の正月命日や祥月命日の供養をおこなうとき、ほかの仲間も寄り合って初穂としてご飯とお茶を上げ、オラショを唱えるものである。祥月命日には御神酒《おみき》も上げたが、御神酒をいただくときには「この御神酒はリュースかいきの酒をオーザン・メザン我ら悪人なれど、クロス仲間に与えさせて下さりますように」と唱え、盃《さかずき》を廻《まわ》す時には「この御神酒の酒は、リュースかいてん様でヒューリュー様にお願いします」と唱えた。

命日寄りにお茶菓子だけだすときには「アメバラ」というオラショを二〇〇回唱える。一座はアメバラ四〇回で、二座は八〇回である。二座を二回に一座四〇回を加えた二〇〇回を唱える。ご飯もだすときには二座を三回の二四〇回唱える。たとえば申し上げとして、

「この家にかくまいましたるペドロどん、あざ名〇〇と申しまする者に、この家のペドロあざ名〇〇と申しまする者の御志しとして二座を差し上げまする。ただいま申し上げたオラショをあの者に〇〇と申しまする者の志しとしてお与えください」

と唱え、次のアメバラのオラショを繰り返し黙唱する。

「アメバーラ　ガラサミチミチターマリヤ　テークテンライラーオラーチ　キンキンキンナートーレーツー　ベンケンナー　ベンケンナー　キントーレン　アーメンジェズ」

オラショが終わると座をかえ、お菓子やご飯を歓談しながら食べた。

〈お授け〉

洗礼を受けることを「水を授かる」という。悲しみ節に「親様」が授けた。家野町に役職者がいなくなると樫山に頼んで、水を授ける水方と、諸々《もろもろ》の世話をする聞役（飛脚どんともいったという）の二人に来てもらった。水方は風呂《ふろ》に入って身体を清め、お授け専用の着物を着る。参加者は二人の役職者に受洗者と抱き親である。御神酒と肴《さかな》の二つの膳《ぜん》が供えられ、水方がオラショを唱えた後、受洗者に「キリシタンになりたいか」と聞くと、抱き親が代わりに「はい」と答える。「お名は何とつけるか」と尋ね、「（例えば）ジワンとつけます」と答える。それから「初穂の水」と称する山から採ってきた水を湯呑《ゆのみ》についで受洗者の額にかけながら一息に御用文を唱える。これで授けが終わり、お供えした御神酒と初穂を頂く。御用文は少しでも間違うと授けは無効になるので、聞役がそばにいて確かめる。それで聞役という。家野町では終戦後までほとんどの人が受けていたが、昭和三十年代の半ばにはおこなわれなくなったという。

〈葬式〉

病人があると信徒たちは集まって「科送り」、「コンチリサン」、「アメバラ」を唱えた。臨終の者に対しては「お前はジワンばな、お前はジワンばな。道に迷わず真っ直ぐ行きないよ（行きなさいよ）」というパライゾへの道を開く言葉を唱える。死者が出ると浦上山里村馬込郷井樋口《いびのくち》の聖徳寺の和尚《おしょう》さんを呼び、樫山の役職者にはオラショだけを頼んでいたという。明治以降になって聖徳寺から西町《にしまち》の照円寺《しょうえんじ》の檀家《だんか》になった者も数軒あった。

坊さんが読経している間、婦人たちは死者の家より高い位置にある家に集まって、お経の効果を消すために「経消しの祈り」を唱えた。「垣より外。垣より外」といってお経がお棺の中に入らないようにし、

「万事にかない給いて、たすかり道はひとつなり。三つくるいて、七つコッベンさんにつなをかけ、天科さんに棹《さお》をさして、道々乗っていくときは、だいそく一本の光を持って、道の敵霊に従わざらんように、アニマは守護のごアンジョス様に頼み上げ奉る」

と唱える。墓は土葬で、墓穴にお棺を納める時、土を一握りずつ三回墓の中に入れながら、

「土、水、日、風、塩、油、六つで作った五体のもとの土に返すべき」

と三回唱える。

死者には手織の晒木綿《さらしもめん》で作った着物を着せる。この死装束は水、金、土曜日以外の「よか日」に下肥や灰など扱わず麻糸で縫いあげたもので、糸の先は留めず、縫い返しもしな

い。お棺は六角形の特別な座棺を作らせ、左手の親指を上にして十字の形をなすように合掌させ、足の指も左の親指が上になるようにする。悲しみの中の命日寄りの時にだして拝んだ御仏様を載せた半紙を死者の頭にのせ、赤いタオルをかぶせた。終戦後は寝棺になりタオルも白を用いるようになった。

死者へのお土産としては、生前祈りをよく知った人に頼んで後悔のオラショを唱えてもらい、その唱えた回数だけ糸に結び目で印をしたものをお棺に入れてやる。頭陀袋《ずだぶくろ》、手甲《てっこう》、脚絆《きゃはん》はつけず、数珠《じゅず》も持たせなかった。墓は完全に仏式のものを建てる。葬式の時には講内《こううち》の人が集まって墓掘りや納棺の手伝いをした。死亡や病気祈願の時には両組から人をだしていたが、これを「両組寄り」と呼んでいた。

家野町の呪術的神観念

家野町では神像のことを「御仏様《みほとけさま》」という。原爆で多くは失われ、後に祀《まつ》る人がいなくなった家では墓に納めてしまったという。現在残っているのは白磁の観音像が多い。御仏様は普段は大切に箱に納めて奥深くしまわれている。悲しみの中の命日寄りの日に取りだし、新しい半紙の上に載せて集まった人に廻し、「死したる時は、お見知りになってくださいませ」と言いながら額に押し戴いた。御仏様を載せた半紙は聖なるものとみなされ、粗末にすると災いがあり、これを焼いて飲むとアニマの功徳になると言い伝えられていた。

写真51　家野町峰家の白磁のマリヤ観音

また御仏様を洗ったお湯も聖なるものとされ、味噌《みそ》汁の中に入れて飲み、決して捨てたりしなかったという。家野町のカクレには長崎市内の中心部に位置しているにもかかわらず、強い呪術《じゅじゅつ》的な傾向がみられ、天草のカクレと類似したところがみられる。

峰さんはカトリックの純心高女の卒業で、以前からカトリックには親近感を抱いていたが、先祖代々の教えを捨てるわけにはいかなかった。当時純心の校長であったシスター江角《えすみ》ヤスから、いつかはカトリックに帰るようにいわれており、解散に至ったことによって、ついに一九九七年（平成九）にカトリックの洗礼を受けた。

以前は盆と葬式の時だけ檀那《だんな》寺であった聖徳寺の和尚さんに来てもらっていたが、解散前には毎月一日と二四日に和尚さんを呼んでお経を上げてもらっていた。そのとき峰さんは「アメバラ」でもなく、「般若《はんにゃ》心経」でもなく、カトリックのロザリオの祈りを唱えていたという。峰家には白磁のマリヤ観音が伝えられ（写真51）、今でも以前のように、毎朝ご飯とお茶はお供えしているが、転宗後は御先祖様へという気持ちから、天主と御子とマリア様へと変わってきたという。

写真52　峰家家庭祭壇。最上段にカクレのマリヤ観音とカトリックのマリア像、中段にご先祖様の位牌

カトリックになる前の峰家の祭壇は興味深い。カクレと仏教とカトリックの融合したものである。祭壇は三段になっており、最上段中央に先祖伝来のマリヤ観音、左には厨子《ずし》に入ったカトリックのマリア像、右にはこれもカトリックの木像の聖母子像とロザリオ、スカプラリオ、御絵、ルルドの聖水瓶。これらはカトリック関係者が与えたものであろうが、カクレと関係ないものとせずあわせて祀っていた（写真52）。中段には先祖代々の位牌《いはい》と遺影が置かれ、御神酒、ご飯、水などが供えられている。下段の中央には香炉、鉦《かね》が置かれ、ロウソクも準備されており、花と果物が供えられている。

解散後、峰さんの他にも、妻がカトリックだったので洗礼を受けた人もいる。しかし、それはあくまでも例外的なケースで、家野町のカクレキリシタンは潜伏時代からずっとこれまでお世話になってきた聖徳寺あるいは照円寺一本となったのである。

2　岳路のカクレキリシタン

岳路は野母《のも》半島の中ほど、西彼杵郡《にしそのぎ》三和町《さんわちょう》の高島を正面にみる海岸端に位置している。長崎港外の伊王島、高島、蔭ノ尾島、神ノ島、大山、善長谷、蚊焼《かやき》、岳路などは外海《そとめ》から移住してきた人の子孫で、江戸時代には佐賀《さが》藩に属しており、深堀氏の管轄下にあった。岳路は樫山、黒崎、高島から逃げてきた人々で、言葉が似ているという。善長谷、岳路の先祖は文化年間（一八〇四～一七）に樫山から六家族が善長谷に住みついたもので、明治になってキリシタン禁教令が解かれた時にカトリックに転宗した者は善長谷に残り、カクレを続けるとした者たちは岳路に移ったといわれる。

岳路は戦後カクレをやめたというが、解散するかなり以前から三役組織は崩壊し、実質的な活動はなされていなかったと思われる。田北氏の一九三一年（昭和六）当時の調査によれば、岳路の八〇戸のなかで、マリヤ観音であろうといわれる神様を伝えている家が一軒あるだけで、帳方も水方もなく、オラショを唱える者もいなかった。障りの日も洗礼も知らないが、墓参りと神社は周囲のどの地区にもまして大切にしていたという。死者が出ると爺さんがおり、禅宗のお経を読んで、そのあとカクレの葬式をした。蚊焼にある曹洞《そうとう》宗地蔵院が岳路の檀那寺であった。

岳路の谷十平氏と奥さんからの聞き取りによれば、毎月旧暦の一二日、二五日は仕事をしてはならない日であった。下肥、針仕事、草木を切ることは禁止で、家の中だけの仕事をしていた。その習慣も戦後にはすたれた。一二日と二五日はマリヤ様が昇天した日だからと聞かされていたという。外海のカクレのあいだでは毎月二〇日と二三日が障りの日とされている。岳路では一九八六年（昭和六一）当時、八〇歳代の老人はまだ一二日、二五日のタブーを守っており、有り難いと感じていたそうである。神社に参詣《さんけい》する時には裸足《はだし》になり、昭和初期頃までは和服を着るときには左褄《ひだりづま》にしたという。

岳路には浜と山手の二か所に三浪《みなみ》神社がある。山手の三浪神社はきれいに敷き詰められた砂の上に自然石で囲った祠があり、中央にはマリア像らしき稚拙《ちせつ》な石像が祀られ、水と松の枝が飾られている。その三浪神社の横にカクレの爺役が住んでいて、他の人も神社に参るついでに爺さんの家を拝んで賽銭《さいせん》をあげていたという。その家にはマリヤ観音を祀っていたからである。田北氏によれば、山手の某家に浜の三浪神社の「御隠居様」を祀っており、キリシタンの神であるといわれているが、村人は誰を祀ったものであるか知らない

写真53　２体の青銅製のマリヤ観音と３体の白磁のマリヤ観音を祀る谷家の祭壇

という。某家とはこの家のことを指しているのであろう。その後、その場所は岳路神社として祀られるようになった。

谷家には三体の白磁のマリヤ観音と、二体の青銅製と思われるマリヤ観音がある。これらは一九八三年（昭和五八）高島のM氏宅の屋根裏に隠されていたものを受け継いだものである。今ではマリヤ観音は仏教の観音様として拝んでいるという（写真53）。

第七章

外海のカクレキリシタン

1　外海キリシタンの歴史

内海と外海

西彼杵《にしそのぎ》半島東部の大村湾《おおむら》に面した地域を内海《うちめ》、西部の五島灘《ごとうなだ》に面した地域を外海《そとめ》という。ふるくは外目《ほかめ》と呼んでいた。内海も外海も旧大村領であるが、外海には一部佐賀鍋島《さがなべしま》領が点在していた。一五六三年（永禄六）西彼杵半島の北端横瀬浦で大村純忠《おおむらすみただ》が受洗し、最初のキリシタン大名となった。大村領内はほとんどキリシタンに改宗したが、一六〇五年（慶長一〇）純忠の息子サンチョ喜前《よしあき》が背教し、一六一七年（元和三）から大村領内の殉教が始まった。

内海には純忠の娘マリナがいて、ひとりの神父をかくまいキリシタンも多かったが、一六五七年（明暦三）の郡崩《こおりくず》れ以降は大村城下や地方《じかた》（東彼杵）の取締りは厳しさを増し、キリシタン信仰は途絶え、日蓮《にちれん》宗に改宗してしまった。これに対して外海は交通の不便な地にあり、藩の取締りの目も十分に届かなかったのであろうか、神浦《こうのうら》、大野、出津《しつ》、黒崎《くろさき》、樫山《かしやま》、三重《みえ》、畝刈《あぜかり》と多くの潜伏キリシタン組織が継承され、現在にいたるまで出津と黒崎にはカクレキリシタンの組織が残っている。

外海のバスチャン伝説

外海地方に潜伏キリシタンの信仰が続いたのは、日本人伝道士バスチャンによるところが大きい。バスチャンが実在の人物であるかどうかは定かでないが、浦川和《うらかわわ》三郎《さぶろう》は『切支丹の復活』のなかに地元に伝わる伝説を書き残している。バスチャンは野母《のも》半島深堀領平

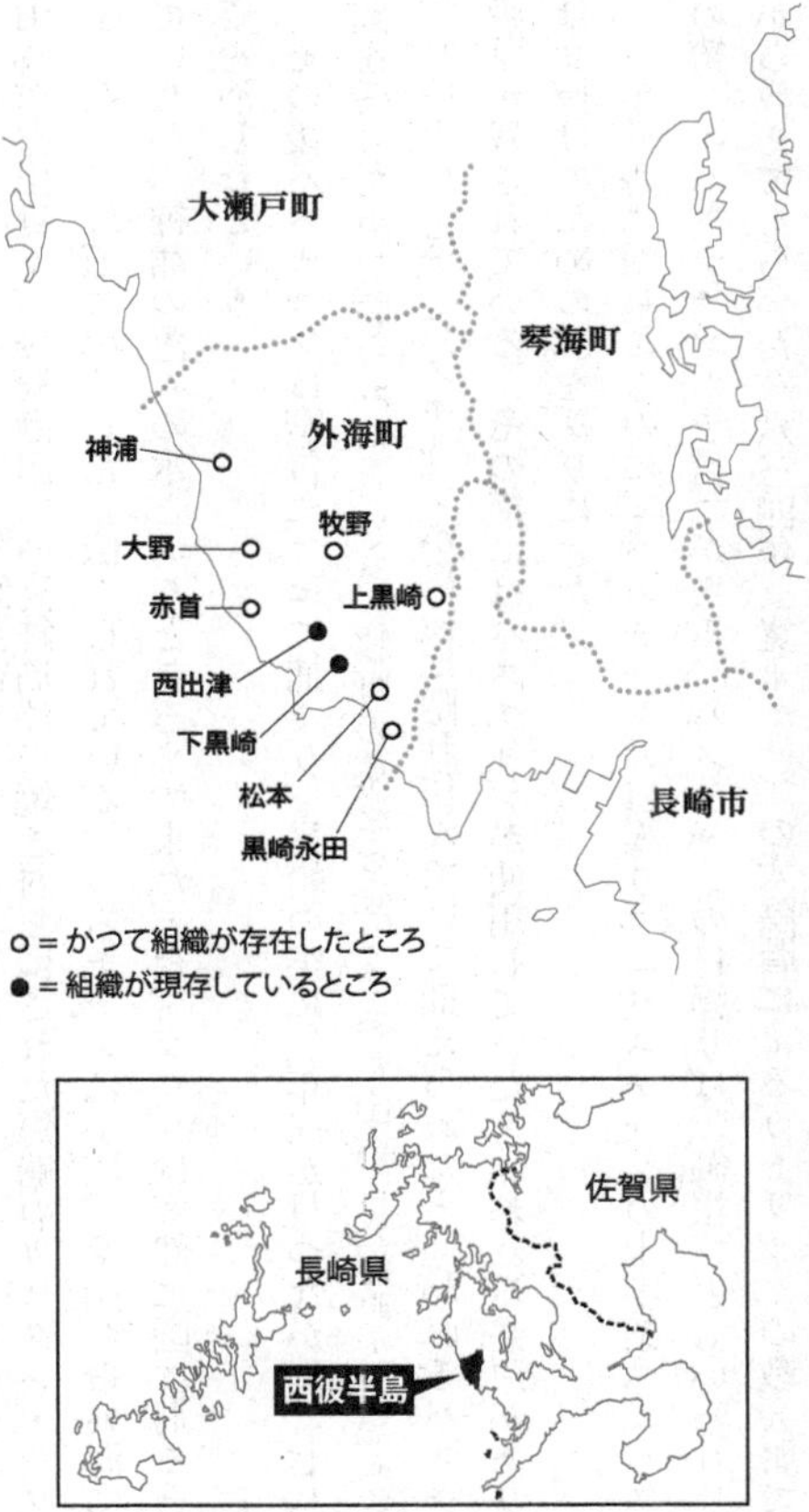

図８　西彼半島のカクレキリシタン（『長崎県のカクレキリシタン』長崎県教育委員会、1999より）

山郷布巻出身で、長崎港出口の高鉾島《たかほこじま》沖で焼き討ちにされた黒船のカピタン・ジワンの弟子になって伝道に尽くしたと伝えられている。バスチャンは小江《こえ》、手熊《てぐま》から外海に伝道していたが、神浦の落人の水というところまで来たとき、ジワンは突然に国に帰るといって姿を消したという。

その後バスチャンは密告によって捕まり、長崎の牢に三年三か月つながれ、七八回の拷問を受けて首を斬られたという。牧野の集落を登りつめた山中（外海町大字黒崎牧野郷小字甘池矢戸）に、バスチャンが最後に隠れ住んでいて捕えられたといわれるバスチャン屋敷跡が残されている。その横にはバスチャンが使用していたといわれる井戸があり、以前はお授けのための水を採りにきた。

彼が外海に残したものに「バスチャンの日繰り」、「バスチャンの十字架」、「バスチャンの椿」、「バスチャンの予言」がある。バスチャンの日繰りは「御帳《おちよう》」ともいわれ、ジワンから教えてもらった一六三四年（寛永一一）の太陰暦によるカトリックの教会暦である。長崎、外海、五島の潜伏キリシタンたちはこの日繰りをもとに年間行事を維持し、障りの日を繰りだしてきた。バスチャンの十字架はバスチャンが処刑される前に残し置いた十字架である。バスチャンの四つの予言の一つは、七代経つとキリシタンの信仰を公にすることのできる良い時代が来るというものであった。

バスチャンの椿とは東樫山の赤岳の麓《ふもと》にあった椿の大木である。バスチャンがその椿の幹に指で十字を記すとその跡がはっきりと残ったという。キリシタンたちは霊木として大切にし、ついに赤岳そのものも神山として礼拝されるようになった。浦上の潜伏キリシタンたちも岩屋《いわや》山に登り、樫山を望んで礼拝し、三度岩屋山に登れば一度樫山に巡礼したことになり、三度樫山に登れば一度ローマに巡礼したことになるといわれていた。

一八五六年（安政三）浦上三番崩れの影響で樫山に騒動が起こった。バスチャンの椿が役人に切り倒されるという噂が流れ、信徒たちは自分たちで切って各家に分けた。その椿の枝を少しずつ削りとって死者の額に白い布で巻いてお土産として持たせる（二五五頁の写真41参照）。出津の資料館にも展示されており、下黒崎や五島のいくつかのカクレの間にも伝えられている。

2　出津のカクレキリシタン

出津のカクレキリシタン組織

出津ではカクレを「昔キリシタン」といったが、今では普通「カクレキリシタン」という。外海地方は旧大村領と旧佐賀領の飛び地が入り組んでいる。旧黒崎村のうち佐賀領は下黒崎、東出津、西出津、大村領は上黒崎、牧野、永田赤首である。現在外海地方でカクレの組織が残っているのは西出津郷《にししつ》と下黒崎郷で、いずれも旧佐賀領である。一九八五年(昭和六〇)当時出津全体でカクレは二〇〇戸くらいあった。西出津郷だけで三三戸であったが一九九七年(平成九)には二三戸に減じている。

組織は帳方《ちょうかた》(御帳役)——水方《みずかた》(お授け役)——聞役《ききやく》(触役・見習役)の三役と末端信徒からなり、三役を総称して爺役(お爺様役・爺どん・爺さん)ということもある。外海では自分たちのカクレキリシタンの組織のことを「組内」とか「帳内《ちょううち》」などといい、末端の信徒は仏教の用語を用いて「門徒」と呼んでいる。

帳方は本役と脇役(助手)の二人が必要である。聞役は触方ともいう。現在では役職者は帳方の本役としてドミゴ中山力男氏(昭和三年生まれ)と帳方の脇役として村上春義氏(大正九年生まれ)のふたりだけになってしまった。中山氏は一九七三年(昭和四八)から脇役を三年務め、その後、本役として今日(二〇〇〇年当時)まで帳方を務めてきた。

出津のオラショ

外海も五島もオラショは声にださずに黙唱する。中山氏は毎朝一時間オラショを唱えるが、声をだすと集中できず、祈りが消えていく気がするという。オラショは子供の頃から覚えさせられ、むかしは悲しみの四六日間に習っていた。オラショを書き記した本は粗末にするとバチがあたり、病気などするので持たないという。怪我や病気をしたらオラショ

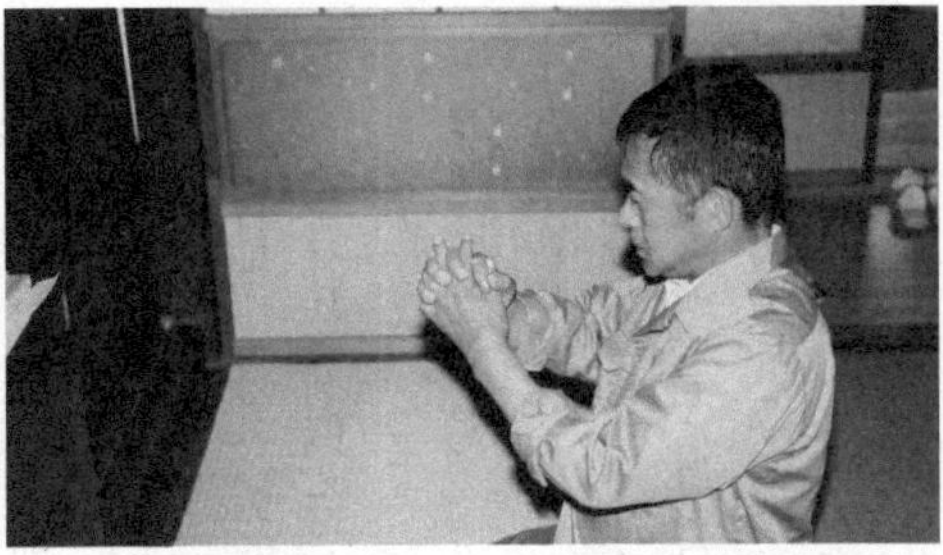

写真54　祭壇の前で手を組みオラショを黙唱する帳方・中山力男氏

を唱えると効くような気がするという。祈るときには両手を組んで親指で十字を作り臍《へそ》前につける（写真54）。

一般の人は「テンニマシマス」、「ガラサ」、「アベマリヤ」を覚えている程度だが、爺役はすべてのオラショを暗記しなければならず、もう後継者はいないと嘆く。「テンニマシマス」、「アベマリヤ」が代表的なオラショで、神への願い事、先祖に対しても何にでもよい。ラテン語のままの「アベマリヤ」を「数のウラッショ」といい、七回、三三回、五三回などと行事によって唱える回数が決まっている。一座《ひとざ》というときは五三回である。「キテレンソー」は道行きに、「ケレンド」は葬式時など神々に対する祈りとして用いる。「ガラサ道」は御恩礼のオラショであるという。

「コンチリサン」は病気、怪我、葬式のときに使う。コンチリサン一回はアベマリヤ一〇回に相当するという。コンチリサンのオラショは一六〇二年（慶長七）に長崎で出版された『コンチリサンのりやく』という本の中に収められている、罪を犯した者が悔い改め、許しを求める祈りである。潜伏キリシタンたちが踏絵を踏んだり、寺社参りをして信仰にそむいたり、臨終のときにこの祈りを唱えて許しを願った。このオラショは外海、長崎、五島地方にだけしか残っておらず、平戸《ひらど》、生月《いきつき》地方にはみいだせない。生月島のカクレがきわめて明るく開放的なのはコンチリサンのオラショが伝えられておらず、罪意識が希薄であるからだろうか。

出津の行事

〈主な年中行事〉

信仰生活は日繰帳を中心として営まれる。中山氏はその週の祝日と障りの日を確認するために村上春義氏宅に毎週日曜日朝六時にでかけた。御帳を取りだし一週間分の暦を確認し、御帳役の方様（サガラメントウ様、アボウストロ様、サンジュワン様）に御恩礼のオラショとして、ガラサミチ一座（五三べん）を唱える。障りの日には縫い物、下肥《しもごえ》を扱うこと、農作物の種蒔《ま》き、刈入れをしてはならず、釘《くぎ》を打つことも許されなかった。祝い日の前にはゼジュンといって食事を一食省かねばならなかった。毎月旧暦の二〇日と二三日は障りの日とされ、また年間を通して水、金、土曜日は卵、肉は食べなかった。悲しみの四六日間も卵と肉食は禁じられていた。

年間で組内全員が集まるのは一月三日の「初穂開き」、一月四日の「御帳の祝いと祭り」、陰暦七月の「作上がり祭り」であった。「初穂開き」は組内の年頭の挨拶《あいさつ》の行事で、帳方の中山家に戸主が集まっておこなう。翌日には村上家で「御帳の祝いと祭り」がおこなわれる。出津にある二グループの御帳の役の神様に対する祝いと、この一年無病息災であることを祈願する行事である。「作上がり祭り」は田植えが終わった頃、組内全員が公民館に集まり、その年の豊作を祈願するものである。

写真55　神様に捧げた初穂のお下がりを手に受けて頂く信徒

　行事は全員が座につくと、御神酒《おみき》とお初穂を捧《ささ》げ、オラショをあげる。次に茶碗《ちゃわん》に注がれた御神酒が参加者全員で廻《まわ》し飲みされる。さらにお盆が廻され、まず刺身を一切れ左手にとって食べ、次に飯と蒲鉾《かまぼこ》を左手に一緒に取っていただく（写真55）。お盆を隣の人に廻す。この光景をみているとキリストの最後の晩餐《ばんさん》の場面が彷彿《ほうふつ》としてくる。パンが刺身とご飯、蒲鉾に、ブドウ酒が清酒にとってかわったのだろう。生月ではひとりひとりに御神酒と魚の膳《ぜん》が組まれてだされ、廻すということはしない。

この他に大切な行事として「御誕生」がある。中山氏は個人的に御誕生の夜九時から一二時までに六座（一座はガラサミチ五三べん）を唱え、夜中が過ぎてから御母サンタマリヤ様と御子様に御恩礼としてまた一座唱えていた。御誕生から六六日目が「悲しみの入り」で、必ず水曜日にあたる。それから四六日目が「上がり」で、土曜日か日曜日にあたり、その日に各家ではメダイをだして拝んだ。

〈お授け――みつめ〉

お授けは生後三日以内におこなっていたので「みつめ」という。現在は盆、正月など子供が帰ってきたときにやるというが、実際にはほとんどおこなわれていない。抱き親には男子は男性の抱き親、女子は女性の抱き親を頼む。子供は抱き親のアニマの名をもらい、抱き親は精神的な親となる。お授けは一回に二人までとされ、抱き親も年に一回しかできないことになっている。

お授けを頼まれると、水役はふつう一週間精進潔斎《けっさい》する。今は水役がいないので、すべて帳方（爺役）が兼務している。当日は風呂《ふろ》に入り、行事専用の着物を着て朝一〇時頃からおこなった。授けにいく途中、道で人に出会っても物をいってはならないといわれていた。お授けの日は畑仕事はよいが、下肥を扱ったり、針仕事はいけないとされた。またキリストが釘で十字架に付けられたので釘を打ってはならず、夫婦の交わりも避けたという。

お授けはまず御神酒と初穂（ご飯、刺身、蒲鉾）をお供えする。「アニマ何々様キリシタンになします」と神様に届けをし、次の御用文を唱える。

「サン〇〇様以後でバウチズモのいいの水のパアテル、デウス、ヒリオ、デウス、スピリト、サントのアンメーデウス（女子の場合はサンのかわりにサンタをつける）」

このときに受洗者の額に右手で十字をつくって当て、御用文を唱えながら左手で水をかける。お授けに用いる水は牧野のバスチャン小屋のそばの泉から採って来ていたが、最近では中山家の井戸の水を使っていた。その水はお初穂を上げる時に清める。抱き親と授け親（水方）と脇役の三者が御神酒を交わし、御神酒、お初穂を下げてお授けは終了する。

〈葬式〉

死者が出ると帳方に連絡があり、その日のうちに帳方が神様に死亡届をし、お初穂を御身ゼズス様にあげる。届には「ザジメ」のあと、「最期のオラショ」を唱える。届が済むと御恩礼として、御主ゼズス様に「ガラッサ」五三べん、取次役のサントス様に「ガラッサ」三三べん、死したる人に「アベマリア」五三べんを唱え、初七日まで毎日務める。帳方の奥さんはその日のうちにサラシ一反五尺を使って死者の着物を縫う。二日目は帳方が釘を使わずに寝棺を作り、納棺も釘を打たずシュロ縄で縛る。檀那寺《だんな》の天福寺《てんぷくじ》には死亡届をだすだけで住職は呼ばない。しかし、本来は寺請制度によって仏式の葬式が強制されていたのであるから、これは比較的新しいスタイルと思われる。

女性は頭の右を上にして、男性は頭の左を上にして御棺に寝せ、死者のお土産にはバスチャンの椿の木を少し削って三角布に縫い込んで頭に巻いてやる。御棺には花や日常品を入れてやり、家から担ぎだすときには「みすてかどすておいて、つち、みち、体はハコベなりアメン」と唱える。

埋葬は僧侶《そうりょ》がおこない、帳方は墓には行かない。火葬にされると身体と魂が復活したときに行き迷うといわれ、ごく最近まで土葬だった。墓に納める時には、

「四つの油で固めし五体、四つの油に戻します。人間は土の塵《ちり》、塩、水と油で固めしもの。死してアニマは天にのぼり、残りし肉身は元の土に戻します」

と唱える。死亡して一週間はオラショを唱えるだけで、回向を頼まれればまたさらに一週間オラショを唱える。その間仕事はできない。頭は南に向けて葬る。南蛮からキリストが渡ってきたからという。最初は平たい自然の温石《おんじゃく》で墓を作り、後で石塔を建てる。カクレはだいたい西向きに墓を作る。三年忌までは回向といい、二年目から供養という。年忌

供養は三年、七年、一三年、一七年、二三年、二七年、三三年忌とおこなう。

出津の神観念

天地を造ったのは御親デウス、その子がゼズスで、サンペトロ様、サンジワン様、サガラメントウ様、アポーストロ様、サントス様などはゼズスの弟子で、なかでもサンジワン様が最高の弟子であるという。また三位一体の神を「天のご三品様《さんぼん》」といい、ゼズス、マリヤ、サンジワン様がこれにあたるという。外海には『天地始之事《てんちはじまりのこと》』が残されていたせいであろうか、かなり混乱はあるものの、彼らの神理解はカトリックに近い。

中山氏によれば、カクレとカトリックとは神は同じだが、信仰の仕方や道が違い、自分たちは先祖の道を務めるのが信念であるという。中山家から歩いてすぐのところにカトリックの出津教会がある。一八八二年（明治一五）に外海の聖人と慕われるド・ロ神父によって建てられたものである。一八八〇年（明治一三）のパリ外国宣教会の報告書によれば、外海全体でカトリック信徒二九一三名、カクレは五〇〇〇名程度であった。一〇〇〇名を超える長崎県下でも有数のカトリック信徒数を誇る出津教会のお膝元《ひざもと》にありながら、一〇〇年を経てついにカトリックに転宗しないカクレの集団が残っているのは驚きである。

長崎市内から車で一時間弱というロケーションにあり、黒崎と並んで有数のカトリック地区である出津に住む中山氏は、長崎県のなかでも最も繰り返しマスコミ関係者、研究者、

写真56　西出津の帳方・中山家の祭壇／位牌棚の中にカトリックの十字架が置かれている

カトリック関係者の訪問を受けた人物のひとりである。中山氏は彼らから「あなたがたはもともとカトリックなのに、信仰の自由が許された今、なぜ教会に戻らないのですか」という質問を繰り返し繰り返し受け続けた。

中山氏が「カクレキリシタンとカトリックとは神は同じだが」という時、その言葉は昔から伝えられてきたものではなく、近年の外来者との接触の中で形成されたものである。本音は「先祖の道を務めるのが信念」という言葉に端的に示されている。

出津に限らず、すべての地域においてカクレの信仰の根本は、「長い潜伏時代を経て意味内容はほとんどわからなくなってしまったが、先祖が大切にしてきた信仰の形だけでも伝えていくのが子孫としての務めである」という信念である。信仰の表現方法は異なっても、救われていることには変わりはないと確信している。もしそうでなければ、御先祖様たちは救われていないことになる。

信仰対象としては観音様、十字架、メダイなどほとんど残っていない。中山家にはメダイとコンタツ（ロザリオ）の玉があり、年に一回、悲しみの上がりの日にだして拝むという（写真56）。

〈寺社との関係〉

外海地方の中で、東樫山、畝刈、牧野、東出津、西出津、高島など旧佐賀領は東樫山曹《そう》洞《とう》宗天福寺の檀家である。西樫山、永田、上黒崎、大野など旧大村領は三重の浄土真宗《じょうどしんしゅう》正林寺か神浦の浄土真宗光照寺の檀家となっている。現在もカクレが続いている西出津は天福寺がかりで、先祖から続いているのでやめられないという。しかし、葬式も頼まず、盆行事も精霊流しもおこなわない。お経も知った者もいないので唱えない。仏教との希薄なかかわりは、先に述べたように、外部者との接触によって目覚めさせられた意識変化の結果によるものである。

また旧佐賀領は柏木神社と枯松神社の氏子であり、旧大村領は黒崎天満宮の氏子である。中山氏は神道は神ではなく、過去の日本の偉い人を尊敬し祀《まつ》っているだけで、霊の助かりというようなことはないという。祝詞《のりと》も拝み方も知らないが、先祖の代から世話になってきたのだから、祭りなどには黙って参加しているという。

（追補）出津のカクレキリシタンのその後と現状

出津の組織について

外海地方には平成二九年現在、出津の西出津に一グループ、黒崎の下黒崎に一グループのカクレキリシタン組織が残存している。両組織の違いは、出津のカクレキリシタンはカトリック教会との関係を持たず、潜伏キリシタン―カクレキリシタンの伝統をしっかり伝承してきたグループであり、黒崎のカクレキリシタンは、先代の帳方村上茂氏の代からカトリック教会に急接近し、「ネオカクレキリシタン」とでも呼ぶべき、新しいスタイルに変化している。

外海地方のカクレキリシタンの特色は、五島地方のカクレキリシタン同様その秘匿性にある。黒崎在住で、黒崎松本の元カクレキリシタンであったカクレキリシタン研究者松川隆治《まつかわたかはる》氏ですら、出津・黒崎の帳内の行事には参加を許されたことはないとのことである。今でも毎週日繰りは続けられているが、日繰帳もオラショ本も宝物も見せないし、むろん写真にも撮らせない。

筆者もこれまで二、三の例外的なケースを除き、信徒が参加している行事への参加は許されたことがない。帳方とのコンタクトは比較的スムーズにとれ、さまざまな質問に対しても適切に受け答えしてもらえる。しかし、いざ信徒も集まっておこなわれる行事に参加させてほしいと頼むと、信徒たちの拒否によって実現しなかった。そのような状況の下で、帳方からのみの情報には限界と偏りがあると思われ、これまでの調査でどこまで信徒たちの本当の信仰の姿をとらえることができたのか、疑問なしとはしない。

以下、出津の現帳方バスチャン木村友好氏による聞き取りをもとにして、これまでの知見を加えて出津のカクレキリシタンの現状を紹介する。

出津のカクレキリシタンには「寺付き」と「寺離れ」の二つのグループがあった。寺付きとは潜伏時代からの檀那寺との関係を維持しているグループで、寺離れとは寺との関係をはなれて、カクレキリシタンだけでやっているグループである。

寺付きであった帳役中山家の組織は、中山七蔵氏から中山力男氏に移り、その後を継いだ村上春義氏が二〇〇四年（平成一六）に死去して解散し、そのあとは檀那寺の天福寺へ行った。寺離れの方の組織は、帳役が木村源一氏から木下伝吉氏へと移り、一九七三年（昭和四八）から木村友好氏が受け継いだ。

出津で現在カクレキリシタンの組織が残っているのは、帳方木村友好氏の帳内のみである。木村氏の帳内には二二軒の門徒がいるというが、いまでは実際に行事に参加しているのは四、五軒程度のようである。黒崎の帳方村上茂則氏によれば、木村氏の帳内の門徒数は今では一〇世帯程度ではないかという。これとは別に新屋敷、白木、上出津、新地に木村氏の帳内に属している門徒が一五〜二〇軒程あるというが、現在は実際にはい寺離れのグループである。木村友好氏は鍛冶屋《かじ》、鉄工所をしており、天福寺に属さない寺離れのグループである。

木村氏の帳内はこれまでカトリックとの交流がなかったので、オラショや行事は黒崎のようにカトリック化しておらず、伝統的なカクレキリシタンのスタイルをよく残していると思われる。しかし、行事にはまったく参加できず、木村氏から詳しい行事の様子を聞き取る作業も困難である。オラショは黙唱が基本なので聞き取ることもできず、オラショを書き記したものも見せてくれない。

こちらの質問に対しては、時にはポイントをはぐらかしながらも、誠実に答えてくれようとしていることは感じられる。しかし、明らかにすることを躊躇《ちゅうちょ》させるなにかが氏のなかにあるようである。木村氏は、「人知れず終わりを迎えてもしかたがない、なんの問題もない」という。そこに一抹の寂しさがあるのはまちがいない。これまでの長い歴史の証《あか》しをいくばくかでも残しておきたいというのは人情であろう。

木村友好氏(八一歳)には後継者がおらず、このままでは先行きに不安を覚え、黒崎の村上茂則氏に組織の合併の相談をもちかけた。茂則氏はこの合併話には賛成であったが、ふたりだけで決められる話ではない。木村氏とその帳内の代表者、村上氏とその帳内の代表者の四者で協議せねばならないが、現在のところその協議は行われておらず、それ以上話は進んでいない。

この合併話は、何とかして続けていきたい木村氏の一存からでたことで、帳内寄りをして帳全体の意思統一をはかるところまではまだいっていないようである。おそらく出津の信徒たちは、これ以上続けていくことができなくなったら、黒崎と合併してまで続けようという気持ちはなく、解散にいたるのではないかと思われる。

出津の行事について

年間の重要な行事は、「御帳祝い（正月まつり）」、「春の入り（悲しみ入り）」、「春の上がり（上がり様）」、「ナタラ（御誕生）」である。ナタラから六六日目が悲しみの入りにあたり、この日から四六日間は肉を食べてはならなかった。春の入りから四六日目が悲しみ上がり（カトリックの復活祭）で、マリヤ観音やメダイなどをだして拝んでいた。ナタラは旧暦なので毎年移動し、一二月二五日とは決まっていない。

これらの四つの行事は全戸寄りで、門徒たち全員が集まることになっていたが、今ではもう誰も集まらなくなってしまったそうで、木村友好氏がひとりで御神酒、ご飯をお供えし、オラショをあげている。木村氏はいまでも毎週日曜日に御帳を繰っているが、障りの日を聞きにくる人がまだ二、三人はいるという。障りとはタブーのことで、その日には下肥《しもごえ》（人肥）を担がないとか、釘を打たないとか、針仕事をしてはならないなどと言い伝えられてきたもので、外海地方と五島地方ではほとんど共通している。

出津におけるお授けは、故帳役中山力男氏の帳内では一九八一年(昭和五六)頃行ったのが最後である。もうひとつのカクレの帳内である現帳役木村友好氏は、一九七三年(昭和四八)に帳役に就任した後、だれにもお授けはしたことがないそうである。ということは出津においては一九八一年以後、現在にいたるまで三五年あまりお授けはなかったということになる。キリシタンとなる入門式であるお授けが三五年間ないカクレの組織がどのような状態かは察するにあまりある。

出津の信仰対象について

木村友好氏の家にもメダイ類はあるが、祝い日にしかださず、昔から祝い日にしか開くなといわれていたのでみせないという。みせては効き目がなくなるから普段はださず、みせれば祟《たた》られるという気はすこしはあるという。オラショ本もまた今でもみせない。本の所持者が死んだらお棺に入れて持たせてやっていたそうである。行事にはお授けを受けた者しか同席することは許されないと昔からされており、今でも固く守っている。

三五年間お授けを受けた者がなく、お授けを受けた者にしか行事の参加も認めず、ご神体やオラショも見せないとなると、調査はきわめて限られたものにならざるをえない。集めることができる情報は、帳方の話と、周辺の関係者からの間接的な聞き取りが主であり、行事に参加し、直接見聞きしてえられる情報がゼロに近いことが、外海・五島のカクレキリシタン信仰の実証的な研究の最大の障害となっている。

外海、五島地方の調査研究はこのような状況下にあってほとんど進まず、一方では加速度的に人口減少が進み、後継者をうることができずにすでに解散してしまっているか、続いていても最後の帳方がひとりで三役を兼任し、静かに終焉《しゅうえん》の日をまっているというのが現状である。

友好氏自身次のように語った。「自分の代で長いキリシタンの歴史が終わるのは、もうそれでいい。何も問題ない。拝む人がいないのだからそれでいい」、そして最後に、「人間が神様になっている」と付けくわえた。

3　黒崎のカクレキリシタン

外海町大字黒崎は上黒崎、下黒崎、永田の三地区からなり、下黒崎はさらに迫《さこ》、松本、河内、高尾の四地区に分かれる。田北耕也《たぎたこうや》によれば、昭和初期には上黒崎二〇戸、永田五〇戸、下黒崎一二〇戸のカクレが存在したそうであるが、上黒崎、永田は早くに解散し、松本も後継者を得られず一九八〇年（昭和五五）頃に解散して天福寺一本となった。現在黒崎でカクレの組織が残っているのは迫地区だけで、三五軒ほどある。

黒崎カクレキリシタンの組織

黒崎の組織は帳方―水方―取次役の三役からなる。信徒のことは「門徒」という。現在、黒崎迫の帳方・村上茂氏は六三歳のときに伯父《おじ》の村上近七さんから帳方を受け継いだ。水方は一九六五年（昭和四〇）頃に、取次役は一九八七年（昭和六二）から後継者がいなくなり、村上氏が三役を兼務している。三役を総称して「爺役」という。村上氏は自分たちの宗教のことを「旧キリシタン」とか「昔キリシタン」と呼び、隠れキリシタンといわれると良い気持ちがしないという。

黒崎のオラショ　「サントスの役割」と「日々の御当番様」

オラショは「ウラッショ」という。約六〇種のオラショがあり、今では本をみて唱えてもよいことになっているが、年配者でも「天にまします」、「アベマリヤ（ガラッサ）」、「ケレンド」、「コンチリサン」くらいしか知らない。コンチリサンはむかし絵踏の後、償いのために九〇〇回唱えていたと聞いているという。「ケレンド」三ベンと、「アベマリヤ」三三べんないし五三べん唱える一座のオラショがいろんな行事で用いられる基本形となっている。

むかしはオラショは悲しみ節の四六日間に口伝えで習ったそうであるが、言い伝えとして、枯松神社に登る左手にある、「祈りの岩」という大きな岩の陰に隠れて、悲しみ節の夜中に寒さに耐えながら伝習していたそうである。

外海・五島地方で面白いのは「サントスの役割」と「日々の御当番様」というものである。これらはオラショではないが、「サントスの役割」は諸聖人に一定の役割を振り当てたもので、呪術《じゅじゅつ》的な要素が強い。例えばサンアントス様（聖アントニオ）は落し物をしたときに、サンフランシスコ様は「雨の役」で雨乞《ご》いの時にお願いする。サンノレンソ様（聖ロレンソ）は「風の役」で、船出のときに漁の無事を祈願する。サンジョアン・バプチスタ様（洗者聖ヨハネ）は「水の役」で、キリシタンの川祭りの日にいわば水神様の役割を果たす。水を飲むときには「サンジョアン・バプチスタこの水に毒のはいらぬように、アメンゼズス」と唱え、その水を二、三度吹いたうえで飲むと記されている。

「日々の御当番様」は日曜日から土曜日まで、その曜日の当番の聖人を一人ずつ割り当て、行事をおこなうときに、その日の当番にあたっている聖人を通して供え物を神に捧げるのである。

黒崎の行事

〈御帳と障りの日〉

黒崎も出津と同じく信仰生活の中心は日繰帳である。年間の行事の日取りの繰りだし方は出津と変わらない。帳方は毎週日曜日にその一週間の「良か日」と「悪か日」を日繰帳によって確認する。悪か日は「障りの日」と呼ばれ、農作業はいいが、肥料を扱うこと、種蒔き、釘を打つこと、針仕事は禁じられている。障りの日は毎日曜日と聖人の祝い日、およびバスチャン様が捕えられた日といわれる旧暦の二〇日と処刑された二三日である。

悲しみの四六日間、御誕生後の一三日間は肉、卵、牛乳を口にしてはならない。また悲しみ節中の毎水、金、土曜日はゼジュン(Jejum)と呼ばれる断食の日で、一食省かねばならなかった。悲しみの入りと上がりの前の金曜日など年間に一四日ある大斎《たいさい》の日には二食省いた。金曜日はキリストが処刑された日で、夫婦の交わりはタブーとされていた。

〈カトリック化したカクレ行事〉

現在門徒全員が集まる「全戸寄り」の行事は「お告げの日」、「悲しみ上がり」、「御誕生」の三回だけである。むかしは「七人のマルチルの日(御七人様の祝い日)」にも集まっていた。行事の基本的な形は門徒が帳方宅に持ち寄った宝物様《ほうもつさま》を座敷に飾り、その前に御初穂として宝物様に向かって右に盃二個と刺身の皿二個の膳《ぜん》を、左側にご飯を盛った茶碗二個と煮しめ二皿の膳をお供えする。葬式の時には逆になる。座卓を取り囲むようにして座し、帳方が親指を十字にクロスさせてオラショをあげる。以前はオラショは口の中で唱えていたが、いまでは葬式や全戸寄りの行事の時だけは声をだすようになった。

オラショがおわると御初穂を下げ、以前はひとりひとり順番に御神酒を廻して飲み、魚を手に取り分けていただいていたが、時間がかかるので、今は人数分用意された小皿に取って全員一緒にいただく。御神酒をいただく時には帳方が「この尊き御血が私たち全員の糧となりますように」、ご飯の時には「この尊き御体が私たち全員の糧となりますように」と唱える。この言葉はまったく現代のカトリック教会風であって、その他のいかなる地区にもみられない特異なものである。もちろん先祖から伝えられたものではなく、カトリックへの親和性の強い帳方・村上氏によるカクレキリシタンが再カトリック化しためずらしい事例である。

〈お授け――ミツメ〉

お授けは「角欠《つのか》ぎ」、「ミツメ」と称していた。お授けを受けずに死亡した人に対しても藁《わら》人形を作り、本人に見立てて授ける。お授けを受けていなければ、カクレ式の葬式をしてもらえないからである。お授けの三日前には親が米一升、酒一升、包み銭を持って水方(現在は帳方の村上氏が兼務)に頼みにいく。水方はその日から一切の仕事をせず、祈るだけで、お授けの前後一週間は肉食その他のタブーを守る。

抱き親は外海、五島地方では共通して男子には男性、女子には女性を頼む。抱き親は一人に一人必要で、一度に二人抱くことはできない。また水方は一日に二人までしか授けることはできないことになっている。お授けを受ける者は「ヘコ子」、洗礼名のことを「ビャート」といい、黒崎ではふつう抱き親の名をもらう。当日はまず風呂に入って身体を清め、新しい下着をつけて行事専用の着物を着る。お授けの行事の次第は出津の場合とほぼ同様である。御用文は、

「いかに誰々（水方のビャート名をいう）、エゴテーパーチリス、インノーミネパーチリス、エッヒーリョー、エッスベリトサント、アーメン」

と一息で唱える。エゴテーパーチリスで水をかけ始め、エッスベリトサントでかけ終わる。お授けが終わると、別室で水方と抱き親の間で、お授けが無事終了したことを感謝して「三言《さんごん》の盃」という御神酒、刺身、煮魚、煮しめのやり取りを三回繰り返す。その後、お祝いの宴を開く。

〈葬式と供養〉

昭和初期までは仏式とカクレ式の二重の葬儀がおこなわれていた。僧侶が読経《どきょう》している間、別室で帳方が経消しのオラショを唱え、カクレ式の葬式をおこなっていたという。今では僧侶は呼ばず、カクレの葬式だけをおこなっている。送り役は帳方が務める。死者に

清めのオラショを唱え、椿の葉で聖水をかけて清め、死者を早く復活させてくれるよう頼む。棺桶は寝棺で、蓋《ふた》は釘を打たず紐《ひも》で括《くく》る。死者へのお土産として御棺にバスチャン様の椿の枝を削ったものを入れて持たせてやる。最近までほとんど土葬だったが、火葬の時にはその祈りがあるという。帳方は死後一週間、毎晩葬家でオラショをあげ、死後三日、七日、三五日、四九日目には回向をおこなう。年忌は一年、三年、七年、一三年、一七年、二三年、三三年、五〇年とおこなう。

黒崎の神観念

写真57　日繰帳、バスチャンの椿、宝物様について語る黒崎の帳方・村上茂氏

村上氏はたいへんな勉強家であり、『ドチリナ・キリシタン』などもよく読んで、カクレとカトリックの歴史的つながりもよく理解している。また自宅の目の前に黒崎教会もあり、根本はカクレもカトリックと同じという認識がある。村上氏のなかには伝統的

写真58　黒崎のサンジワン枯松神社内部

な先祖伝来の神理解と、カトリックの神観念が混融している。
ことあるごとに墓参りに行き、先祖を敬う気持ちは強い。神様は「御親ジョース様」といい、慈悲深い神であって恐ろしい神ではないという。マリヤ信仰がゼズスより強いが、「キリストはデウスの右に座したもう」というので、キリストは父よりも偉くなり、最高神であるという。
村上氏は先祖から伝えられた大切なものとして、「日繰御帳《おちょう》」三種、一八九九年（明治三二）の「ウラッショ本」、「天地始之事」、「お授け台帳」の記録類と、サルバトールムンジのメダイ二枚、その他のメダイ一枚、黒ススの竹筒に入った二十六聖人のひとりが着ていたといわれる着物の切れ端を持っている。門徒の人たちも各自「宝物」と呼ばれる、メダイ、コンタツ（ロザリオ）、マリヤ観音、バスチャンの椿の枝などを所持している（写真57）。

〈キリシタン神社・サンジワン枯松神社〉

枯松神社は石の祠が建てられる以前から「キノシタドン」、「カレマツドン」などと呼ばれる霊場であった。その後、枯松神社という名に変わった。一九一六年（大正五）出征の時にお詣りにきて願立てをし、無事に帰ってきた人が願成就として石の祠《ほこら》と、灯籠《とうろう》を奉納した。石の祠には「サンジワン枯松神社」（写真58）と刻まれている。

一九三九年（昭和一四）ごろ境内がつくられた。社の中には今でも太平洋戦争当時の出征祈願の幟《のぼり》が残っている。神社の右手の床下に大きな石があり、これがジワンの石で、その周りに門徒の墓が作られており、村上氏も枯松様の近くに眠りたいという。墓は自然石を積んだもので十字の印が刻まれているものが多かった。現在は整理されて近くの新しい墓地に移されている。

(追補) 黒崎カクレキリシタンのその後と現状

黒崎の組織について

外海では門徒たちは「旧《きゅう》キリシタン」と称し、古キリシタンとはいわない。帳方パウロ村上茂氏（大正八～平成一七）は隠れているという意識はまったくないのに、隠れキリシタンと呼ばれるとドキッとして抵抗感があったという。息子のミゲーリ村上茂則氏の代になると、マスコミの取材も多くなり、隠れキリシタンと呼ばれることにも慣れて抵抗感も薄れてきている。黒崎のカクレキリシタンは、仲間・グループのことを帳内《ちょううち》とか講内《こううち》といい、信者のことを「門徒」と呼ぶ。

一九六五年（昭和四〇）頃までは、旧佐賀領下黒崎の松本地区には、松川伊三郎氏を帳方とする帳内がひとつあったが、一九七二年（昭和四七）氏が七七歳で死去すると後継者がなく、下黒崎の迫地区の帳方高野公一氏の帳内に入った。下黒崎迫地区には高野公一氏を帳方とする寺付き（天福寺の檀家《だんか》）の帳内と、村上近七氏を帳方とする寺離れの帳内の二組織が存在していた。一九七九年（昭和五四）帳方・高野公一氏が死去し、一九八三年（昭和五八）一〇〇戸程度の門徒全員が天福寺の檀家となった。こうして黒崎に残るカクレの組織は迫の村上茂氏の帳内だけとなった。

村上茂氏は一九八二年（昭和五七）六三歳の時に、伯父の村上近七氏（九五歳）から爺役を受け継ぎ、帳方と水方を兼任した。一九八八年（昭和六三）には五〇戸程度の信者があったという。村上茂氏は二〇〇五年（平成一七）八六歳で死去するが、死の三か月前にカトリックの洗礼を受けた。同年長男の村上茂則氏が五五歳で第七代の帳方を継いだ。二〇〇七年（平成一九）の調査によれば、信徒戸数は二八戸あり、信徒全員が集まる全戸寄りの時には一五戸二〇人くらいが集まったという。

二〇一六年（平成二八）には高齢化で門徒数が少なくなってきて、今は二五戸であるという。現帳方村上茂則氏によれば、全戸寄りの時には二五戸中、一七〜一八戸から各世帯一人くらい集まると答えたが、実際に集まっているのは一三戸と参加した門徒から聞いた。

二五戸という世帯数は本来これだけあるはずという数字と思われ、実際には世代交代とともに離れてしまったり、かかわりが薄くなってしまっている世帯がかなりの数にのぼるものと思われる。また別の関係者からの聞き取りによれば、村上茂則氏の帳内で、実際に行事の時に集まるのは一〇戸程度という話も聞いている。指導者にとって激減している実数を口にするのは淋《さび》しい思いがあり、本当はこんなにたくさんいるのだといいたい気持ちが、この数字の差になって表れているのかもしれない。行事への参加を認めないので、直接に確認することはできない。

一九八八年（昭和六三）に天福寺の塩屋秀見住職にカクレの信徒数を尋ねた時、「出津は二〇戸、黒崎の村上茂氏の帳内は一〇戸程度」という話をきいたが、村上茂氏のいう五〇戸という数字とのあまりの差に驚いた記憶がある。

黒崎のカクレキリシタンの役職者組織は、帳方（御帳を繰り行事を執り行う）――水方（授け役）――取次役（世話役）という三役からなる。取次役は日繰りを毎週末端の信者に伝える役で、三人いたが、一九八七年（昭和六二）から不在となり、現在では帳方が一人で三役を兼任している。後継者難による組織衰退化の状況をよく示している。

黒崎の行事について

年中行事は旧暦で記されている「御帳《おちょう》（バスチャン暦）」をもとにして、新暦によって繰りだされる。よって毎年行事日は若干移動することになる。現在おこなわれている行事は四種類に分類することができる。

① 御帳に記された主要年中行事

② ①の年中行事のうち全戸寄りとされているもの

③ 正月の初穂開きは御帳には記されていないが、全戸寄りとなっており、新年初の神様への参詣行事

④ 洗礼、葬儀、年忌供養など依頼に応じてその都度実施されるもの

村上茂則氏の帳内は、二〇一六年（平成二八）現在、三つの「全戸寄り」行事が残っている。先代の村上茂氏の代と何も変わっていない。生月などとちがって行事数が少なく、帳方の指導力が強かったことが影響しているのであろうか。

以下、一九八九年（昭和六四）度の村上茂氏の代の黒崎の年間行事と、平成二八年度の村上茂則氏による現行の年間行事予定表を掲げる。

一九八四年度（昭和六四）帳方村上茂帳内行事は次のとおりである。

悲しみの入り（灰の水曜日）　三月一日　ゼジン　大斎

お告げの日（まんなかどん）　三月二四日　全戸寄り　午後一時より

悲しみ上り　四月一四日　全戸寄り　午後七時より

ナタラ　一二月二五日　全戸寄り

二〇一七年度（平成二八）帳方村上茂則帳内バスチャン暦祝日表は次のとおりである。

悲しみ入り　三月二日　（水）

お告げの日　三月二三日（水）全戸寄り　午後一時より

悲しみ上り　四月一六日（土）全戸寄り　午後一時より

復活祭　四月一七日（日）

クリスマスイブ　一二月二七日（火）全戸寄り　午後一時より

ナタラ　一二月二八日（水）

行事は帳方宅においておこなわれるが、一軒当たり一行事に対して二〇〇〇円経費として出しており、年に三回の全戸寄りがあるので合計六〇〇〇円となる。村上氏はお金目的ではなく、葬儀などの謝礼も志でよいという。

行事の時のお供え物は「刺身　日本酒　ご飯　煮しめ」の四つを使う。煮しめにはかまぼこ、ニンジン、ゴボウ、こうや豆腐などを入れ、そのほかのおかずは各家庭から持ち寄る。以前はご飯や御神酒、刺身、煮しめなど皿に盛って、それを全員に廻して一口ずつ頂いていたが、時間がかかるのと、衛生上のこともあって、今では銘々皿に取り分け、全員そろって頂くようにしている。

〈行事を見せない理由は何か?〉

外海地方は伝統的に出津、黒崎、樫山いずれも門徒以外の人の行事参加を認めていない。これまで、研究者やマスコミ関係者が、門徒が参加する、例えば全戸寄りの行事など、取材できたケースはほとんど皆無ではなかろうか。そのことは五島各地でも同様である。

村上茂氏の代もそうであったが、帳方のような役職者は取材されることにはさほど抵抗感はないようで、インタビューやビデオ撮影などは問題なく、一人で行う行事を取材することは可能であった。ただし、そこに一般の門徒が参加するような行事となると、役職者も門徒側に諮《はか》って承諾を得なければならず、これまで外海に限らず五島などでも、何度も役職者を介して取材許可を求めたが、一度も許されたことはなかった。

例外的に筆者は出津の故帳方中山力男氏の帳内（平成五年）と、五島福江島宮原の帳方宮本金輔氏の帳内（昭和六二年）で、先祖の年忌供養の際に関係者が集まっておこなう行事と正月の御帳祝い取材を許可されたことがある（写真59）。

村上茂則氏に門徒の方々が行事取材を拒否する理由は何かと問うたら、田舎者だから、カメラで写されたり、質問されたりするのが恥ずかしいからではないか、またむずかしい質問をすぐにしてくるので、答えられないかもしれないという不安が強いからではないかという。隠すためにみせないという気持ちはないと村上さんはいう。

出津の木村友好氏宅にはメダイ類があるが、昔から祝い日にしか開くなといわれてきたので、祝い日にしか出さないという。みせては効き目がなくなるから出さない。みせれば祟られるという気持ちはすこしはあるという。オラショ本もあるが今でもみせない。これまで、オラショ本の所持者が死んだらお棺に入れて持たせてやっていたという。

何事もオープンなこの時代、カクレキリシタンの後継者もなく、いま記録に残しておかないと、

写真59　1987年宮原で行われた年忌行事。御飯と刺身を手のひらに受けて頂く

これまで続いてきた貴重な歴史が失われてしまうのではと誘いの言葉をかけても、「拝む人がいないのだから終わってしまってもうそれでいい」という。あきらめと悔しさが交錯した寂しさがいたいほど伝わってくる。

洗礼と葬式

〈黒崎の授け〉

黒崎では洗礼は「ミツメ」あるいは「授け」といっている。キリストは生まれて三日目に洗礼を受けたので「ミツメ」ということである。最近では生後三日目にはこだわらず、誕生日を迎えた頃とか、盆、正月などに帰省した時に授けるのが一般的であるが、いまでは洗礼を受ける人はほとんどいなくなった。村上茂則氏は一〇年位前に、琴《きん》海《かい》のYという五七歳位の人の奥さんに授けをしたことがあるだけという。

洗礼は本来は「水方」がその任にあったが、村上茂氏の代から「帳方—水方—取次役」の三役組織は崩壊し、帳方が一人で三役を兼ねている。

洗礼のしきたりは非常に厳格で、最低三日前には連絡をせねばならない。水方は洗礼前の三日間さらに洗礼後の三日間、肉食その他のタブーを守らなければならなかった。授けの手順は以下のようであった。

①代父母の選定
②酌取（儀式の準備をとりしきる役）を決める
③授けを頼まれた日から一切の仕事をせず祈るだけ
④洗礼当日、専用の服を持って授けを受ける人の家に行き、風呂に入って身体を清め、
　その服を着て授けをおこなう

授けの時の水は特別なところから汲《く》んでくるというようなことはなく、朝一番の水道水を清めたものを使う。清めるには清めの祈りを唱える。

授けは一日に二人までしかできないことになっており、カトリックの洗礼で行われている代父母の制度がカクレにもあり、「抱き親」とよばれる。男の受洗者には男性の抱き親を、女の受洗者には女性の抱き親を頼むことになっている。洗礼名は黒崎では抱き親の洗礼名を、出津では、その日の御当番様の聖人の名前を洗礼名としてもらうことになっていた。

〈黒崎の葬式〉

黒崎の葬式の送り役は帳方の村上茂則氏がおこなう。告別式における「清めの祈り」は、死者を清めるためのもので、清めた死者を早く復活させるように頼むものであると

という。外海・五島地方のカクレキリシタンはオラショは声に出さず、黙唱するのが昔からのしきたりであった。先代の村上茂氏の代から、門徒から「葬式だけは声に出して唱えてくれ」と頼まれ、先祖に申し訳ないと思ったが、それを断れば組織は廃《すた》れると思い、葬式の時だけは声を出してオラショを唱えるように改革した。葬式も年忌供養も村上茂則氏が一人で行い、僧侶を呼んでの仏式の葬式は行わない。

葬式も一日に二人までとされ、一人に対してそれぞれ必要なオラショを唱え、二人分いっぺんに唱えることは許されない。死亡があると、一日目は死者の届けを行い、二日目は通夜を、三日目に葬儀を行う。葬式をする前には「出立ち」として初穂を挙げてやらねばならない。村上氏がオラショをあげ、お初穂としてご飯と煮しめを包み、バスチャンの祝日表と、バスチャンの椿の木の小枝を土産として棺に入れて死者に持たせてやる。

以前は外部のものに見られないように、秘《ひそ》かに死者の自宅で行っていた。しかし、現代では会社などの関係者の葬儀列席を断るわけにもいかず、隠す必要もないので、堂々と葬儀社のような公の場所で、僧侶の手を借りず、帳方がカクレ式の葬儀をあげるようになった。村上茂則氏はこれまで外部の葬儀社で七回カクレ式の葬式をやったことがあるという。

死者に対する供養は、死後三日目、七日目、三五日目、四九日目、一〇〇日、初盆、

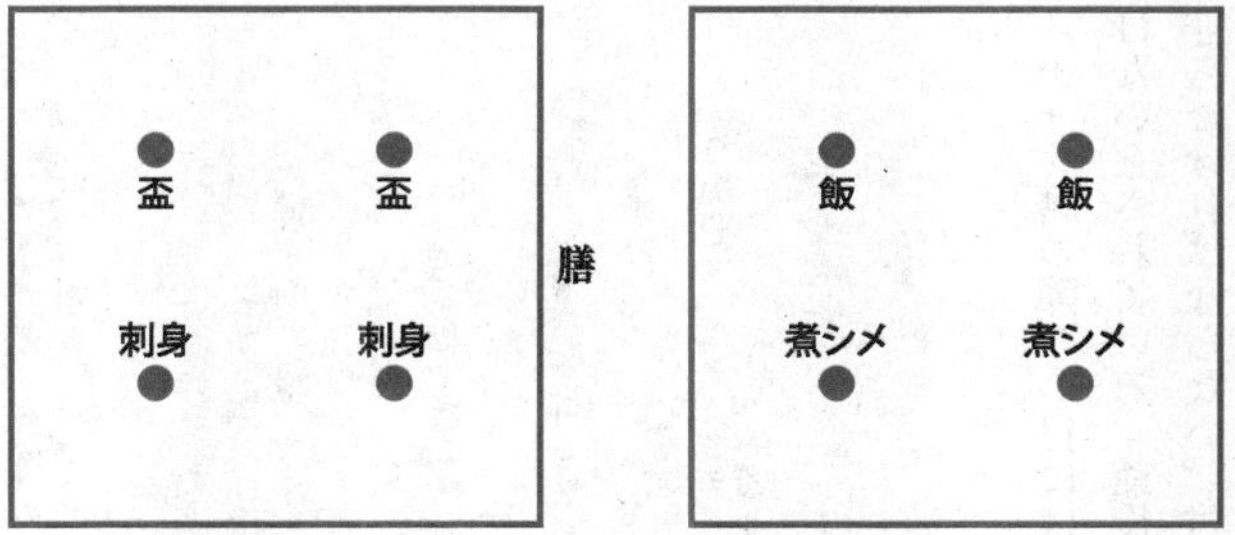

図9　お膳の図

一周忌、三回忌、七回忌、一三回忌、一七回忌、三三回忌、五〇回忌と、仏教とおなじようなやり方でおこなう。

年忌供養は「お初穂上げ」とよばれる。お初穂として御神酒と刺身の膳、ご飯と煮しめの膳が用意され、参加した全員が小皿に少しずつ取り分けて一緒にいただく。御神酒が葡萄《ぶどう》酒、ご飯がパンの代わりで、御初穂はカトリックのミサの聖体拝領に当たるという（図9）。

バスチャン暦と障りの日

バスチャン暦は一六三四年（寛永一一）の太陰暦による暦で、「日繰帳《ひぐりちょう》」とも「御帳」ともいう（写真60）。春の彼岸あけの日に御帳を繰り、取次役がその日に信者に触れ回る。春の彼岸あけの日から二〇日たった次の日曜日がカトリックの復活祭で、その前日の土曜日を「悲しみ上がり」という。別名「春上がり」ともい

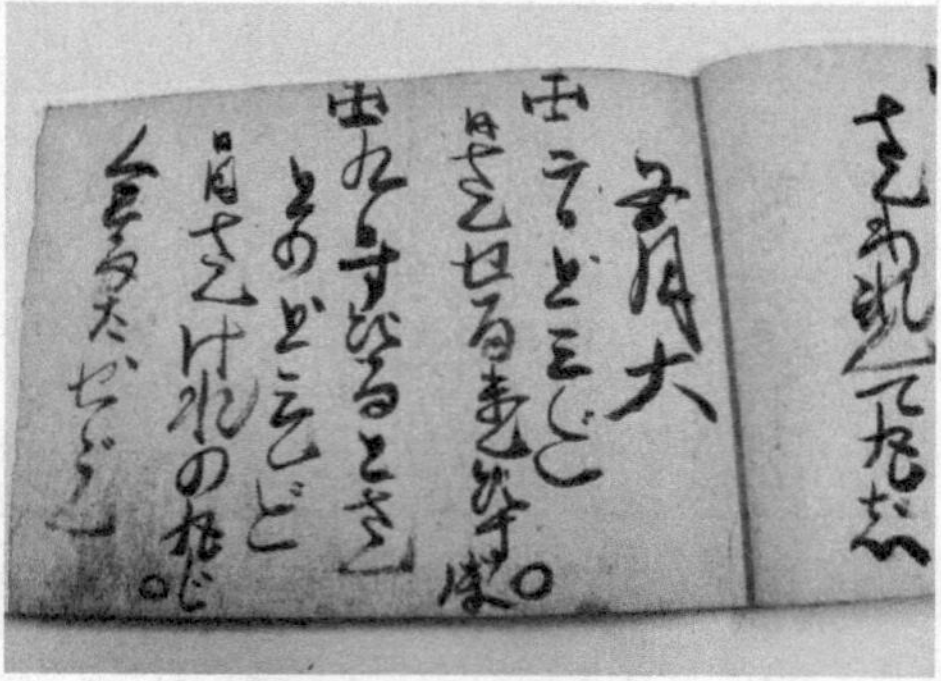

写真60　バスチャン暦。「五月大 二日 どみごさんせるまんひすぽ・・・」とある

う。悲しみ上がりより四六日さかのぼった日が「悲しみの入り」、「春の入り」で、カトリックの灰の水曜日にあたる。春の彼岸明けの日は「悲しみ節」のちょうど中間にあるので、「まんなかどん」とよばれ、カトリックの「お告げの日」である。

バスチャン暦ではキリストは月曜に生まれている。以前は毎週日曜日に日繰りを繰り、門徒に触れ回っていたが、いまはあらかじめ一年間の行事予定日を調べ、まとめて門徒に知らせるようにしている。毎週水、金、土、および悲しみの四六日間は肉、卵、牛乳は食べてはならないとされてきた。年間一四回ある大斎の日には断食し、一日二食はぶく。バスチャン暦の障りの日には農作業は許されているが、肥料を扱ったり、針や釘《くぎ》仕事はいけないとされている。爺役は洗礼前の三日間、洗礼後の三日間は肉食その他のタブーを守らなければならない。村上氏は黒崎にはケガレ観によるタブーはないという。

サンジワン枯松神社と合同慰霊祭

枯松神社は謎の多い場所である。ジワンは大雪が降った後、村人が行ってみると、枯松神社裏の谷間にある「オエン岩」のところで死んでいたといわれる。枯松様の近くの海の見えるところに埋葬してくれという遺言に従って枯松様に埋葬されたという伝承が残されている。かなり具体的な伝承であるが、バスチャンやジワンは伝説上の人物であり、その伝承の発生もいつ頃まで遡《さかのぼ》りうるのか手掛かりはまったくない。意外に古いものではないのではないかと思われる。

聞き取りによれば、枯松神社はもと霊場であり、大正期に次第に神社としての形を形成し始め、境内ができたのは一九三九年（昭和一四）頃である。一九四五年（昭和二〇）頃松が枯れてしまった。今ではすっかり有名になり、潜伏時代の史実として語られはじめている「祈りの岩」も、本当にあの岩の下でオラショが伝承されていたのかきわめて疑わしい。いくら岩の陰であっても、絶対に人目につかないという保証はない。わざとらしい戸外の岩の陰よりも、もっと家の中で怪しまれることなく伝承できた場所はいくらでもあったはずである。

下黒崎松本の元カクレであった松川隆治氏によれば、松本、牧野、赤首集落のカクレキリシタンは枯松様を神として深く信仰していたそうである。毎月二〇日と二三日はみな枯松神社に参道の階段の下から裸足《はだし》で歩いて境内まで行っていたという。

村上茂氏からの聞き取り調査によれば、命日がわからないので、不定期ではあったが、年に何回もお詣りに行っていたそうである。枯松神社に行ったときには、次のような「申し上げ」を「枯松神社のオラショ」を唱える前と後に言っていたそうである。お供え物や賽銭《さいせん》はあげなかった。

申し上げは次のとおりである。

「ローマのサンタエキレンジョ（聖なる教会の意味）の五つなるタンのみどう（御堂）にお参りなさる御母サンタマリヤ様のおともの御人数に召し加え下さいますよう頼み上げ奉る」

枯松神社のオラショは次のとおりである。

「御岳にまいりさざまづき、手を合わせて天に向かって申すべし。世はただいまわれわきまいよ。知るガラッサたびたもう。アニマを待って二つの理由を知るごとく、これひとつには天地世を作り、一切人間を自由におきたまい、森羅万象の上をみるにつき、おのれおのれの役儀をつとめ、われは天のご恩も知らずして、テンタイをもってテントはむてなく我も思案す。今はローマの御世に帰るべき」

外海のバスチャン小屋や枯松神社は単なる伝承にすぎなかったものが、近年の世界遺産登録の動きの中で、次第に史実であったかの如く取り扱われつつあることにすくなからず危惧《きぐ》を感じる。筆者が聞き知る限りにおいて、バスチャン小屋が建てられている場所にバスチャンが住んでいたという手掛かりとなるものは何一つ存在しない。

バスチャンが洗礼を授かった泉とか、隠れて住んでいた小屋とか、神浦の谷合いにある大岩がアウグスチノ会の司祭金鍔次兵衛が隠れていた場所だったというように、ここならば隠れるのにふさわしい場所ではなかったかという単なる推測が、いつのまにかここが隠れていた場所であったというふうに実話化されていくことには注意せねばならない。

外海・五島エリアのカクレキリシタンは、これまで何も見せない、何も語らないところであったので、ごく最近になって得られた情報に対しては十分に注意を払う必要がある。

〈枯松神社合同慰霊祭〉

黒崎の潜伏キリシタンは、明治になってカトリックに復帰した者、江戸時代から引き続き檀那寺であった天福寺との関係を続けたもの、天福寺から離れてカクレキリシタンの信仰を維持した者とに分かれ、互いに感情的なしこりが残っていた。一九九八年（平

写真61　大盛況の枯松神社合同慰霊祭

成一〇）黒崎教会に赴任したカトリックの野下《のした》千年《ちとし》神父は、三者の融和を図り、まずはクリスマスミサに参加するようその年から三回招待状を出した。一〇名前後の参加があったという。

二〇〇〇年はキリスト生誕二〇〇〇年の年でもあり、カトリック教会側が音頭を取り、信仰を守ってきた先祖の慰霊と感謝祭をおこなおうということで、「枯松神社合同慰霊祭」を開催する運びとなった。こうして野下神父を中心とするカトリック、村上茂氏を中心とする寺離れの旧キリシタン（カクレ）、仏教側は松川隆治氏を代表とする旧キリシタンをやめて天福寺がかりとなったグループが一体となって、前代未聞の三者による合同慰霊祭が開催された（写真61）。

予想以上に盛会となり、村上氏側から二〇名くらい参加し、全体で三〇〇人くらいの参加があった。マスコミ関係者も多数つめかけ、関心を抱いた一般参加者も多かったようである。小さな枯松神社の境内は人で埋まり立錐《りっすい》の余地もなかった。式はカトリック教会の主導で進められ、旧キリシタン側からは以前は村上茂氏が、現在はそれを引き継いで村上茂則氏が、また最近は出津の帳方村上友義氏も加わって、カクレのオラショを奉納している。本年二〇一七年も文化の日である一一月三日に第一八回合同慰霊祭が行われた。

現在の黒崎カクレキリシタンの信仰形態の特色

現在黒崎に残る唯一つのカクレキリシタン組織である村上茂則帳内の最大の特色は、その強いカトリック色にある。極論すれば、伝統的なカクレキリシタン信仰の特色がそのまま保持されていたのは茂則氏の先々代の帳方村上近七氏の代までといってよい。先代の帳方村上茂氏の代になり、カトリックとの急速な接近によって、従来のカクレキリシタン伝統は終焉を迎え、カトリックの要素を多分に取り込んだ、あらたな形のキリシタンが誕生したとみなすことができよう。

現帳方村上茂則氏は、忠実に父である前帳方村上茂氏のカトリックとの融合路線を推し進めていっている。明治以降カトリック側は、正統なカトリックから離れてしまったカクレキリシタン（これは離れキリシタンとも呼ばれた）を、本家に呼び戻そうとおおいに努力したが、ほとんど実を結ぶことはなかった。その努力の成果が実ったまれなケースの一つとして、この黒崎における帳方村上茂氏の大改革が位置づけられよう。

村上近七氏から帳方を引き継いだ村上茂氏は、オラショが全く理解できず、嘘ではないかと思い、カトリック司祭の指導を受けた。そして意味がわからなかったオラショの言葉を茂氏はカトリック風に変えてしまったのである。それも現代のカトリック教会の祈りの言葉ではなく、キリシタン時代の祈りの言葉を用いたのである。

カクレキリシタンのオラショの原型は確かにカトリックの祈禱《きとう》文であるが、それが三七〇年余の紆余《うよ》曲折の時を経て、茂氏のいう「意味のわからないオラショ」に変容し、今日まで伝えられてきたものがカクレキリシタンのオラショであって、意味がはっきりわかるように原典のキリシタン時代のオラショの言葉に戻したのでは、もはやカクレのオラショではなくカトリックの祈禱文である。

黒崎のカクレキリシタンの葬式のやり方はもっとはっきりとしている。カトリック教会から出版されている現行のカトリックの儀式書「葬儀ミサ」を買い求めてきて、それを参照しながら、祈りの言葉は前述したキリシタン時代のものを用いて新たに仕立て直している。

それは「御初穂上げ」と呼ばれるもので、カトリックのミサの式次第をベースに、カクレスタイルを交えて作成されたもので、キリシタン時代のオラショの言葉と、現代のカトリック教会のミサで用いられる言葉が不思議に交錯した独特なものである。

具体的にどのようなものであるかは、ムンシ ロジェ ヴァンジラ『カトリックへ復帰した外海・黒崎かくれキリシタンの指導者 村上茂の伝記』聖母の騎士社、二〇一二年、八〇〜八六頁に詳しく紹介されているのでそちらに譲ることにする。

しかし、現帳方村上茂則氏によって組織されている黒崎のカクレキリシタン信仰の本質が、あきらかにカクレからカトリック的に転換したかというと必ずしもそうではなかった。オラショの言葉のような表層的なものは確かにそういえるが、信仰の基層的な本質はほとんど変化していないのである。

それは今回の黒崎の調査の中で、村上茂則氏がふと気を許して漏らした言葉の中に本音がありありと示されている。私はそのことばを聞き漏らすことは決してなかった。その言葉を聞かなかったら、危うく騙《だま》されそう（誤解しそう）になったかもしれない。次の言葉であるが、極めて重要である。

「祈りはカトリックの祈りをしているが、やっていることは仏教のことである」

これほどまでにオラショの言葉も、典礼という行事のやり方まできわめてカトリックに近いものに戻して、行事を行おうとしている以上、その宗教意識はカトリックないしは、カトリックとカクレの新たな折衷スタイルに変わってきたと思っていたが、実はそうではなかった。先祖を大切にしてきた長いカクレキリシタンの伝統は、それほど簡単に方向転換できるものではない。

潜伏時代を通して今日にいたるまで育《はぐく》んできた彼らの信仰は、ようやくカトリックに里帰りしたのではなく、むしろ「キリシタンを隠れ蓑《みの》として、仏教を、もっと正確に言えば、仏教という宗教形態を用いて先祖に対する厚い信仰を守り通してきたのである」というのがその信仰の実態である。

しかし、信仰の形態がカトリック化していることは間違いなく、伝統的なカクレキリシタンの信仰が継承されているとはいえず、「ネオカクレキリシタン」とでも呼ぶべき、新しいスタイルのカクレキリシタンの時代に入ったとみてよいであろう。

黒崎の帳方村上茂則氏の帳内では信徒戸数は公称二五軒であるが、全戸寄りの行事の時に実際に集まっているのは一〇軒から一三軒程度のようである。出津の帳方木村友好氏の帳内では信徒戸数は公称二二軒であるが、全戸寄りの行事の時に実際に集まっているのは四、五軒程度のようである。

両帳内ともに洗礼はもうずいぶん前から行われておらず、洗礼を授けるのが主たる仕事である「水方」は不要となり、水方はいない。両組織の違いは、黒崎は非常にカトリック教会に接近し、オラショの言葉も行事も意味がわからなくなったものは、カトリックのものを範として参照し、大胆に改変されており、部分的にはカトリックそのものであり、そこまで変えるならばもうカトリック教会に帰属した方がいいのではないかと思えるほどでもある。そこで筆者は現在の黒崎は「ネオカクレキリシタン」と呼んで、従来のカクレキリシタンの伝統は消滅し、新たな形態のカクレキリシタンがスタートしたとみている。

それが端的に示されているのが葬儀である。村上茂氏の代になってカトリックの「葬儀ミサ」に準じた葬儀が営まれ、村上茂則氏はカクレの門徒から葬式を頼まれると、地元の葬儀場で、僧侶も呼ばず、みずからが司式者となってカトリック化したカクレ式の葬儀をおこなっている。その場には会社関係者といった、カクレではない一般の参列者も自由に参加しており、もはや「隠れキリシタン」と呼ばれるような隠す要素はまったくみられない。

このように黒崎は隠さないカトリック的性格を強く示しているとはいえ、信仰の内実は茂則氏の「祈りはカトリックの祈りをしているが、やっていることは仏教のこと」という言葉にもある通り、形式はカトリックを模しているが、本質は仏教、すなわち先祖崇拝にある、カクレキリシタン信仰の根本はすこしも揺らいではいないのである。

一方、出津の木村氏の帳内は、近くに出津教会がありながら、カトリックとの交流はまったくない。寺離れグループで、檀那寺であった天福寺とのつながりもなく、カクレ一本でやっている長崎県下の中でも最も伝統的なカクレの信仰のありようを強固に維持しているグループといえるが、信徒組織は実質的に崩壊状態にあるといっていいようで、木村氏がひとりで毎週御帳を繰り、全戸寄りの行事の時以外は、自分ひとりだけで行事を行っているそうである。木村氏は八一歳で、後を継ぐ者もおらず、自分の代でカクレも終わりであるということを覚悟しているようである。

第八章

カクレキリシタンの解散とその未来

1 なぜカトリックに戻らないのか

カクレキリシタンに関する最大の疑問は、なぜ信仰の自由が完全に認められている今日、本来のカトリックに戻らないのかということであろう。この問題設定にはひとつの重大な認識の誤りがある。それは現在のカクレキリシタンは今でもキリシタンなのだという認識に立っているということだ。もし、カクレキリシタンがキリシタンでないとしたら、このような疑問がどれほど陳腐なものであるかはすぐに理解できよう。

それは日本の現在の仏教徒に対して、あなた方は仏教徒なんだから、お彼岸とお盆に墓参りし御先祖様を供養し、お葬式と年忌のときにお寺にいくだけじゃなくて、お釈迦《しやか》様がおっしゃったように、厳しい修行をし、五戒を守り、一切の煩悩を捨て、悟りを開くために、なぜ本来の仏教であるインドの原始仏教に戻らないのですか、と問うているようなものである。現在の日本の仏教徒は日本仏教徒なのであって、本来の原始仏教徒ではないのである。現在のカクレキリシタンは御先祖様を大切にし、さまざまな神仏を拝み、タタリを恐れるカクレキリシタンであって、本来のカトリックではないのである。

カクレキリシタンにとって大切なのは、本来のキリシタンの教えを守っていくというのではなく、先祖が伝えてきたものをたとえ意味は理解できなくなってしまっても、それを絶やすことなく継承していくことであって、それがキリスト教の神に対してではなく、先祖に対する子孫としての最大の務めと考えているのである。カクレはキリスト教徒ではなく、祖先崇拝教徒なのである。

明治以降も隠し続けてというのは、迫害を避けてという目的ではないことは明らかである。隠すことの意味は当然異なってきている。人にみられるのが嫌いな神様だからとか、人にみられたら効き目がなくなるからと説明する者もいる。ことに生月ではもはや隠しているいない。一九九六年（平成八）には生月カクレキリシタン五名が、長崎市内のカトリック教会のなかで、一般市民の前でオラショを唱え、その模様は一九九七年（平成九）正月二日にNHKの衛星放送で全国に紹介された。長崎のブリックホールのこけら落しにもオラショの公演をおこなった。

ラテン語の訛《なま》ったオラショや、洗礼、クリスマス、復活祭などに比定できる行事を伝えているというようなことによって、いまもってカクレキリシタンはキリスト教徒であるとみなしてはならない。仏教や神道、さまざまな民間信仰と完全に融合し、まったく別のカクレキリシタンというひとつの民俗宗教に変容している。

2　消えゆくカクレキリシタン

こんにちまでカクレキリシタン信仰は、先祖が伝えてきた神々を信じ、数多くの行事を廃《すた》れることなく守り続けることによって、必ず御利益がもたらされるという信念のもとに継承されてきた。しかし、世俗化の波は西海の離島の隅々にまでおよび、人々は個人の生活を最優先するようになってきた。多大な犠牲をはらってまで信仰を継承していこうとする者は少なくなってきた。

筆者がカクレキリシタンの調査を本格的に開始した一九八五年（昭和六〇）からわずか一五年あまりしか経過していないのに、その間どれだけカクレキリシタンの組織が解散していったかはすでに述べたとおりである。潜伏時代から考えれば三五〇年あまりの長い年月にわたって続いてきたものも、その終わりはあっけないものである。最後の牙城《がじょう》である生月でさえも、後継者確保に苦慮しており、三役に欠員を生じている組織が多くなってきている。

かろうじて組織が残っていた外海《そとめ》、五島《ごとう》の六集団のうち、奈留島《なるしま》の樫木山の帳方《ちょうかた》・岩村義信氏、西出津《にししつ》の帳方・中山力男氏がごく最近（二〇〇六年頃）他界された。ことに中山氏は私が学生時代に最初に話を伺った帳方であっただけに感慨ひとしおである。この二つのグループはおそらく後継者を得て継続していくことは不可能であろう。残された黒崎、若松町《わかまつ》の築地《ちじ》・横瀬、福江島《ふくえじま》宮原も現在の役職者が務めていくことができなくなれば、早晩解散に追い込まれることになるであろう。

生月は四集団のうち、実質的な最高指導者であるオヤジ役は、壱部《いちぶ》在、堺目《さかいめ》が世襲制、元触《もとふれ》、山田が任期二年から四年程度の輪番制をとっている。世襲制のところは指導者が健在なあいだは安泰である。しかし、何かあった場合、息子が問題なく受け継いでいければよいが、最近の例ではうまくバトンタッチできたケースは皆無であり、危機的な状況にあるといえよう。

輪番制のところは慣れてきた頃には交代を迎えることになり、いちじるしい信仰の希薄化と意味理解の低下を招いている。現在オヤジ役を受け持っている人は四〇代から五〇代と若年化してきており、仕事とカクレの役職を両立させて務めることは厳しい状況にある。実際の行事には、役を務め上げて引退した者が息子の代理として出ているケースが非常に多く、賃金を払って代理人を雇うケースもままある。いずれの集団もそれぞれ解散の危機に瀕《ひん》しており、時代の流れで解散もやむなしとあきらめているところもあれば、何とか改革してできる限り存続していこうと模索している地区もある。また同一の集団のなかにも、当然存続派と解散派が存在する。

秘められたものがまだ人々の心をとらえていた時代はよかった。秘められたもののベールが取り去られた今、若者はそこに何をみいだしたらいいのだろうか。信じられないほど多くのタブーに取り巻かれた伝統だけが残り、教義もないカクレキリシタンの信仰はもはや若者の心をつかむことはできない。その宗教的生命は完全燃焼し尽してしまった。解散の流れは時代の必然であって、誰も逆らうことはできないであろう。文化財としての保護などという発想はまったくもって陳腐である。その美しい信仰に対するふさわしい幕引きを準備することがせめてもの鎮魂となろう。

3　カクレキリシタンにおける解散の意味

カクレキリシタンの人々にとって解散するとはどのような意味を持つものであろうか。解散後は完全に仏教一本となる地区と、神道がかりになる地区に大別される。神道になるケースが多いのは圧倒的に五島地方であり、その他の地区はほとんど仏教である。カトリックに転ずる者は五島におけるわずかな例を除けばほとんどみられない。それも臨終の間際に洗礼を授けてほしいとか、子供が結婚等でカトリックになったので、自分の死後、墓や供養の問題でカクレのままではまずいというような消極的な理由である。

死んだらカクレの葬式を上げてくれる人はおそらくもう誰もいないであろうと真剣に悩

んでいる。新宗教に転ずるケースも時折みられ、福江島向小浦《むかいこうら》のカクレキリシタンが解散後集団で大本教に改宗した例もある。大雑把に見積もって、仏教となる者が八割、神道となる者が二割といったところであろう。カトリックは一％前後であろうか。

信仰は集団レベルと個人レベルの二側面からとらえられる。解散というのは集団レベルにおける組織の消滅を意味している。しかし、そのことは個人レベルの信仰の消滅をただちには意味しない。カクレの組織が解散したからといって、翌日からきれいさっぱり足を洗うというわけにはいかない。仲間が集まって行事をおこなうということはなくなったとしても、自宅に何らかのカクレの神様を祀《まつ》ってきた家では、昨日まで通りお茶やロウソクを絶やすことはできないであろう。しかし、それもこれまで拝み続けてきた人の代までであって、世代が代わるとほとんど個人レベルにおける信仰も消滅してしまうことになる。

熱心に拝んできた人は解散直後は心にぽっかり穴があいたような気がすることであろう。しかし、誤解してはならないのは、解散は完全な神の喪失を意味するのではないということだ。多くのカクレはこれまであたり前の仏教徒でもあり神道の氏子でもあった。これからもそうあり続けるであろう。変化したことといえば、ひとつの家で祀ってきた仏壇、神棚、荒神棚、カクレの祭壇、お大師様、不動様、お稲荷《いなり》様などのうち、カクレの神様が姿を消しただけである。カクレキリシタンをやめて仏教や神道に改宗するのではなく、彼らの信仰のなかからカクレキリシタンの要素が抜け落ちただけであることを忘れてはならない。

4　解散後の神様の取り扱い

解散後のカクレキリシタンの人々が直面する大きな問題は、残された神様をどう処理したらよいかということだ。神は組織が解散しても生き続けている。その扱いを誤れば神の怒りに触れ、タタリが生ずると多くの人々によって信じられている。解散をためらってきた理由のひとつはこの点でもあった。「なぜカトリックに戻らないのですか」という問いに対して、「先祖が命がけで伝えてきたものを絶やさないのが子孫の務め」というカクレとしての正統な答えがある。しかし、「神様を捨てれば罰《ばち》かぶる（タタリによる災いが生じる）」ことを真剣に恐れているがゆえにやめられないというのが本音ではなかろうか。

生月島《いきつきしま》の場合まだ組織が存続しているところが多いので、彼らに預けて引き続き祀ってもらうということも可能である。しかし、多くの場合は簡単には引き受けてはもらえない。棄てられた神は荒ぶる神であり、引き受けた集団にとっても災厄をもたらすかもしれない危険な存在だ。そこで壱部在のお屋敷様や上川《かみがわ》御堂のように（写真62）、解散した組織の神様を一堂に集めて祀る建物を設け、年に数回神様の供養を目的とした行事をおこなっているところもある。しかし、そのような行事さえ継続していくことが困難になったときには、その後、神様はどのような末路をたどるのであろうか。

生月ではカトリック教会に寄贈されたり、町立博物館におさめられ、年に一、二回現職の役職者たちによって祀られたり、個人の家に伝えられてきたものは、多くは今でも現職者を雇って祀ってもらっている。なかにはそれも困難で、秘《ひそ》かに堺目御堂の裏山、大島屋敷、パブロー様といった土足厳禁の殉教者を祀る祠《ほこら》のある森などに放置され、野ざらしにされているケースもある。もちろん御魂抜きの儀礼をおこなえば、もはや生きた神様ではなく単なる物にすぎないという解釈も可能である。

写真62　ツモト組織解散後、ご神体を一堂に祀っている上川御堂

外海、五島の場合にはカトリック関係の資料館に寄贈されることが多い。五島の椛島《かばしま》の隠崎、平山、永田は一九八一年（昭和五六）御帳を浦頭《うらがしら》カトリック教会に預け、現在堂崎《どうざき》天主堂のキリシタン資料館におさめられている。同じく椛島の芦ノ浦も一九八七年に解散し、御帳を同資料館に寄贈している。一九九四年（平

成六）には福江島の観音平《かんのんびら》、南河原《なんごうら》の解散した集団が御帳を同資料館に寄贈している。外海地方の解散した集団は外海歴史民俗資料館に寄贈しているようである。出津《しつ》から出た、雪のサンタマリヤの掛絵は、長崎市内の二十六聖人記念館におさめられている。

しかし、聞き取りによれば、こうして資料館などに無事におさめられたもののほかに、相当数、ことに貴重な文書・記録類が焼却されたり、役職者の死亡にともない、遺言によって死者とともに墓に埋葬されてしまっているようである。文献資料はこれを始末しても祟《たた》られるという心配が少ないためか、その資料の重要性に彼ら自身気づいていないためなのか、散逸が著しい。御神体や祭器もむろんであるが、オラショノート、行事に関する記録書や種々の忘備録、行事会計簿といったこれらの文献資料は、今となっては困難な聞き取り調査を補足し、信仰の歴史を証《あか》しするものとしてきわめて貴重である。解散した集団における宗教用具、文献資料の保存、収集のために早急に所在を確認し、しかるべき手だてを講じる必要がある。また解散前に綿密な聞き取り調査や、映像資料としての保存をおこなうことが極めて大切である。

おわりに

キリシタンから潜伏キリシタンを経てカクレキリシタンにいたるこの歴史は、広く異文化間の接触―受容―変容―土着の問題に関心を持つ人々にとって、汲《く》めども尽きない興味深い生きた資料を提供してくれる泉である。カクレキリシタンの信仰の姿は、キリスト教の歴史という観点からのみならず、私たちが日本人の民衆の宗教観の根底にある普遍的なものは何かということを考えるさいに、大いに参考になると思われる。宗教学、宗教思想史、民俗学、歴史学、比較文化学、社会学、心理学、音楽史、美術史などきわめて広範囲な学際的研究に耐え得るだけの豊かなものを内包している。

カクレキリシタンが日本人にとって極めて興味深いものであるとともに、海外の、ことにキリスト教圏の人々から強い関心が向けられているのはどうしてだろうか。単に二一世紀の先進国日本に今でも隠れて信仰を守り続けているキリスト教徒（隠れているのではないということは本文中に何度も指摘したが）がいるという物珍しさからであろうか。それは戦後、半世紀以上も過ぎたにもかかわらず、南方の島の山中に旧日本軍の生き残り兵が隠れ続けているというのと同レベルの話題であろうか。

私には従来のキリスト教布教の基本姿勢が根本的に見直しを迫られていることに対する、問題解決の糸口を模索する動きのように思われる。これまでキリスト教が海外にむけて布教されるとき、その場合のキリスト教というのは、ヨーロッパスタイルのキリスト教を意味するという大前提が暗黙のうちに了解されていたように思う。受容する側もヨーロッパスタイルのキリスト教が唯一の範とすべき正統なキリスト教であると思い込んでいたのではなかろうか。ことに日本のキリスト教にはその傾向が著しかった。

しかし、欧米文化が世界最高の文化であるという幻想はすでに崩壊してしまっている。ヨーロッパのキリスト教もヨーロッパという一地方の文化の中で育《はぐく》まれてきたローカルなものに過ぎない。決して世界中どこでもそのままの形で受容されうるような普遍性を持つものではない。アフリカ諸国に受容されたキリスト教はアフリカキリスト教であって、アフリカにおけるヨーロッパキリスト教ではない。フィリピンはフィリピンキリスト教、ブラジルはブラジルキリスト教である。

最近韓国のキリスト教化がめざましく、キリスト教人口は一〇〇〇万人に迫る勢いという。それは韓国の土着文化と深く結びついた形での韓国スタイルのキリスト教が芽吹いているからである。日本でいまだにカトリックとプロテスタント合わせても一〇〇万人にも満たないのは、日本的キリスト教ではなく日本におけるヨーロッパキリスト教の枠から抜け出ることができないでいることの証《あか》しではなかろうか。

そのような意味で、カクレキリシタンに対する内外の強い関心は、二一世紀における新たなキリスト教布教のストラテジーを構築し、日本的キリスト教の可能性を模索する際の糸口を求める動きであると思われるのである。むろん求めるべき日本的キリスト教のあるべき姿がカクレキリシタンのようなものであるというのではないことは当然である。しかし民衆の宗教感覚にもっとマッチした、日本的キリスト教の道を考えていく上での重要なヒントを与えてくれるものとなるであろう。

主要参考文献

アンジェラ・ヴォルペ『隠れキリシタン』南窓社　一九九四
姉崎正治『切支丹宗門の迫害と潜伏』同文館　一九二五
生月町郷土史編纂委員会『生月町史』生月町教育委員会　一九九七
井手利雄「長崎の隠れキリシタン」(『キリシタン研究会報』第8年2号) 一九六五
浦川和三郎『切支丹の復活』前編・後編　日本カトリック刊行会　一九二七・一九二八
浦川和三郎『五島キリシタン史』国書刊行会　一九七三
海老沢有道『キリシタンの弾圧と抵抗』雄山閣　一九八一
海老沢有道他編「どちりいな―きりしたん」(『日本思想大系25　キリシタン書・排耶書』岩波書店) 一九七〇
海老沢有道『洋楽伝来史』日本基督教団出版局　一九八三
片岡弥吉『かくれキリシタン』NHKブックス56　日本放送出版協会　一九六七
紙谷威広『キリシタンの神話的世界』東京堂出版　一九八六
五野井隆史『日本キリスト教史』吉川弘文館　一九九〇
木場田直『キリシタン農民の生活』葦書房　一九八五
近藤儀左ヱ門『生月史稿』芸文堂　一九七七
柴田　實「生月の旧キリシタン」(『平戸学術調査報告』京都大学平戸学術調査団) 一九五

一
清水紘一『キリシタン禁制史』教育社　一九八一
新魚目町教育委員会『新魚目町郷土誌』新魚目町　一九八六
助野健太郎「生月の切支丹」（『切支丹風土記　九州編』宝文館）一九六〇
外海町『外海町誌』外海町　一九七四
高崎　恵『自己像の選択　五島カクレキリシタンの集団改宗』国際基督教大学比較文化研究会　一九九九
田北耕也『昭和時代の潜伏キリシタン』日本学術振興会　一九五四
谷川健一『わたしの「天地始之事」』筑摩書房　一九八二
谷川健一、中城　忠『かくれキリシタンの聖画』小学館　一九九九
谷　真介『キリシタン伝説百話』新潮社　一九八七
内藤莞爾『五島列島のキリスト教系家族』弘文堂　一九七九
長崎県教育委員会『長崎県のカクレキリシタン——長崎県カクレキリシタン習俗調査事業報告書——』長崎県教育委員会　一九九九
浜崎献作『かくれキリシタン—信仰の証—』私家版　一九九七
平戸尋常高等小学校『平戸郷土誌』歴史図書社　一九七九
平戸市教育委員会『平戸島西海岸の民俗——春日、高越、獅子——』一九八一
H・チースリク「キリシタンと葬礼」（『キリシタン研究』第5輯、キリシタン文化研究会）吉川弘文館　一九五九

H・チースリク「殉教者一族・生月の西家」(『キリシタン研究』第21輯、キリシタン文化研究会)吉川弘文館　一九八一
野村暢清『宗教と社会と文化』九州大学出版会　一九八八
古野清人「生月のキリシタン部落」(『九州文化史研究所紀要』5号)一九五六
古野清人『隠れキリシタン』至文堂　一九六六
古野清人『キリシタニズムの比較研究』(古野清人著作集第5巻　三一書房)一九七三
堀一郎「隠れ切支丹と隠し念仏」(『日本歴史』30号)一九五〇
正木慶文「東樫山の隠れ切支丹」1～5(『長崎談叢』第42、43、45、46、47輯、長崎史談会)一九六四～六八
正木慶文「隠れキリシタンと枯松神社」(『長崎談叢』第55輯、長崎史談会)一九七三
正木慶文『長崎隠れキリシタン記』(発行者田中幹子)二〇〇三
F・マルナス、久野桂一郎訳『日本キリスト教復活史』みすず書房　一九八五
三間文五郎『平戸藩史考』平戸藩史考編纂会支部　一九三六
皆川達夫『オラショ紀行　対談と随想』日本基督教団出版局　一九八一
宮崎賢太郎『キリシタンの洗礼資料集』純心女子短期大学　一九八九
宮崎賢太郎「日本キリシタン土着化論」(『地方史研究』232号、第41巻4号、地方史研究協議会)一九九一
宮崎賢太郎「現在のカクレキリシタンの神観念」(『現代宗教学　第3巻　祀りへのまなざし』東大出版会)一九九二

宮崎賢太郎「アジア諸国のキリスト教受容」(『アジアのなかの日本史　第5巻　自意識と相互理解』東京大学出版会)一九九三
宮崎賢太郎「キリシタン他界観の変容――キリシタン時代より現代のカクレキリシタンまで――」(『純心人文研究』創刊号、長崎純心大学)一九九五
宮崎賢太郎「『天地始之事』にみる潜伏キリシタンの救済観」(『宗教研究』第70巻、第1輯)一九九六
宮崎賢太郎『カクレキリシタンの信仰世界』東京大学出版会　一九九六
宮崎賢太郎「カクレキリシタン研究の問題点と課題」(『創造への道程―キリスト教文化の研究―』一九九八　ノートルダム清心女子大学キリスト教文化研究所)一九九八
宮崎賢太郎「日本人のキリスト教受容とその理解」(『日本人はキリスト教をどのように受容したか』国際日本文化研究センター17)一九九八
宮崎賢太郎「平戸カクレキリシタンの信仰とその現状」(『平戸市史　民俗編』平戸市史編纂委員会)一九九八
ルイス・フロイス著、松田毅一・川崎桃太訳『フロイス日本史』12巻　中央公論社　一九七七～八〇
吉田収郎『平戸中南部史稿　津吉嶋の歴史』芸文堂　一九七九
若松町教育委員会『若松町誌』若松町役場　一九八〇

本書は『カクレキリシタン　オラショ――魂の通奏低音』（長崎新聞社、二〇〇一年）を大幅に加筆、修正のうえ、文庫化したものです。

図版作成　フロマージュ

カクレキリシタン

現代《げんだい》に生《い》きる民俗信仰《みんぞくしんこう》

宮崎《みやざき》賢《けん》太郎《たろう》

平成30年 2月25日　初版発行
令和7年 6月10日　7版発行

発行者●山下直久

発行●株式会社KADOKAWA
〒102-8177　東京都千代田区富士見2-13-3
電話　0570-002-301（ナビダイヤル）

角川文庫 20815

印刷所●株式会社KADOKAWA
製本所●株式会社KADOKAWA

表紙画●和田三造

ISBN978-4-04-400350-0　C0139

◆◆◆

角川文庫発刊に際して

角川源義

第二次世界大戦の敗北は、軍事力の敗北であった以上に、私たちの若い文化力の敗退であった。私たちの文化が戦争に対して如何に無力であり、単なるあだ花に過ぎなかったかを、私たちは身を以て体験し痛感した。西洋近代文化の摂取にとって、明治以後八十年の歳月は決して短かすぎたとは言えない。にもかかわらず、近代文化の伝統を確立し、自由な批判と柔軟な良識に富む文化層として自らを形成することに私たちは失敗して来た。そしてこれは、各層への文化の普及滲透を任務とする出版人の責任でもあった。

一九四五年以来、私たちは再び振出しに戻り、第一歩から踏み出すことを余儀なくされた。これは大きな不幸ではあるが、反面、これまでの混沌・未熟・歪曲の中にあった我が国の文化に秩序と確たる基礎を齎らすためには絶好の機会でもある。角川書店は、このような祖国の文化的危機にあたり、微力をも顧みず再建の礎石たるべき抱負と決意とをもって出発したが、ここに創立以来の念願を果すべく角川文庫を発刊する。これまで刊行されたあらゆる全集叢書文庫類の長所と短所とを検討し、古今東西の不朽の典籍を、良心的編集のもとに、廉価に、そして書架にふさわしい美本として、多くのひとびとに提供しようとする。しかし私たちは徒らに百科全書的な知識のジレッタントを作ることを目的とせず、あくまで祖国の文化に秩序と再建への道を示し、この文庫を角川書店の栄ある事業として、今後永久に継続発展せしめ、学芸と教養との殿堂として大成せんことを期したい。多くの読書子の愛情ある忠言と支持とによって、この希望と抱負とを完遂せしめられんことを願う。

一九四九年五月三日

角川ソフィア文庫ベストセラー

科学するブッダ
犀の角たち
佐々木閑

科学と仏教、このまったく無関係に見える二つの人間活動には驚くべき共通性があった。理系出身の仏教学者が固定観念をくつがえし、両者の知られざる関係を明らかにする。驚きと発見に満ちた知的冒険の書。

日本人とキリスト教
井上章一

近世から近代にかけて、日本ではキリスト教にまつわる多くの説が生まれ、流布した。奇想天外な妄説・珍説を、人々はなぜ紡ぎ出したのか。キリスト教受容をめぐる諸説をたどり、歴史が作られる謎を解明する。

八幡神とはなにか
飯沼賢司

辺境の名も知れぬ神であった八幡神は、なぜ神と仏をつなぐ最高神となったのか。道鏡事件、承平・天慶の乱ほか、その誕生と発展の足どりを辿り、神仏習合の形成という視点から謎多き実像に迫る新八幡神論！

孔子
加地伸行

中国哲学史の泰斗が、孔子が悩み、考え、たどり着いた思想を、現代社会にも普遍的な問題としてとらえなおす。聖人君主としてだけではなく、徹底したリアリズムで、等身大の孔子像を描き出す待望の新版！

神隠しと日本人
小松和彦

「神隠し」とは人を隠し、神を現し、人間世界の現実を隠し、異界を顕すヴェールである。異界研究の第一人者が「神隠し」をめぐる民話や伝承を探訪。迷信でも事実でもない、日本特有の死の文化を解き明かす。

角川ソフィア文庫ベストセラー

角川ソフィア文庫ベストセラー

角川ソフィア文庫ベストセラー

しぐさの民俗学　常光　徹

呪術的な意味を帯びた「オマジナイ」と呼ばれる身ぶり。人が行うしぐさにまつわる伝承と、その背後に潜む民俗的な意味を考察。伝承のプロセスを明らかにするとともに、そこに表れる日本人の精神性に迫る。

知っておきたい日本の神様　武光　誠

八幡・天神・稲荷神社などは、なぜ全国各地にあるの？近所の神社はどんな歴史や由来を持つの？　身近な神様の成り立ち、系譜、信仰のすべてがわかる！　お参りしたい神様が見つかる、神社めぐり歴史案内。

暦ものがたり　岡田芳朗

暦は農業に必須であるだけでなく、国家事業をなすためにも欠かせない。日本古代史の研究者であり、暦のコレクターである著者が、豊富な事例によって古代から明治までの各時代の暦と、その暦を生んだ社会背景を語る。

七十二候で楽しむ日本の暮らし　広田千悦子

「虹始めて見る」「寒蟬鳴く」「菜虫蝶と化る」など、七十二に分かれた歳時記によせて、伝統行事や季節の食べ物、植物、二十四節気の俳句や祭りなどを紹介。オールカラーのイラストでわかりやすい手引き。

世界飛び地大全　吉田一郎

人も住めないミクロな飛び地、飛び地の中の飛び地など、世界には驚くような飛び地が多数存在している。誕生のいきさつや歴史、人々の暮らしなども紹介。図版150点超！　新しい世界史が見えてくる！